政府和社会资本合作（PPP）

实务操作指南

尹志国◎著

人民邮电出版社

北京

图书在版编目（CIP）数据

政府和社会资本合作（PPP）实务操作指南 / 尹志国
著. -- 北京 : 人民邮电出版社, 2020.7（2022.2重印）
ISBN 978-7-115-53968-7

Ⅰ. ①政… Ⅱ. ①尹… Ⅲ. ①政府投资－合作－社会
资本－中国－指南 Ⅳ. ①F832.48-62②F124.7-62

中国版本图书馆CIP数据核字(2020)第079702号

内 容 提 要

　　PPP作为一种久经检验的成熟模式，与施工总承包、工程总承包等长期并存与互补，是一种基础设施和公用事业项目的主要交付模式之一。本书结合既往项目经验，从社会资本方的角度，对从PPP的定义和特征、具体项目模式到项目采购、实施过程的各个环节等全生命周期各阶段予以了阐述和梳理，并对五大PPP项目类型的运作模式、回报机制、风险识别和分配等内容进行了系统分析。希望可以为业界相关从业人员的实务操作提供参考，帮助PPP从业者解决日常工作中的困惑和疑难问题。

　◆ 著　　　　尹志国
　　责任编辑　李士振
　　责任印制　周昇亮

　◆ 人民邮电出版社出版发行　　北京市丰台区成寿寺路 11 号
　　邮编　100164　　电子邮件　315@ptpress.com.cn
　　网址　https://www.ptpress.com.cn
　　涿州市京南印刷厂印刷

　◆ 开本：700×1000　1/16
　　印张：21.25　　　　　　　　2020 年 7 月第 1 版
　　字数：380 千字　　　　　　2022 年 2 月河北第 3 次印刷

定价：88.00 元
读者服务热线：**(010)81055296**　印装质量热线：**(010)81055316**
反盗版热线：**(010)81055315**
广告经营许可证：京东市监广登字 20170147 号

PPP 是适应中国社会主义市场经济的一种模式，PPP 模式的发展虽有波折，但也符合 Gartner 成熟度曲线（Hype Cycle）：萌芽、爆发、低谷、复苏、成熟 5 个阶段。不管未来如何变化，PPP 作为基础设施和公用事业项目的一种创新交付模式，在国内外得到了越来越多的应用，并在实践中不断发展与完善，将与施工总承包、工程总承包等模式长期并存与互补。

从 2019 年我国 PPP 相关的各种动向，可以一窥 PPP 将来几年的发展趋势。国务院发布编写《政府投资条例》于 2019 年 7 月 1 日生效，该日，国家发改委还发布了《国家发展改革委关于依法依规加强 PPP 项目投资和建设管理的通知》（发改投资规〔2019〕1098 号文，以下简称"1098 号文"）。《政府投资条例》作为规范政府投资行为的上位法，将政府投资行为纳入法制轨道，1098 号文则是对《政府投资条例》和《企业投资项目核准和备案管理条例》在 PPP 领域的具体解释。

虽然如此，从我国未来三五年来看，PPP 项目数量和投资额会与过去一两年大概持平或略有回升。考虑到今年为了降低疫情所造成的经济下滑的影响，中央出台各种鼓励投资政策，财政部增加专项债额度，传统模式项目也可能增加一些。上述判断主要是基于：规范化 PPP 将是长期的政策主线，也是 PPP 可持续发展的必然要求；我国一、二线城市的基础设施已基本建成，对新建项目的需求将低于从前，未来几年将更多集中在一、二线城市的完善与提效和三、四线城市的填空与补短板等方面；部分地方政府对 PPP 项目的财政支出已经达到或接近 10% 红线，难以开展太多政府付费或补助的 PPP 项目；另外，由于 PPP 的特点，在 PPP 应用较好的国家中，PPP 一般只占所有公共产品项目的 5%~20%，故我国可能占比在 20%~30% 比较合理。考虑到上述这些趋势，PPP 各参与方都迫切需要总结过去经验，以便更好地实施 PPP 项目。

尹志国先生作为北京城建投资 PPP 项目的主要"操盘手"，基于他个人及其公司多年的经验所编写的这本 PPP 实务操作指南，从社会资本方角度出发，对从 PPP 的定义和特征、具体项目模式到项目投标与实施全过程中的各个环节均予以了详细阐述和梳理。该书的出版，对于"从社会资本方角度如何看待和实践 PPP"是一个很好的补充，不仅对国企、央企和民企，对工程公司、其他类型公司，对社会资本方、政府、银行、咨询机构很有参考价值，值得各方学习；还对在国内和"走出去"具有重大意义。

是为序。

王守清

清华大学建设管理系教授 / 清华大学 PPP 研究中心首席专家

自 2014 年国务院及各部委陆续发文鼓励以 PPP（政府与社会资本合作）模式开展基础设施和公共服务项目以来，PPP 已经成为一种不可忽视的模式。根据财政部 PPP 综合信息平台的数据，从 2014 年到 2019 年第三季度末，PPP 模式的项目累计投资额达 14.1 万亿元，累计项目数 9 249 个，落地率为 65.3%。PPP 模式广泛运用于交通运输、市政工程、综合开发、生态环保等行业。PPP 模式的快速发展催生了设计、工程承包和地方融资平台等诸多行业的格局变化。据统计，中国的 PPP 投资规模，现已超过了其他国家 PPP 项目投资规模的总和，中国 PPP 发展的经验和教训对全球 PPP 发展具有重要的参考价值。

本人有幸作为本轮 PPP 的参与者，见证了 PPP 模式从萌芽期（2014 年）发展到高峰期（2015—2017 年），再到 2018 年"刮骨疗伤"的低谷期，接着到 10 号文出台后进入规范发展期的全过程。从萌芽期到高峰期、低谷期、复苏期、成熟期，这是发展的必然规律，所有的参与者都应该充分认识和尊重这样的规律。

依本人之浅见，PPP 的规范发展需要参与者保持"三心"，即初心、耐心和精心。PPP 项目要回到提高公共产品和服务的供给效果和效率的"初心"上来，不应简单地把 PPP 视为融资工具。在政策的连续性、地方基建计划的前瞻性和科学性、咨询机构的专业性、社会资本的能动性上，都要保持"耐心"，避免操之过急。各参与方应保持专业态度，"精心"运作，慢工出细活，重"质"不图"量"，把 PPP 模式的按效付费和物有所值真正落到实处。

北京城建是本轮 PPP 浪潮中异军突起的地方力量，他们在积累诸多实践经验的同时，也致力于 PPP 模式的创新与发展。这本 PPP 实务操作指南即是从实践中来，选择了本轮 PPP 中最具代表性的轨道交通、市政基础设施、综合管廊、特色小镇、生态环保等项目类型，对其合作模式、回报机制、核心风险及防范等内容进行了系统分析，其内容涵盖了项目识别、准备、采购、执行等各个阶段的实操经验，是对过去 5 年 PPP 发展历程的实操总结。此外，本书还提到了 ABO、PPP+TOD、PPP+RC 等衍生模式，在地方政府财力有限、PPP 受到财政红线限制、专项债受到资金自平衡和额度限制等情况下，这些模式为地方政府基建项目的投融资提供了新的思路与方法。

中国 PPP 的发展需要各界同仁群策群力，需要所有的参与者坚持"道正、术专、意长、唯质"的精神。希望这本书能够给读者带来启迪和思考，让我们共同期待中国的 PPP 发展得更好。

张 燎

上海济邦投资咨询有限公司董事长

2020 年 5 月

PPP 在中国经历了从无到有、从无序到规范、从冲动投资到理性投资的过程。从 2017 年下半年开始,规范 PPP 的政策和与之相关的金融政策频出,PPP 之前无序的热闹场面渐渐归于平静。政府、金融机构、社会资本方在入手 PPP 项目时都多了一份冷静、一份慎重。2019 年,政府工作会议数次重申了 PPP 规范操作的要求,财政部、发改委均发文对此提出要求:从项目融资到项目建设、运营、移交,都应当在规范的前提下开展。PPP 项目有其独特之处,项目周期很长,这 10～30 年的漫长过程潜伏着诸多风险。要想保证项目正常运转,需要参与各方在各个阶段做到审慎笃行。有人说 PPP 迎来了寒冬,但笔者并不这么认为,这不是寒冬,而是蜡梅盛开、沁满芳香前的积累和忍耐阶段。

2013 年,PPP 在中国萌芽,北京城建及时把握机遇,组建了一支专业的团队,从项目筛选到项目的投、融、建、运各阶段,投入了大量的人力、物力、财力,致力于做规范的、优质的 PPP 示范项目,多年来打造了数个优质项目典范。其中大部分被评为国家部委示范项目,荣获多个国家级、省级专业领域奖项,如国内第一个现代有轨电车项目——青岛城阳有轨电车 EPC 项目、全国首例非经营性市政道路 PPP 项目——安庆外环北路 PPP 项目等,公司中标投资项目规模累计超过 500 亿元。经过多年的辛苦耕耘,团队在 PPP 项目方面积累了一些经验,我们很愿意把这些经验分享给广大读者,如能给同仁们带来些许启发,更是不胜荣幸。

本书从社会资本方的角度来撰写,共分为 4 个部分,对 PPP 项目全生命周期的各阶段进行了阐述,其中:第一部分系统分析了 PPP 项目中具有代表性的 5 个项目类型,并对 PPP 的创新模式进行了简要介绍和畅想;第二部分依据现有法律条文,结合团队在 PPP 项目招投标阶段的实操经验，对 PPP 项目的采购进行了详细介绍；第三部分对 PPP 项目的实施阶段进行了阐述，包括项目公司组建、项目建设、项目运营、项目财务管理和项目移交阶段的基本要件和风险管理；第四部分筛选了 4 个具有代表性的、北京城建为社会资本方或联合体成员的 PPP 项目案例，对案例情况进行了详细介绍。

这本书能够付诸出版，离不开北京城建领导的大力支持，他们给予我信任，让我能够有机会牵头主导这些优质项目，才有了这些标杆项目的"出炉"；当我开始筹划这本书时，也得到了领导们的大力支持，正是他们的鼓励和帮助才让这本书的付梓成为可能。另外，也感谢我的团队，尤其是王晨、郭佳蓓、王辰、廖一帆、张剑涛、夏小雨、马思遥、姜松日等同志，他们为本书提供素材、帮助撰稿、提出建议，付出了辛苦的劳动，在此一一表示感谢。

未来，随着 PPP 条例、《政府和社会资本合作模式操作指南（修订稿）》等相关政策文件的陆续出台，政策环境趋于稳定，PPP 将迈入规范、高质的成熟期，模式创新更有重点、绩效考核更制度化和体系化、监管机制更完善、市场生态环境逐渐改善等将成为 PPP 行业的主要趋势。PPP 方兴未艾，未来可期。

因水平有限，书中缺点在所难免，恳请读者批评斧正。

尹志国

2020 年 5 月

目录
CONTENTS

第一部分
PPP模式

第一章　PPP模式定义与特征

1.1　PPP模式定义 1

1.2　PPP模式特征 2

1.3　术语和解释 3

第二章　轨道交通类项目

2.1　项目选择 6

　　2.1.1　区位选择 6

　　2.1.2　指标选择 7

　　2.1.3　类型选择 8

　　2.1.4　模式选择 8

2.2　合作模式 11

2.3　回报机制 11

2.4　盈利模式 11

2.5　项目融资 12

2.6　项目退出 12

  2.6.1 股权退出机制的理解 12

  2.6.2 股权退出机制的设置原则 13

  2.6.3 股权退出机制的设计 14

 2.7 核心风险及防范... 15

第三章 市政基础设施类项目

3.1 项目选择 19

 3.1.1 区位选择 19

 3.1.2 指标选择 19

 3.1.3 模式选择 19

3.2 合作模式 19

3.3 回报机制 20

3.4 盈利模式 20

3.5 项目融资 20

3.6 项目退出 20

3.7 核心风险及防范 21

第四章 综合管廊类项目

4.1 项目选择 23

 4.1.1 区位选择 23

 4.1.2 指标选择 23

 4.1.3 模式选择 23

4.2 合作模式 24

4.3 回报机制 24

4.4 盈利模式 24

4.5 项目融资 24

4.6 项目退出 25

4.7 核心风险及防范 25

第五章　特色小镇类项目

5.1　项目选择 28

　　5.1.1　区位选择 28

　　5.1.2　类型选择 28

5.2　合作模式 28

5.3　回报机制 29

5.4　盈利模式 30

5.5　项目融资 30

5.6　项目退出 33

5.7　核心风险及防范 33

第六章　生态环保类项目

6.1　项目选择 36

　　6.1.1　区位选择 36

　　6.1.2　指标选择 36

　　6.1.3　类型选择 36

　　6.1.4　模式选择 37

6.2　合作模式 37

6.3　回报机制 37

6.4　盈利模式 38

6.5　项目融资 38

6.6　项目退出 39

6.7　核心风险及防范 39

第七章　PPP模式创新

7.1　ABO模式 43

　　7.1.1　ABO模式概念 43

　　7.1.2　ABO模式优势 44

  7.1.3 ABO模式推广政策 45

7.2 PPP+RC模式 45

  7.2.1 PPP+RC模式概念 45

  7.2.2 PPP+RC模式优势 46

  7.2.3 PPP+RC模式推广政策 47

7.3 PPP+TOD模式 47

  7.3.1 PPP+TOD模式概念 47

  7.3.2 PPP+TOD模式优势 48

  7.3.3 PPP+TOD模式推广政策 49

  7.3.4 PPP+TOD模式的扩展：PPP+XOD 50

第二部分
PPP项目采购

第一章 PPP项目采购方式的选择及采购流程

1.1 法律法规体系的适用 51

  1.1.1 适用招标投标法律体系 51

  1.1.2 适用政府采购法律体系 53

  1.1.3 采购适用招标投标法律体系与适用政府采购法律体系的差异

 54

1.2 PPP项目的采购方式 55

1.3 选择采购方式的注意事项 64

1.4 两阶段招标 64

  1.4.1 法律依据 64

  1.4.2 实施流程 65

  1.4.3 两阶段招标的意义 65

1.5 注意事项 66

第二章 采购的一般程序

2.1 资格预审 68

    2.1.1 采购人发布资格预审公告 68

    2.1.2 申请人编制并提交资格预审申请文件 69

    2.1.3 采购人组织评审小组评审 69

    2.1.4 资格预审结果 70

2.2 项目采购 70

    2.2.1 采购人发布采购文件 70

    2.2.2 采购人组织现场考察、采购前答疑会 71

    2.2.3 社会资本方编制并提交响应文件 71

    2.2.4 采购人组织评审小组 72

    2.2.5 采购人接收响应文件、开标与评审 73

2.3 采购结果的确认和公示 74

    2.3.1 采购结果确认 74

    2.3.2 采购结果公示 74

    2.3.3 中标、成交结果公告和发出通知书 75

第三章 采购结果确认谈判与谈判文件的签署

3.1 PPP项目合同体系 76

    3.1.1 PPP项目合同 77

    3.1.2 股东协议（合资协议） 78

    3.1.3 公司章程 78

    3.1.4 其他合同 78

3.2 采购结果确认谈判的主体 79

3.3 采购结果确认谈判的要点 80

    3.3.1 确认谈判的原则 80

    3.3.2 确认谈判的内容 80

    3.3.3 不可谈判的合同核心条款 81

    3.3.4　确认谈判的注意事项 81

3.4　谈判文件的签署 82

    3.4.1　合同的草签与公示 82

    3.4.2　合同的批准 82

    3.4.3　合同的签署与公示 82

3.5　风险应对及注意事项 83

第四章　项目建设、运营维护的采购

4.1　可以不进行招标的情况（两标并一标）..................... 84

4.2　不再二次招标的可行性 85

第三部分
PPP项目实施

第一章　项目公司的组建

1.1　项目公司的设立形式 88

1.2　项目公司的注册资本和项目资本金 88

1.3　项目公司的组织机构 89

    1.3.1　组织机构 89

    1.3.2　组织机构人员设置建议 91

    1.3.3　PPP项目模式对股东权利的限制 92

    1.3.4　人力资源配置 92

1.4　项目公司的注册设立 93

    1.4.1　项目公司的工商登记 93

    1.4.2　项目公司的注册流程 94

1.5　风险应对及注意事项 94

第二章　项目的建设

2.1　项目建设实施阶段 96

2.2　项目建设的内容 99

　　2.2.1　项目合同管理 99

　　2.2.2　项目设计管理 99

　　2.2.3　项目建设管理 100

2.3　风险应对及注意事项 103

第三章　项目的运营

3.1　项目运营的基本原则 106

3.2　项目运营的内容 107

　　3.2.1　设置运营组织架构 107

　　3.2.2　制定日常维护方案 108

　　3.2.3　制定商业运营方案 109

　　3.2.4　制定项目安全与应急管理方案 109

3.3　风险应对及注意事项 110

第四章　项目的财务管理

4.1　项目的融资管理 111

　　4.1.1　项目资本金 111

　　4.1.2　项目融资 112

　　4.1.3　融资流程 122

　　4.1.4　注意事项 122

4.2　项目的财务管理 123

　　4.2.1　项目公司财务管理的特点 123

　　4.2.2　项目公司财务管理的注意事项 124

　　4.2.3　社会资本方对项目公司的资金管理 125

4.3　风险应对及注意事项 126

第五章 项目的移交

5.1 项目移交的范围、移交条件和标准 128

    5.1.1 项目移交的范围 128

    5.1.2 项目移交的条件和标准 129

5.2 项目移交程序 129

    5.2.1 制定移交工作计划 129

    5.2.2 成立项目移交机构 129

    5.2.3 项目移交验收 130

5.3 风险应对及注意事项 131

第四部分
实操案例

第一章 安徽省安庆市外环北路工程PPP项目

1.1 项目摘要 132

1.2 项目实施要点 134

    1.2.1 项目前期准备 134

    1.2.2 项目采购 141

    1.2.3 项目执行 145

1.3 项目特点及亮点 147

第二章 滇中新区空港大道中段（文林路至机场北高速）工程PPP项目

2.1 项目摘要 150

2.2 项目实施要点 152

    2.2.1 项目前期准备 152

    2.2.2 项目采购 163

    2.2.3 项目执行 166

2.3 项目特色及亮点 168

第三章　新机场轨道线社会化引资项目

3.1　项目摘要 170

3.2　项目实施要点 172

　　3.2.1　项目前期准备 172

　　3.2.2　项目采购 184

　　3.2.3　项目执行 187

3.3　项目点评 191

　　3.3.1　项目特点及亮点 191

第四章　绍兴市城市轨道交通1号线PPP项目

4.1　项目摘要 192

4.2　项目实施要点 194

　　4.2.1　项目前期准备 194

　　4.2.2　项目采购 209

　　4.2.3　项目公司设立情况 211

4.3　项目特色及亮点 212

附录　重要政策法规

财政部关于推广运用政府和社会资本合作模式有关问题的通知 ...214

政府和社会资本合作模式操作指南（试行） 219

国家发展改革委关于开展政府和社会资本合作的指导意见 230

政府和社会资本合作项目政府采购管理办法 236

关于规范政府和社会资本合作合同管理工作的通知 241

政府和社会资本合作项目财政承受能力论证指引 244

国务院办公厅转发财政部发展改革委人民银行关于在公共服务领域

推广政府和社会资本合作模式指导意见的通知 250

关于在公共服务领域推广政府和社会资本合作模式的指导意见 251

关于进一步做好政府和社会资本合作项目示范工作的通知 259

基础设施和公用事业特许经营管理办法..................................262

国家发展改革委关于印发《传统基础设施领域实施政府和社会资本合作项目工作导则》的通知..................................271

关于印发《政府和社会资本合作项目财政管理暂行办法》的通知..................................278

关于规范政府和社会资本合作（PPP）综合信息平台项目库管理的通知..................................286

关于推进政府和社会资本合作规范发展的实施意见..................289

政府投资条例..................................294

国家发展改革委关于依法依规加强PPP项目投资和建设管理的通知..................................300

政府和社会资本合作（PPP）项目绩效管理操作指引.................304

第一部分
PPP模式

第一章
PPP模式定义与特征

1.1　PPP 模式定义

　　PPP（Public-Private Partnership）模式，即"政府和社会资本方合作"模式（也有"公共部门和私人合作"模式、"政企合作"模式等名称），是公共基础设施投资建设的一种运作模式。

　　●根据中华人民共和国财政部（以下简称"财政部"）《财政部关于推广运用政府和社会资本合作模式有关问题的通知》（财金〔2014〕76号）的定义，政府和社会资本合作模式是在基础设施及公共服务领域建立的一种长期合作关系模式。通常模式是由社会资本承担设计、建设、运营、维护基础设施的大部分工作，并通过"使用者付费"及必要的"政府付费"获得合理投资回报；政府部门负责基础设施及公共服务价格和质量监管，以保证公共利益最大化。

●根据《国家发展改革委关于开展政府和社会资本合作的指导意见》（发改投资〔2014〕2724号）的定义，政府和社会资本方合作模式是指政府为增强公共产品和服务供给能力、提高供给效率，通过特许经营、购买服务、股权合作等方式，与社会资本方建立的利益共享、风险分担以及长期合作关系。

1.2 PPP模式特征

1. 平等合作，自愿有偿

PPP模式中政府与社会资本之间是一种合作关系，而不是管理关系、从属关系、命令关系乃至于对抗关系；合作关系强调地位平等，自愿有偿。

2. 长期机制，权责明确

相比于BT（Build-Transfer，建设－移交）模式、政府购买服务模式等传统模式，PPP模式下政府与社会资本合作期限普遍较长（10～30年不等）；在政府和社会资本的合作覆盖项目的全生命周期内，双方通过签订长期合同来明确权利和责任，通过激励约束机制来保证公共服务的质量和效益。

3. 利益共享，风险分担

在PPP项目实践中，要通过对政府与社会资本之间的权利与义务、风险与收益进行合理评估与机制设计，合理设计PPP项目合同内容，维持双方风险与收益的平衡。一般来说，政府方承担政策、法律风险，社会资本方承担投资、建设、运营等风险。

4. 领域广泛，鼓励创新

当前，除少数因涉及国防安全等敏感因素的领域外，PPP模式已经广泛应用于提供基础设施和公共服务的各个领域；同时，PPP模式注重规范化产出标准，如果社会资本能够发挥主观能动性，切实降低成本并提高产出，可以获得更多的利润，这有利于鼓励社会资本方进行服务改进和技术创新。

1.3　术语和解释

1. 社会资本方

社会资本方是指已建立现代企业制度的境内外企业法人，但不包括本级政府所属融资平台公司及其他国有控股企业，在 PPP 项目中承担投资、建设、运营等工作。社会资本方为多方成员组成联合体的，应指联合体及联合体各方。

2. 政府方

政府方是指提出 PPP 项目的县级以上人民政府及其授权的项目实施机构。某种程度上，政府方出资代表也属于政府方的范畴，这一般要根据具体情形予以具体判断和分析。

3. 项目实施机构

项目实施机构是指在县级以上人民政府依法授权范围内负责 PPP 项目的前期论证、实施方案编制、社会资本方选择、项目合同签订、项目组织实施期间的监督管理、绩效考核以及合作期满移交等工作的有关部门或单位。

4. 项目公司

项目公司是指由社会资本方单独或由其与政府方出资代表共同出资设立的，在合同约定的期限内负责建设和运营工作，完成 PPP 项目的特殊目的公司，它是 PPP 模式运作的重要载体。

5. 政府部门

●中华人民共和国国务院（以下简称"国务院"）及其下属的部、委、局、署、行，中国的任何司法或军事当局，或具有中央政府行政管理功能的其他行政实体。

●省、市、县等各级地方政府及其职能部门。

6. PPP 项目合同

PPP 项目合同是指政府方与社会资本方及项目公司（如设立）依法就 PPP 项目合作所订立的合同。

7. 项目边界条件

项目边界条件是项目合同的核心内容，主要包括权利义务、交易条件、履约保障和调整衔接等边界。

8. 使用者付费

使用者付费是指由最终消费用户直接付费购买公共产品和服务的回报机制。

9. 可行性缺口补助

可行性缺口补助是指使用者付费不足以满足社会资本方或项目公司成本回收和合理回报，而由政府以财政补贴、股本投入、优惠贷款和其他优惠政策的形式，给予社会资本方或项目公司经济补助的回报机制。

10. 政府付费

政府付费是指由政府直接付费购买公共产品和服务的回报机制，主要包括可用性付费、使用量付费和绩效付费。

11. 全生命周期

全生命周期是指项目从设计、投融资、建设、运营、维护至终止移交的完整周期。

12. 合作期限

合作期限是指从 PPP 项目合同生效到合作结束的期限，其中包含建设期（如果有）和运营期。

13. 建设期

建设期是指自项目的监理工程师发出开工令上载明的开工之日起至项目竣工验收或交工验收之日止的时间。

14. 项目设施

项目设施是指项目红线范围内与项目相关的设施。

15. 项目资产

项目资产是指与项目有关的所有资产。

16. 项目移交

项目移交是指运营期届满，项目公司按照协议约定将项目设施、相关资产及资料单据等移交给政府方或其指定机构的行为。

17. 采购结果确认谈判工作组

采购结果确认谈判工作组是指由项目实施机构组建的负责采购结果确认前的谈判和最终的采购结果确认工作的临时组织。

18. 贷款人

贷款人是指项目贷款人或资金提供人。

19. 保函

保函包括投资竞争保函、建设履约保函、运营维护保函和移交维修保函，是社会资本方按照采购文件的规定提供的、为担保其履行和响应义务的担保函。

20. 资产证券化

资产证券化是指以项目所属的资产为支撑的证券化融资方式，即以项目所拥有的资产为基础，以项目资产可以带来的预期收益为保证，通过在资本市场发行债券来募集资金的一种项目融资方式。PPP 项目进入建设后期、逐渐进入运营阶段后，会接洽资产支持证券（Asset-Backed Securitication，ABS）承销商来探讨融资可行性。

第二章
轨道交通类项目

2.1 项目选择

2.1.1 区位选择

中华人民共和国成立 70 年来，包括轨道交通行业在内的我国交通运输事业经历了从"瓶颈制约"到"初步缓解"，再到"基本适应"的发展历程，取得了历史性的辉煌成就。近年来，我国城市轨道交通的发展总体有序。北京、上海等一线城市的城市轨道交通运营里程位居世界前列。

当前，超大城市基本处于完善网络和稳定运营阶段，特大城市进入加速成网时期，一批大城市也相继完成了骨干线路建设。截至 2017 年年底，已有 35 个城市开通城市轨道交通运营线路 185 条，运营线路总长度达 5 764.1 千米，城市轨道交通事业已经步入了新的发展阶段[1]。在这样的形势下，城市轨道交通建设项目的区位选择，已成为建设好、运营好项目的一个重要前提。

1. 政策维度

中国共产党第十九次全国代表大会（以下简称"十九大"）作出建设交通强国的重大战略部署，为交通运输发展指明了方向。根据中国共产党中央委员会（以下简称"中共中央"）、国务院于 2019 年 9 月 19 日发布的《交通强国建设纲要》及中华人民共和国交通运输部（以下简称"交通运输部"）于 2019 年 10 月 25 日发布的《交通运输部关于公布第一批交通强国建设试点单位的通知》，河北雄安新区、辽宁省、

---

1 数据来源：新华网。

江苏省、浙江省、山东省、河南省、湖北省、湖南省、广西壮族自治区、重庆市、贵州省、新疆维吾尔自治区、深圳市将开展第一批交通强国建设试点工作，力争用1~2年时间取得试点任务的阶段性成果，用3~5年时间取得相对完善的系统性成果，打造一批先行先试典型样板，并在全国范围内有序推广。因此，从宏观战略层面看，今后3~5年应当优先考虑上述区域的轨道交通建设项目。

2. 财政维度

轨道交通类项目重点考虑项目所在地为直辖市（计划单列市）、省会城市，与公司有战略合作的省市，东部经济发达地区或国家政策支持倾斜度较大的区域。

2.1.2 指标选择

1. 经济指标

轨道交通类项目具有前期投资大、建设周期长、网络效益强、受益主体广、外部效果显著等特点。对于交通运输项目的经济指标分析，应当以经济费用效益分析为主，对于有营业收入的项目应当关注单体项目投资规模、项目合作周期、项目全投资及资本金内部收益率、项目动态回收期等经济指标。

2. 政策指标

项目已纳入省级及以上财政或发改委项目库；城市轨道交通类项目投资巨大、具有比较鲜明的公益性特征，需要一定力度的地方财政和资源支持才能够稳健运营。但近年来，随着PPP项目特别是轨道交通类PPP项目的全面推进，部分城市对客观实际认识不足，不考虑实际需求和自身实力就盲目开展项目，导致规划过度超前、建设规模过于集中、资金落实不到位等一系列问题，一定程度上加重了地方债务负担。基于此，国务院和有关部委起草并发布了《国务院办公厅关于进一步加强城市轨道交通规划建设管理的意见》（国办发〔2018〕52号，以下简称"52号文"）等政策文件，对行业过热的现象予以政策层面的纠偏并提出意见。

52号文提出了城市轨道交通行业发展的基本原则，即"量力而行，有序推进；因地制宜，经济适用；衔接协调，集约高效；严控风险，持续发展"。同时明确了城市轨道交通的准入"门槛"：城市轨道交通系统，除有轨电车外均应纳入城市轨道交通建设规划并履行报批程序。地铁主要服务于城市中心城区和城市总体规划确定的重点地区，申报建设地铁的城市一般公共财政预算收入应在 300 亿元以上，地区生产总值在 3 000 亿元以上，市区常住人口在 300 万人以上。另外，要引导轻轨有序发展，申报建设轻轨的城市一般公共财政预算收入应在 150 亿元以上，地区生产总值在 1 500 亿元以上，市区常住人口在 150 万人以上。拟建地铁、轻轨线路初期客运强度应分别不低于每日每千米 0.7 万人次、0.4 万人次，远期客流规模应分别达到单向高峰每小时 3 万人次以上、1 万人次以上。

52 号文中要求的上述申报条件根据经济社会发展情况，将会按程序适时调整，但所选择的基础指标具有较强的参考和借鉴意义。基于此，在当前和今后一段时间内的项目区位选择中，应当将城市一般公共财政预算收入、地区生产总值、市区常住人口等因素作为主要的控制指标。另外，客流强度及规模等因素，也需要结合各区域经济状况及人口要素进行着重测算和评估。

2.1.3　类型选择

紧跟国内轨道交通行业发展趋势，在充分调查并研判市场的基础上，优先考虑公司传统优势项目类型和已经过市场论证的创新型轨道交通类项目。

根据《交通强国建设纲要》中所全面贯彻的创新驱动发展的新理念，作为九大任务之一，明确提出要建设"富有活力，智慧引领"的交通科技创新体系，强调合理统筹安排时速 600 千米级高速磁悬浮系统，时速 400 千米级高速轮轨客运列车系统等技术储备研发。

2.1.4　模式选择

由于轨道交通类项目造价通常较为高昂，近年来国家在公共交通等城市基础设施建设领域大力推广市场化的建设投融资模式，很多城市也开始积极探索创新模式，用以缓解地方财政压力。结合中华人民共和国国家发展和改革委员会（以下简称"国家发改委"）、财政部、交通运输部等相关部委的相关政策导向以及国内在建轨道交通类 PPP 项目的情况统计和趋势研判，轨道交通类项目的具体运作模式一般包括 BOT（Build-Operate-Transfer，建设 - 运营 - 移交）模式、TOT（Transfer-Operate-Transfer，转让 - 运营 - 移交）模式、特许经营模式以及 BOT+EPC（Engineering Procurement

Construction，工程总承包）等混合模式；具体回报机制考虑股权合作、建设期补助、运营期补贴等。

以政府为主的传统投融资模式除了政府财政直接出资建设（委托代建）外，还包括政府信贷融资、政府债券融资等。政府通过发行政府债券或直接通过银行贷款进行项目建设，在实际应用中主要以 EPC 模式为主；在市场化的投融资模式下，企业以获取利润为目的，以企业信用或项目收益为基础，以商业银行中长期贷款、发行项目专项债券等商业化融资为手段筹集资金进行项目建设，在实际应用中主要以 PPP 及"PPP+"等混合模式为主。

（一）EPC 模式

1. 模式综述

EPC 模式，也叫工程总承包模式，是近年来大多数国际型工程公司的基本运作模式，EPC 即设计、采购、施工，是指承包商按合同约定对工程项目的设计、采购、施工安装、试运行等实行全过程或若干阶段的承包，又称交钥匙工程。

2. 支持政策

《中华人民共和国建筑法》第二十四条规定："提倡对建筑工程实行总承包，禁止将建筑工程肢解发包。建筑工程的发包单位可以将建筑工程的勘察、设计、施工、设备采购一并发包给一个工程总承包单位，也可以将建筑工程勘察、设计、施工、设备采购的一项或者多项发包给一个工程总承包单位；但是，不得将应当由一个承包单位完成的建筑工程肢解成若干部分发包给几个承包单位。"这一规定，在法律层面为EPC 模式在我国建筑市场的推行提供了法律依据。

《关于培育发展工程总承包和工程项目管理企业的指导意见》（建市〔2003〕30号）中，中华人民共和国住房和城乡建设部（以下简称"住建部"）明确将 EPC 模式作为一种主要的工程总承包模式予以政策推广。

《住房城乡建设部关于推进建筑业发展和改革的若干意见》（建市〔2014〕92号）第十九条规定："加大工程总承包推行力度。倡导工程建设项目采用工程总承包模式，鼓励有实力的工程设计和施工企业开展工程总承包业务。推动建立适合工程总承包发展的招标投标和工程建设管理机制，调整现行招标投标、施工许可、现场执法检查、竣工验收备案等环节管理制度，为推行工程总承包创造政策环境。工程总承包合同中涵盖的设计、施工业务可以不再通过公开招标方式确定分包单位。"

《住房城乡建设部关于进一步推进工程总承包发展的若干意见》（建市〔2016〕93号）明确要大力推进工程总承包，完善工程总承包管理制度，提升企业工程总承包能力和水平，并加强推进工程总承包发展的组织和实施。

《建筑业发展"十三五"规划》（建市〔2017〕98号附件）在第三部分"十三五"时期主要任务中提出，在"十三五"期间要调整优化产业结构，发展行业的融资建设、工程总承包、施工总承包管理能力，培育一批具有先进管理技术和国际竞争力的总承包企业。

《国务院办公厅关于促进建筑业持续健康发展的意见》（国办发〔2017〕19号）第三条规定："加快推行工程总承包。装配式建筑原则上应采用工程总承包模式。政府投资工程应完善建设管理模式，带头推行工程总承包。加快完善工程总承包相关的招标投标、施工许可、竣工验收等制度规定。按照总承包负总责的原则，落实工程总承包单位在工程质量安全、进度控制、成本管理等方面的责任。除以暂估价形式包括在工程总承包范围内且依法必须进行招标的项目外，工程总承包单位可以直接发包总承包合同中涵盖的其他专业业务。"

3. 模式优点

EPC模式的优点主要有：EPC模式下总承包商负责整个项目的实施过程，不再以单独的分包商身份建设项目，有利于整个项目的统筹规划和协同运作，可以有效解决设计与施工的衔接问题、减少采购与施工的中间环节，顺利解决施工方案中的实用性、技术性、安全性之间的矛盾；工作范围和责任界限清晰，建设期间的责任和风险可以最大限度地转移给总承包商；合同总价和工期固定，业主的投资和工程建设期相对明确，有利于费用和进度控制；能够最大限度地发挥工程项目管理各方的优势，实现工程项目管理的各项目标；业主可以从具体事务中解放出来，将注意力放在影响项目的重大因素上，确保项目管理的大方向不发生偏差。

（二）"PPP+"（PPP创新）模式

具体内容在第七章"PPP模式创新"中详细介绍。

2.2 合作模式

结合所参与的具体项目的实际情况，公司作为社会资本方联合体的牵头方或参与方，参与 PPP 项目合作，主要负责项目的投融资、建设和运营。

2.3 回报机制

结合近年来市场上轨道交通类 PPP 项目的信息统计及调研社会资本方成功中标或参与过的该类型项目的经验，轨道交通类项目的常见回报机制为"使用者付费＋政府可行性缺口补助"。其中，使用者付费指轨道交通类 PPP 项目运营期间项目公司提供轨道交通运营服务所获得的票务收入和非票务收益，该部分收入为经营性收入，具体路径为乘客支付的票款及其他商业服务费用；政府可行性缺口补助通常指在轨道交通类 PPP 项目的运营过程中为保证项目公司能够持续稳定经营并获得合理回报而由政府方按年度支付给社会资本方的补贴收入。根据财政部发布的《财政部关于印发〈政府和社会资本合作项目财政承受能力论证指引〉的通知》（财金〔2015〕21 号）中给出的相关定义，项目运营补贴期间政府每年支付的可行性缺口补助数额包括：社会资本方承担的年均建设成本（折算成各年度现值）、年度运营成本和合理利润，再减去每年使用者付费的数额。对于其他并未按照财金〔2015〕21 号文中定义的可行性缺口补助回报方式，应按照项目在招标文件中的具体定义而定。

2.4 盈利模式

社会资本方参与 PPP 项目的盈利模式主要为：通过施工利润盈利；通过项目全周期内资本金投资回报盈利；通过开展轨道交通站点，沿线广通商及沿线土地、物流、旅游等综合业务开发盈利。此外，项目的成功中标与实施将一定程度地提高企业资信和项目能力，进一步为盈利创造优良环境和宽松空间。

2.5 项目融资

社会资本方按约定股比承担项目公司注册资本出资，项目建设所需资金主要由项目公司负责融资。融资的主要方式为银行长期贷款，根据项目实际情况，项目公司可将项目预期收益作为项目的融资质押等担保。社会资本方为项目公司的融资工作提供支持，具体措施如借由项目公司股东各方增信措施的增强，向银行申请较低利率的长期贷款等。

2.6 项目退出

根据《国务院办公厅转发财政部发展改革委人民银行关于在公共服务领域推广政府和社会资本合作模式指导意见的通知》（国办发〔2015〕42号）、《关于进一步做好政府和社会资本合作项目示范工作的通知》（财金〔2015〕57号）等政策文件的框架性规定，以及当前PPP项目趋于规范、愈发"重运营"的整体氛围，传统的"股权置换""政府回购"等股权退出方式逐渐不再普遍适用。因此当前在此类型PPP项目的实际操作中，将主要结合项目具体情况，探索采取PPP项目资产证券化、发行企业债等当前受到政策支持的金融工具，实现股权的合理退出。同时，可在项目协议中设置"止损条款"，在项目情况与预期出现很大偏差时，依托该机制，从法律层面实现股权退出。

2.6.1 股权退出机制的理解

狭义的PPP项目股权退出包含返回一级市场的退出（即政府方回购或提前终止）及二级市场的退出。一级市场退出通常属于合作关系提前终止的特殊情况，在此不予赘述。从二级市场的退出角度来看，PPP项目股权退出可以分为两类：一类是"类股权转让"式的股本折现，即将股权未来的收益提前兑现，但股权并不转让；另一类就是真实的股权转让。

广义的 PPP 项目股权退出包括 IPO（Initial Public Offering，首次公开募股）、股权转让、原股东回购、资产证券化、减资退出等。除此之外，某些人认为"增资扩股"也是方式之一。不过需要注意的是，增资扩股与股权转让一样，均面临一定程度的限制。例如在增资扩股的过程当中，新的投资人要与原中标的社会资本方共同向政府方承诺履行原 PPP 项目及配套文件中约定的各项义务。

2.6.2　股权退出机制的设置原则

1. 确保项目稳定可持续

PPP 项目股权退出必须确保项目稳定可持续是业内的基本共识，也是退出机制设置的底线。PPP 项目的目标有两个：一是追求项目产出绩效提升；二是实现项目融资。基于这两个目标，所有 PPP 项目的政策制定都应有利于项目融资目的的实现和确保优良的产出效率，即项目公司股权变动不应影响项目投融资、建设和运营的正常进行，从而实现项目顺利运营、各方责任不变和项目财务稳定的底线目标。

2. 根据不同项目灵活设置

PPP 项目股权退出应当兼顾各方利益，在退出机制设置上进行一定程度的灵活变通。不同情形下的股权退出有不同的需求和特点，因此退出机制的设置不能一概而论、生搬硬套，而应结合不同项目的实际情况，在共用机制的基础上设置针对性机制。

从转让主体来看，分为建造承包方、财务投资人、运营方等。各类主体对 PPP 项目的投资目的和利益诉求不同，在项目全生命周期内承担的职责和风险不同，对项目的投资回收期要求也不尽相同。有的还涉及政府方强制转让、融资机构的介入权行使等问题。

从转让对象来看，分为向联合体其他成员转让、向关联方转让、向政府方转让和对外转让。

从转让方式来看，分为 IPO、股权转让、原股东回购、资产证券化、减资退出等。培育 PPP 二级市场，股权退出机制要有利于吸引财务投资人和二级市场流转，要积极吸引保险、养老金等资金进入 PPP 二级市场。资产证券化和 PPP 不动产投资基金（PPP-REITs）等可以作为股权变更的例外情形。

3. 股权退出机制提前安排

PPP项目股权退出机制应当提前安排，从"项目识别论证阶段"开始设计、论证甚至进行市场测试，并在项目实施方案、招投标文件、PPP投资协议、PPP项目合同、公司章程中进行明确规定或约定；现有协议如果没有约定的，应当及时开展PPP再谈判进行补充约定，一旦达成约定，应当成为政府和社会资本双方开展PPP项目股权退出的重要依据。

2.6.3 股权退出机制的设计

1. 启动股权转让程序的前提条件

股权退出应当满足一定的前提条件，不符合前提条件的，一般不允许启动股权转让程序。其中比较主要的限制条件是项目股权锁定期的设置。

一般认为，设置锁定期是股权退出机制的必要内容，通常有两种操作模式：一种是在PPP政策和PPP项目合同中对PPP项目的股权转让、退出等做出锁定性的规定，从法律层面确保社会资本方拥有股权退出的权利；另一种则致力于设置完整而明确的绩效考核制度，这样可以在给予投资人资金流动自由的同时，确保项目整体实现产出绩效目标。在绩效考核体系明确的情况下，退出方和进入方自然会根据具体情况对项目建设、运营责任与风险进行合理分配，这属于商业行为，政府方无须过多干涉。

关于锁定期如何设置也存在很多不同观点。一种观点认为，只需在PPP项目公司成立后至竣工结算前维持项目公司股权稳定；另一种观点认为，锁定期应当至进入运营期若干年后，或者通常至少需要在项目缺陷责任期满后的一定期限，还应当对项目的运营情况予以关注（如约定项目股权退出前该项目应已正常运营若干年），以保证项目运营质量。目前这种观点是主流，并且官方文件如《PPP项目合同指南（试行）》第二章第十节、《基础设施和公共服务领域政府和社会资本合作条例（征求意见稿）》第二十六条等都对锁定期做了规定，其中《基础设施和公共服务领域政府和社会资本合作条例（征求意见稿）》第二十六条还规定，在合作项目建设期内，社会资本方不得转让其持有的项目公司股权。

但是，由于项目股权锁定期设置的出发点是保障政府方利益，而社会资本方通过股权退出维持其流动性的权利也应得到保证。因此建议在项目实践中，既要规定锁定期下限，也要规定其上限。同时，可以考虑在项目合同文件中约定，对于承担不同责任的社会资本方，设定不同的股权锁定期。再者，也可以考虑设定锁定期的例外情形，比如在金融机构行使介入权、向关联方转移、政府方转让股权时可以有条件地解除锁定期对股权变更的限制。

2. 稳定运营保障机制

PPP 项目股权退出应当坚守"确保 PPP 项目稳定可持续"的底线，因此股权退出机制的设计必须重点考虑"运营保障"。从社会资本方的角度出发，需要特别注意的要素是股权受让方的资格、能力和受让要求以及股权交易活动开展的合规性。

预设股权受让方的资格、能力和受让要求已是业内的基本共识，社会资本方在项目实践中需要进一步明确设置方式并自行审查，以在满足政府方诉求的前提下顺利实现股权的转让和退出，并防止由于受让方的资格、能力和受让要求等要素不满足条件而出现反复。

如何开展交易涉及交易规则、交易准备、交易方式、交易流程、投资者、交易成本、交易场所等多个方面的内容。

其中，社会资本方应注意的要点是股权受让方的选择应当符合《中华人民共和国政府采购法》等相关法律文件的规定，不能违反资产交易监管要求。特别地，如果社会资本方是央企或国有企业，则转让股权属于企业国有资产，股权转让需要在公共资源交易平台进行招拍挂，不能私下转让，同时还需兼顾国有资产交易监督管理的相关规定，并按照国有资产监督管理规定履行相关程序。

2.7 核心风险及防范

1. 公共政策及法律法规风险

为贯彻中央关于控制地方政府债务风险等相关政策精神,轨道交通类项目由于其举债额度巨大、回款周期极长，受到了政策监管层面的高度关注，对轨道交通类 PPP 项目的政策支持趋于收紧，多个大型轨道交通类 PPP 项目被有关层面叫停。

为规避此类风险,社会资本方应加强对中央精神和部委政策文件的梳理和研究,在项目寻找方面进一步提高标准，对于举债过高而预期回报不乐观的轨道交通类 PPP 项目不予涉及。同时对于之前已有意向的项目也要进行进一步研判并择优推进。

同时，在一般 PPP 项目的具体实施过程中，可能会出现采纳、颁布、修订、重新诠释法律或规定而导致项目的合法性、市场需求、合同协议款项与变更后的法律条款发生冲突的情况，造成项目建设运营成本增加、收益降低等问题，甚至直接导致项目的终止。这一风险可能在本级政府可控范围内，也可能超出本级政府可控范围。对于在本级政府可控范围内的风险，由政府方根据合同约定以时间延长、付费延长、相应补救补偿等方式承担风险。对于因本级政府不可控的风险导致的损失，由项目公司自行承担；如果超过约定的损失范围，由政府方与项目公司共同承担。

2. 付费及信用风险

轨道交通类 PPP 项目的收入来源主要为使用者付费（票务或非票务收入）和政府可行性缺口补助，若在运营期内使用者付费出现波动或政府可行性缺口补助的支付出现问题，将可能使项目公司的正常经营受到较为严重的影响。

为最大限度地避免此类风险对项目顺利实施造成实质性损害，社会资本方需在项目前期结合政府方和咨询机构提供的相关信息，通过客流分析和平均运距分析，分别确定合理的项目近期、中期及远期客流数据以及分析影响票务收入测算报价的核心数据，并按照项目具体情况合理估算项目运营周期内的非票务收入，科学判断项目预期收入情况。同时，要正确评估地方政府的财政状况，编制项目投资可行性研究报告和政府信用评价报告，并且在合同或协议中明确政府对项目包含金额、来源、方式、程序、保障机制等在内的补贴机制，项目实施后按年度动态评价项目的实际收益和政府信用的履约情况。并且，社会资本方需加强与政府的日常沟通，建立收费机制预警体系，提前做好风险预案和防控措施，设置必要的止损方案。

3. 项目融资风险

轨道交通类 PPP 项目具有项目合作周期长、资金需求量大两个重要的特点。因此，这对参与工程类 PPP 项目的企业的项目融资综合实力和项目融资方案设计能力都提出了较高要求。而如若项目无法顺利实现融资，将对从项目施工建设到运营维护的各个层面产生严重的影响，最终使得 PPP 项目的顺利实施无法得到保障。

为规避项目融资风险，在项目前期的具体落实过程中，社会资本方就应当充分了解合作方的融资能力，并且融资方案需经金融机构的认可并被认定为是有保障的。在项目实施过程中，项目公司应切实加强项目各阶段融资风险预警，如融资不到位则启动紧急情况下的融资方案。譬如，在项目实施过程中项目公司不能顺利完成项目融资，联合体各方将会采取股东追加投资、补充提供担保等方式以确保项目公司的资金足额到位。

4. 施工建设风险

在轨道交通类 PPP 项目的建设过程中，社会资本方所面临的项目施工建设风险主要包括设计不当或变更风险、招投标风险、工程建设质量及施工工地安全风险、承包商违约风险、劳资关系风险等。为有效规避施工建设风险，社会资本方应着力从以下几个方面入手：首先，在项目前期要加强尽职调查，充分完善 PPP 项目合同内容并确保合同的有效性、全面性和可执行性，明确政府和社会资本双方的责任与义务；其次，在人员安排方面要切实组建经验丰富、技术精湛、管理能力优秀的项目建设团队；再次，在工程实践方面要科学制定招投标方案和施工方案，设置合理的施工进场条件和施工时序以防止征地拆迁不到位等造成的工期延误等损失，并在项目建设施工过程中严格把控施工进度、质量、安全管理，牢固把关设计质量、概预算控制，从细节处将风险控制在可接受范围并尽量降到最低，对于确实难以管控的具体风险，可采用购买相应工程保险的方式予以转移。

5. 联合体连带责任风险

连带责任风险主要取决于社会资本方在联合体中所处的位置。根据目前采购文件的一般要求，需要在联合体协议当中明确：若社会资本方在联合体中的身份为联合体牵头方，则通常需要为联合体承担连带责任；若社会资本方仅作为联合体中的参与方（非牵头方成员），则社会资本方通常仅以出资额承担有限责任，不对其他联合体成员承担融资连带责任。此风险可以通过 PPP 合同的具体条款予以规避。

6. 项目建设运营管控风险

在轨道交通类 PPP 项目的建设和运营过程中，项目公司可能因为工程质量缺陷、项目运维管理人员安排不当、设备更新不及时等因素，导致运维质量的下降。

为切实防范项目建设运营管控风险，在项目实施过程中可以通过优化公司关键岗位的人员设置，重点加强建设施工管控、财务管控和风险管控，从而保障建设运营服务的质量。

7. 退出风险

社会资本方应当加强与政府方的沟通，同时在项目移交阶段应根据最新政策导向及项目实际情况制定项目退出方案，重点从项目合作方、公司战略合作方以及市场潜在合作方对项目股权受让方面进行论证。

第三章
市政基础设施类项目

3.1 项目选择

3.1.1 区位选择

市政基础设施及公共建筑类项目重点考虑项目所在地为直辖市（计划单列市）、省会城市，与公司有战略合作的省市，东部经济发达地区或国家政策支持倾斜度较大的区域。

3.1.2 指标选择

项目已纳入省级及以上财政或发改委项目库；同时应根据实际情况，综合考虑项目投资规模、投资回收期、项目全投资内部收益率等指标。

3.1.3 模式选择

结合国家部委的相关政策导向以及国内在建市政基础设施类 PPP 项目的统计情况，市政基础设施类项目的具体模式一般考虑 BOT 模式、TOT 模式等（包括上述模式的结合模式，如 TOT+BOT 等），同时积极争取 EPC 模式的项目，适度探索融资代建、EPC 等模式。

3.2 合作模式

根据调研社会资本方中标或参与此类项目的经验，并结合所参与的具体项目的实际情况，社会资本方一般独立参与此类 PPP 项目，并负责项目的投融资、建设和运营。

3.3 回报机制

当前，市政基础设施类 PPP 项目有两种主流回报机制。

● 政府可用性付费 + 政府运维绩效付费。

● 项目使用者付费 + 政府可行性缺口补助。

鉴于市政基础设施类 PPP 项目的公共基础服务属性，其项目回报机制以政府可用性付费 + 政府运维绩效付费模式为主，但结合当前政策导向，应更多地考虑未来可能通过运营产生现金流的项目，即项目使用者付费 + 政府可行性缺口补助模式。

3.4 盈利模式

因市政基础设施类 PPP 项目通常为准收益性项目或公益性项目，所以盈利模式通常为项目建设施工所得施工利润、通过项目的投资建设及运营维护所获得的收入以及资本金正常投资回报。

3.5 项目融资

社会资本方按约定股比承担项目公司注册资本出资，项目建设所需资金主要由项目公司负责融资。根据项目实际情况，项目公司可将项目预期收益作为项目的融资质押等担保。社会资本方将为项目公司的融资工作提供支持，具体措施如借由项目公司股东各方增信措施的增强，向银行申请较低利率的贷款等。

3.6 项目退出

根据《国务院办公厅转发财政部发展改革委人民银行关于在公共服务领域推广政府和社会资本合作模式指导意见的通知》（国办发〔2015〕42 号）、《关于进一步做好政府和社会资本合作项目示范工作的通知》（财金〔2015〕57号）等政策文件的框架性规定，以及当前PPP项目趋于规范、愈发"重运营"的整体氛围，传统的"股权置换""政府回购"等股权退出方式已逐渐不再普遍适用。因此当前在此类型PPP项目的实际操作中，将主要结合项目具体情况探索采取PPP项目资产证券化（如ABS、ABN等）等当前受到政策支持的金融工具，实现股权的合理退出。

3.7 核心风险及防范

1. 付费及信用风险

由于市政基础设施类PPP项目主要提供公益性公共服务，一般不具有收益性，故市政基础设施类PPP项目的业务收入来源主要为政府付费。基于这一前提，此类PPP项目的付费及信用风险便主要集中在政府方的财政状况及履约能力方面。

社会资本方需在项目前期重点研判地方政府的财政能力，编制项目可行性研究报告和政府信用评价报告，在PPP项目中明确政府因财政支出问题无法履约时对社会资本方的相应保护条款，并在项目实施后按年度动态评价实际收益和政府信用。同时，社会资本方需加强与政府的日常沟通，建立收费机制预警体系，提前做好风险预案和防控措施，设置必要的止损方案。

2. 项目融资风险

在前期项目具体落实过程中，社会资本方应当充分了解合作方的融资能力，融资方案需经金融机构认可且被认定为是有保障的。应切实加强项目各阶段的融资风险预警，如融资不到位则启动相应解决方案。若在项目实施过程中项目公司不能顺利完成项目融资，联合体各方将会采取股东追加投资、补充提供担保等方式以确保项目公司的资金足额到位。

3. 施工建设风险

对于工程类PPP项目而言，项目施工建设过程中可能会由于方案设计不合理、人员器械安排不适当、信息沟通不畅通等造成项目事故、工期延误等问题，形成施工建设风险。

为有效规避施工建设风险，社会资本方应着力从以下几个方面入手：首先，在项目前期要加强尽职调查，充分完善 PPP 项目合同内容并确保合同的有效性、全面性和可执行性，明确政府和社会资本双方的责任与义务；其次，在人员安排方面要切实组建经验丰富、技术精湛、管理能力优秀的项目建设团队；最后，在工程实践方面要设置合理的施工进场条件以防止征地拆迁不到位等造成的工期延误等损失，并在项目建设施工过程中严格把控施工进度、质量、安全管理，牢固把关设计质量、概预算控制，从细节处将风险控制在可接受范围甚至降到最低。

4. 项目建设运营管控风险

在市政基础设施类 PPP 项目中，项目公司在建设和运营阶段可能因为项目运维管理人员安排不当、工程质量缺陷、设备更新不及时等因素导致运维质量下降。根据财政部发布的《政府和社会资本合作项目财政管理暂行办法》等政策文件的规范性规定，运维服务绩效评价直接与项目付费的支付比例挂钩，质量的下降将直接导致项目付费的减少。若项目付费无法覆盖建设运维成本，很可能造成项目公司现金流的断裂。

社会资本方在项目实施过程中可以通过优化公司关键岗位的人员设置，重点加强财务管控和风险管控，从而保障建设运营服务质量，保障政府付费收入不受影响。

5. 退出风险

社会资本方应当加强与政府方的沟通，同时在项目移交阶段应根据最新政策导向及项目实际情况制定项目退出方案，重点从项目合作方、公司战略合作方以及市场潜在合作方对项目股权受让进行论证。

6. 公共政策及法律法规风险

近期，财政部、国务院国有资产监督管理委员会（以下简称"国资委"）等部门连续发文规范 PPP 项目的审核及实施。项目中可能会出现采纳、颁布、修订、重新诠释法律或规定而导致项目的合法性、市场需求、合同协议款项与变更后的法律条款发生冲突的情况，造成项目建设运营的成本增加、收益降低等问题，甚至直接导致项目的终止。

第四章
综合管廊类项目

4.1 项目选择

4.1.1 区位选择

根据《财政部住房城乡建设部关于开展中央财政支持地下综合管廊试点工作的通知》（财建〔2014〕839号）、《关于开展2016年中央财政支持地下综合管廊试点工作的通知》（财办建〔2016〕21号）等政策性文件，社会资本方可以重点考虑25个地下综合管廊试点城市（第一批：包头、沈阳、哈尔滨、苏州、厦门、十堰、长沙、海口、六盘水、白银；第二批：郑州、广州、石家庄、四平、青岛、威海、杭州、保山、南宁、银川、平潭、景德镇、成都、合肥、海东）。

根据《财政部住房城乡建设部关于开展中央财政支持地下综合管廊试点工作的通知》，国家将对地下综合管廊试点城市给予专项资金补助。在综合管廊类PPP项目的实际操作中，应优先考虑25个地下综合管廊试点城市中的省会城市、东部沿海及经济发达地区的城市等政府财政状况较为良好的地区。

4.1.2 指标选择

项目已纳入省级及以上财政或发改委项目库；同时应根据实际情况，综合考虑项目投资规模、投资回收期、项目全投资内部收益率等指标。

4.1.3 模式选择

结合国家部委的相关政策导向以及国内在建综合管廊类PPP项目的统计情况，综合管廊类PPP项目的具体模式一般考虑BOT模式、TOT模式、ROT（Renovate-Operate-Transfer，改建 - 运营 - 移交）模式等，同时积极争取EPC模式的项目。

4.2 合作模式

结合所参与的具体项目的实际情况，社会资本方可以独立参与此类 PPP 项目，并负责项目的投融资、建设和运营。

4.3 回报机制

当前综合管廊类 PPP 项目有两种主要回报机制。

●政府可用性付费＋政府运维绩效付费。

●项目使用者付费（使用者支付入廊费）＋政府可行性缺口补助。

鉴于综合管廊类项目的公共基础服务属性，其项目回报机制以政府可用性付费＋政府运维绩效付费模式为主，但结合当前政策导向，社会资本方应更多地考虑项目使用者付费＋政府可行性缺口补助的模式。

如采用第二种收费模式，则政府需设置入廊使用者的最低付费比例，并由政府协调相关企业的管线入廊。

4.4 盈利模式

综合管廊类 PPP 项目的盈利主要来自施工利润、投资建设以及运营维护所获得的正常回报。

除此之外，项目的成功中标与实施将不同程度地提高企业资信，进一步为盈利创造优良环境。

4.5 项目融资

社会资本方按照约定股比承担项目公司的注册资本出资，项目建设所需资金主要由项目公司负责融资。根据项目实际情况，项目公司可将项目预期收益作为项目的融资质押等担保。社会资本方将为项目公司的融资工作提供支持，具体措施如借由项目公司股东各方增信措施的增强，向银行申请较低利率的贷款等。

4.6 项目退出

根据《国务院办公厅转发财政部发展改革委人民银行关于在公共服务领域推广政府和社会资本合作模式指导意见的通知》（国办发〔2015〕42号）、《关于进一步做好政府和社会资本合作项目示范工作的通知》（财金〔2015〕57号）等政策文件的框架性规定，以及当前PPP项目趋于规范、愈发"重运营"的整体氛围，传统的"股权置换""政府回购"等股权退出方式已逐渐不再普遍适用。因此当前在此类型PPP项目的实际操作中，可以结合项目具体情况探索采取PPP项目资产证券化等当前受到政策支持的金融工具，实现股权的合理退出。

4.7 核心风险及防范

1. 公共政策及法律法规风险

近期，财政部、国资委等部门连续发文规范PPP项目的审核及实施。项目中可能会出现采纳、颁布、修订、重新诠释法律或规定而导致项目的合法性、市场需求、合同协议款项与变更后的法律条款发生冲突的情况，造成项目建设运营成本增加、收益降低等问题，甚至直接导致项目的终止。这一风险可能在本级政府可控范围内，也可能超出本级政府可控范围。对于在本级政府可控范围内的风险，由政府方根据合同约定以时间延长、付费延长、相应补救补偿等方式承担风险。对于因本级政府不可控的风险导致的损失，由项目公司自行承担；如果超过约定的损失范围，由政府方与项目公司共同承担。

2. 项目融资风险

项目融资风险主要体现在综合管廊类PPP项目投资金额巨大，可能因融资结构不合理、金融市场不健全、融资资金不及时或利率调整、通货膨胀等因素导致项目融资成本增加，建设停滞、更新改造无法实施，甚至项目被政府方提前终止。

融资过程中，主要存在以下两种风险。

（1）融资交割风险。

由于综合管廊项目的投资体量较大、投资周期较长，并且政府采用 PPP 模式的初衷在于减轻地方政府负债、平滑政府财政支出，所以通常综合管廊类 PPP 项目均要求社会资本方具有较好的资信能力，保障项目能够通过各种融资渠道、方式获得足够的资金。假如项目在执行阶段，社会资本方或项目公司因各种原因未完成融资交割或未按约定足额融得资金，便会发生项目融资风险，使项目建设难以为继。

（2）利率调整及通货膨胀变化风险。

综合管廊类 PPP 项目在进入运营期后，由于运营周期较长，在此期间会产生诸多的不确定性因素，而在项目投融资方面，社会资本方面临的最大风险因素为基准利率、通货膨胀变化。基准利率作为融资的衡量杠杆，如果该指标出现较大幅度的变化，无疑会造成融资成本的波动；通货膨胀无论是在项目融资层面，还是在投资者投资收益回收层面均会产生重大影响。

为规避此类风险，社会资本方在前期项目落实中，应当调查合作方的融资能力，融资方案需经金融机构认可且被认为是可保障的，还应加强项目各阶段融资风险预警，如融资不到位则应启动项目止损点设置方案。同时，在 PPP 项目合同中需制定合理的政府付费调价机制，以防利率调整及通货膨胀变化的风险导致的运营成本提高。

3. 入廊风险

由于综合管廊类 PPP 项目的收入来源之一是项目公司向入廊管线单位收取入廊费及日常维护费，如果政府不能保证现有规划内的管线入廊、缴费，则会对项目公司的收益、项目的投资回报产生重要影响。

（1）入廊管线不可控风险。

在实践操作中，现有管线单位出于对资金、管理、产权意识等因素的考虑，缺乏入廊的积极性，管线入廊难以保证，由此出现了管线入廊不可控风险。

（2）项目稳定收益风险（入廊费和日常维护费的价格风险）。

《国家发展改革委 住房和城乡建设部关于城市地下综合管廊实行有偿使用制度的指导意见》（发改价格〔2015〕2754 号）明确提出各地应建立健全城市地下综合管廊有偿使用制度，主要由市场形成价格的机制来确定城市地下综合管廊各入廊管线单位应支付的管廊有偿使用费用；费用标准原则上应由管廊建设运营单位与入廊管线单位按照市场化原则平等协商确定。然而在现实操作过程中，由于各地方政府尚未出台具备可操作性的地下综合管廊收费制度实施细则，对入廊费和运维费还未出台相应的政府定价及指导价，致使项目公司在向入廊管线单位收费时无据可依。地下综合管廊的建设成本及运营成本难以在地方政府及入廊管线单位之间进行合理分摊，从而导致了项目收益的不稳定性，同时也使地方政府需承担的财政补贴数额存在不确定性。

针对以上两点，社会资本方可以通过政府协助共同设置最低入廊收费标准，由政府鼓励、协调企业入廊以降低风险，同时在项目前期加强对当地市政入廊意愿调研等基础工作，对风险进行及时预判和规避。

4. 运营维护风险

在 PPP 项目中，项目公司在运营阶段可能因项目运维管理人员安排不当、工程质量缺陷、设备更新不及时等因素导致运维质量下降。根据财政部发布的《政府和社会资本合作项目财政管理暂行办法》（财金〔2016〕92 号）等政策文件的规定，运维服务绩效评价将直接与项目付费的支付比例挂钩，质量的下降将直接导致项目付费的减少。若项目付费无法覆盖建设运维成本，很可能造成项目公司现金流的断裂。

社会资本方应当做好管廊建设与运营的有效对接，关注设施运行效率，根据项目运维边界条件提供运营维护服务，并在项目实施过程中通过优化公司关键岗位的人员设置，重点加强财务管控和风险管控，从而保障建设运营服务的质量，保障业务收入及时、足额到账。

第五章
特色小镇类项目

5.1　项目选择

5.1.1　区位选择

特色小镇类 PPP 项目重点考虑东部经济发达地区或国家政策支持倾斜度较大的区域，优先考虑一线城市、省会城市及其周边环城市区域以及经济实力较强的市县（如经济百强县），还可以重点关注待开发或待保护古村落、风景名胜区周边村镇等具备一定历史、文化、旅游等资源的区域。

5.1.2　类型选择

依据国内特色小镇的经营情况，社会资本方可以将全域旅游、文化旅游特色小镇作为打造目标。随着休闲旅游消费趋势与旅游特色小镇建设逐渐完善，特色小镇游客数量呈现稳定增长趋势。近几年，农村居民和城镇居民旅游规模的逐年增长拉动了国内旅游总消费的增长，旅游业大环境的整体利好带动了旅游特色小镇的发展。

5.2　合作模式

特色小镇类 PPP 项目的合作模式较为综合，主要有以下几种模式。

（1）公司层面的宏观合作模式。

充分整合社会资本方系统的内部资源，积极联合有稳定、良好合作关系的业内优质企业共同拓展市场份额，与合作方组成联合体参与项目。

（2）项目实施层面的具体合作模式。

前期应参考城镇开发或片区开发的通常合作模式，以统一的规划设计为入手点，在规划设计的基础上结合对施工及造价的考量，确定大致投资规模并着手构建资金统筹方案；然后应当搭配好基础设施配套及（或有的）土地一级开发等。最根本地，要立足于特色产业的导入和培育。同时，由于特色小镇的成功最终需要依赖特色小镇内的商业及配套服务业的成功，所以要特别重视项目的招商引资，要审慎合理地遴选适合项目的实际情况、具有中长期发展潜力的商业主体；还要从基础配置层面为创业置业设置宽松门槛和优惠条件，吸引优质的创业者、创业团队和置业者在小镇落户。

后期要着力构建以项目为核心，以城市投资及旅游投资为支撑，多种投资平台互相协调支撑的投资框架结构。以整合特色小镇下的投融资平台为基础，以构建与培育区域旅游上市公司和新三板企业为核心，以 PPP 特色小镇项目为抓手，以创新旅游 IP（Intellectual Property，知识产权）导入为驱动，形成创新的旅游投融资模式，推进特色小镇的创新发展。

5.3 回报机制

特色小镇是一个包含若干内容的产业综合体，其中主要的内容为基础设施及公共服务设施、特色产业及特色服务业项目。

就文旅类的特色小镇类 PPP 项目回报机制而言，大致包括以下两类。

●特色小镇范围内的基础设施及公共服务设施通常由社会资本方联合体负责施工建设，属于市政基础设施，回报机制一般为政府可用性付费＋政府运维绩效付费模式。

●对于特色产业及特色服务业项目，此类业务通常是吸引相关行业的企业入驻或在特色小镇内通过整合全产业链资源培育特色产业、特色商业并带动特色小镇内住宿、餐饮、娱乐等配套商业及特色小镇周边文化、旅游等全景产业共同发展，最终实现盈利。

5.4 盈利模式

仍以文旅类特色小镇为例。文旅类特色小镇依托旅游资源、文化、体育、特色产业，形成具有鲜明特色的文化旅游产品。主要盈利模式在于通过 PPP 模式规划建设小镇基础设施并进行运营，引入相关产业，整合文化旅游、饮食住宿、休闲康养等全产业链资源形成稳定模式和集群优势，带动小镇全方位业态功能升级，形成多层次盈利模式。

●持有部分优质公建配套设施的运营权，获取投资、建设、运营的正常回报。

●与政府方保持良好的合作关系，社会资本方为入驻特色小镇的企业及创业者提供优质的产业、创业配套服务，提高创业者的办事效率，进而降低管理成本并提高管理效率，从中获得管理红利。

●通过引入政府 PPP 基金或产业基金的方式为企业和个人进入小镇投资、置业提供更优的融资渠道，培育和带动基于特色小镇的主要特色的相关产业的产生和发展。在形成品牌效应、规模效应后，对特色小镇实现利润反哺、综合拉动，最终实现盈利。

5.5 项目融资

特色小镇类 PPP 项目的投资建设呈现投入大、周期长的特点，同时因不同特色小镇的"特色"不同导致具体商业模式、回报方式等各有差异，所以投融资工作较为复杂，纯市场化运作难度较大。因此，在特色小镇类 PPP 项目的投融资过程中，需要打通三方金融渠道，保障政府的政策、资金支持，引入社会资本方和金融机构资金，三方发挥各自优势，进行利益捆绑，在特色小镇的平台上共同运行，最终实现特色小镇运营的整体推进。

1. 政策支持

在《国务院关于深入推进新型城镇化建设的若干意见》（国发〔2016〕8号）中，提出了深化政府和社会资本方合作、加大政府投入力度、强化对新型城镇化工作的金融支持，并给出了宏观指导措施。如健全价格调整机制和政府补贴、监管机制；优化政府投资结构，允许有条件的地区通过发行地方政府债券等多种方式拓宽城市建设融资渠道；省级政府举债使用方向要向新型城镇化倾斜；专项建设基金要扩大支持新型城镇化建设的覆盖面，安排专门资金定向支持城市基础设施和公共服务设施建设、特色小城镇功能提升；鼓励政策性银行创新信贷模式和产品，针对新型城镇化项目设计差别化融资模式与偿债机制；鼓励商业银行开发面向新型城镇化的金融服务和产品；鼓励公共基金、保险资金等参与具有稳定收益的城市基础设施项目建设和运营；鼓励地方利用财政资金和社会资金设立城镇化发展基金，鼓励地方整合政府投资平台设立城镇化投资平台；支持城市政府推行基础设施和租赁房资产证券化，提高城市基础设施项目直接融资比重等。

国家发改委在《国家发展改革委关于加快美丽特色小（城）镇建设的指导意见》（发改规划〔2016〕2125号）中提出创新特色小（城）镇建设投融资机制，同时给出了较为具体的支持措施，如鼓励政府利用财政资金撬动社会资金，共同发起设立特色小镇建设基金；鼓励开发银行、农业发展银行、农业银行和其他金融机构加大金融支持力度；鼓励有条件的小城镇通过发行债券等多种方式拓宽融资渠道等。

2. 融资渠道

特色小镇的建设是社会多方资源对接、配合的综合工程。根据对上述政策的梳理解读，可以看出特色小镇类PPP项目的融资主要来自政府资金、政策性资金、社会资本方、开发性金融、商业金融5种渠道。对于特色小镇类PPP项目，可在以社会资本方为融资主力的同时引入其他融资方，兼顾多个投资平台的参与，在缓解政府财政压力的同时，也为特色小镇发展提供强有力的资金支持，从而盘活小镇特色产业的发展。

3. 具体方式

对于特色小镇类 PPP 项目而言，较普遍采用的模式为通常的 PPP 合作模式，即在特色小镇的开发过程中，与政府方签署有关 PPP 合作的协议，按出资比例组建 SPV（Special Purpose Vehicle，项目公司）并制定公司章程，政府指定实施机构授予项目公司特许经营权，项目公司负责提供特色小镇建设运营一体化服务方案。同时，根据国务院和国家发改委等部委的政策导向，在特色小镇类 PPP 项目的融资过程中可采取以下几种灵活的融资方式。

（1）产业基金及母基金模式。

特色小镇在导入产业时，往往需要产业基金做支撑，这种模式根据融资结构的主导地位分为 3 种类型。

第一种是政府主导，一般由政府（通常是财政部门）发起，政府委托政府出资平台与银行、保险公司等金融机构以及其他出资人共同出资，合作成立产业基金的母基金。政府作为劣后级出资人，承担主要风险；金融机构与其他出资人作为优先级出资人，按照实际情况确定杠杆比例。特色小镇项目需金融机构审核，还要经过政府的审批，基金的管理人可以由基金公司（公司制）或 PPP 基金合伙企业（有限合伙制）自任，也可另行委托基金管理人管理基金资产。

第二种是金融机构主导，由金融机构联合地方国企成立基金，专注于投资特色小镇。一般由金融机构做有限合伙人（Limited Partner，LP），做优先级，地方国企做 LP 的次级，金融机构委派指定的股权投资基金做普通合伙人（General Partner，GP），即基金管理公司。

第三种是由社会企业主导的 PPP 产业基金。由企业作为重要发起人，多数是由大型实业类企业主导，这类模式中基金出资方往往没有政府，资信度和风险承担都集中在企业身上，但是企业投资的项目仍然是政企合作的 PPP 项目，政府授予企业特许经营权，企业的运营灵活性强。

（2）发行债券模式。

特色小镇项目公司在满足发行条件的前提下，可以在交易商协会注册后发行项目收益票据，可以在银行间交易市场发行永（可）续票据、中期票据、短期融资债券等债券融资，也可以经国家发改委核准后发行企业债和项目收益债，还可以在证券交易所公开或非公开发行公司债券。

（3）资产证券化（ABS）模式。

资产证券化是指以特定基础资产或资产组合所产生的现金流为偿付支持，通过结构化方式进行信用增级，在此基础上发行资产支持证券（ABS）的业务活动。特色小镇建设涉及大量的基础设施、公用事业建设等，基于我国现行的法律框架，资产证券化存在资产权属问题，但在"基础资产"权属清晰的部分，可以尝试使用这种金融创新工具，对特色小镇融资模式也是一个有益的补充。

5.6　项目退出

社会资本方在 PPP 项目的合同约定范围内，参与 PPP 项目的投资运作，最终通过股权转让的方式，在特色小镇建成后，退出股权，实现收益。社会资本方与金融机构参与 PPP 项目的方式也可以是直接为 PPP 项目提供资金，最后获得资金的收益。结合现阶段国家和各部委对于 PPP 规范化的政策导向，在当前此类 PPP 项目的实际操作中，将主要结合项目具体情况，探索采取 PPP 资产证券化、发行企业债等当前受到政策支持的金融工具，实现股权的合理退出。

5.7　核心风险及防范

1. 付费及信用风险

特色小镇类 PPP 项目的业务收入主要来自两部分。一部分是通过特色小镇自身所培育或引入的相关特色产业通过整合后产生的自身"造血效应"，以及项目公司在运营期通过持有特色小镇内部分附属设施和营业设施的经营权和收益权所带来的经营性收入，这部分收入由于其收益性的属性，需要直接面对市场竞争，所以其付费风险主要来自市场行情波动；另一部分是特色小镇投入运营之前的前期规划设计、小镇内基础设施及公共服务设施的建设施工及更新改造等的工程投资，这部分可视作一般意义上的市政基础设施类 PPP 项目，回报机制一般为政府付费，因而也受到政府方的财政状况和履约信用的影响情况，属于政府信用风险。为合理规避特色小镇类 PPP 项目的付费及信用风险，一方面需要在项目前期的综合规划阶段，对市场需求、消费趋势等进行详细、全面的调查研究，遴选符合市场实际情况的商业模式，同时在实际建设运营过程中充分整合全产业链资源，降低管理成本，并通过科学谋划、统一步调，力争形成品牌效应、规模效应、全域效应，实现经营性收入的增大；另一方面，要对政府方的履约信用情况进行详细了解，编制可行性研究报告和政府信用评估报告，同时在建设运营期间加强与政府有关对接部门的沟通连接，在确保政府及时付费的同时，争取财税、资金补贴等各方面的优惠政策，实现政府与社会资本方的共赢。

2. 项目融资风险

特色小镇类 PPP 项目通常投资规模巨大，可能因融资结构不合理、金融市场不健全、融资到位不及时或利率调整和通货膨胀等因素导致项目融资成本增加，造成建设停滞、更新改造无法实施，甚至项目被政府方提前终止等情况。

为规避此类风险，一方面，在前期项目落实中，应调查合作方融资能力，融资方案需经金融机构认可且被认定为是有保障的，要加强项目各阶段融资风险预警，如融资不到位就启动相应的解决方案。另一方面，根据国家发改委相关政策文件精神，要积极考虑引入国家和地方政府层面支持特色小镇类 PPP 项目发展的新型投融资工具，具体如发改委推出的特色小镇专项基金（政策性基金）、国家开发银行与中国农业发展银行设立的建设基金、社会金融机构（如基金管理公司等）设立的针对项目的夹层融资方案等。

3. 项目管控风险

在特色小镇类 PPP 项目的建设施工、运营维护过程中，对建设施工质量、工期的把控和运营维护能力等是关系到项目工程质量和运营服务质量的关键因素，需要计入风险考量。

社会资本方在项目实施过程中可以通过优化公司关键岗位的人员设置，重点加强施工管控、财务管控和风险管控，从而保障建设、运营服务的质量，保证在合理降低管理成本的同时提高收益，业务收入能及时、足额到账。

4. 退出风险

社会资本方应当加强与政府方的沟通，同时在项目移交阶段根据最新政策导向及项目实际情况制定项目退出方案，重点从项目合作方、公司战略合作方以及市场潜在合作方对项目股权受让进行论证。

5. 产业规划风险

项目园区内的产业规划应遵循市场和政府引导，产业规划与地方政府定位有密切关系。社会资本方可以通过加强与政府的沟通，引导政府产业布局方向，规避产业规划中存在的风险。

6. 市场风险

将文旅特色小镇项目引入文旅产业、维持小镇良好的商业生态是项目公司的核心工作之一。因此，特色小镇的运营维护在遵循产业规划定位的基础上需要加强对市场的分析和研究，研判市场需求，规避市场风险；同时在运营层面要发挥主观能动性，创新方式方法，不断开拓新的业绩增长点。

第六章
生态环保类项目

6.1 项目选择

6.1.1 区位选择

根据对国家发改委 2015 年来公布的各批次生态环保类 PPP 项目以及国家发改委与中华全国工商业联合会共同推介的 PPP 项目名单进行的投资情况的综合研判分析，社会资本方对生态环保类项目的区位选择可以重点关注对该类别 PPP 项目有较大需求且政府财政状况较好的省份，如江苏省、浙江省、福建省等；可以优先考虑直辖市、省会城市、东部沿海地区及国家和行业相关环保政策重点支持的地区。

6.1.2 指标选择

考虑到生态环保类 PPP 项目属于较为专业的 PPP 领域，不同细分类别的 PPP 项目之间的各项关键指标有一定差异，故项目的指标选择应在结合项目实际情况的基础上综合考虑项目投资规模、项目生命周期、项目收益率和利润率、动态回收期等政策和财务指标。

6.1.3 类型选择

在生态环保类 PPP 项目的具体类型选择方面，应重点关注园林绿化、污水处理、水环境和生态治理等细分市场领域。

6.1.4　模式选择

结合十九大精神、中华人民共和国生态环境部、财政部、发改委等部委的相关政策导向以及对国内在建生态环保类 PPP 项目的情况统计，生态环保类 PPP 项目的具体模式一般考虑 BOT 模式、TOT 模式、ROT 模式等。特别地，按照生态环保行业的实际情况和"盘活存量资产"的精神，可重点关注 TOT 模式和 ROT 模式的生态环保类 PPP 项目。

6.2　合作模式

充分整合公司内部资源，积极联合有稳定、良好合作关系的业内优质企业共同拓展市场份额。

6.3　回报机制

生态环保类 PPP 项目与市政基础设施类 PPP 项目类似，主要提供带有公益性质的公共服务；但同时，由于生态环保类 PPP 项目的具体类型（如污水处理、垃圾焚烧、园林绿化等）所提供的服务具有广泛的市场需求，政府和社会均存在购买此类服务的实际需要，从而使其又存在一定程度的收益性。传统生态环保类 PPP 项目的回报机制通常遵循以下模式：政府可用性付费 + 政府运维绩效付费 + 按使用量计算的政府付费（一般模式为在 PPP 项目合同中约定最低使用量）+ 按使用量计算的使用者付费。但近年来的污水处理类、垃圾焚烧及固废处理类等项目的回报大多遵循所谓"收支两条线"的方式，即收费环节由政府相关部门统一进行，然后再向企业拨付管理费等必要费用，亦即所谓的"统收统支"，进而在回报机制上最终统一为污水处理服务单价或垃圾焚烧处理单价，不再用传统的"可用性付费 + 运维绩效付费"模式划分。并且，随着十九大以来生态环保类 PPP 项目日趋火热，各类金融主体也逐步加强了对以环保水务、污水处理、垃圾焚烧为代表的生态环保项目的关注，预计将会有更加多样和灵活的回报机制出现。

6.4 盈利模式

企业通过 PPP 模式参与项目，依托实质性业务提升技术能力并逐步培育运营能力，此类项目的盈利点集中于付费回报（如污水处理项目收取污水处理费，垃圾焚烧项目获得垃圾焚烧发电收入和炉渣综合利用收入，园林绿化项目收取绿化维护费用，等等）和前期收益。

6.5 项目融资

社会资本方按照约定股比承担项目公司的注册资本出资,项目建设所需资金主要由项目公司负责融资。根据《国务院关于调整固定资产投资项目资本金比例的通知》（国发〔2009〕27号），本项目属于其他项目，最低项目资本金比例为20%。2019年11月国务院常务会议对部分基础设施项目的最低资本金比例进行了调整,其中生态环保等领域的补短板基础设施项目，在投资汇报机制明确、收益可靠、风险可控的前提下，资本金的最低比例可下浮不超过5个百分点。通过梳理近年来比较有示范性和代表性的生态环保类 PPP 项目融资结构发现，大多数项目的资本金比例设置为30%，高于一般固定资产投资项目的资本金比例。又由于良好运营的生态环保类 PPP 项目大多具有稳定现金流回报等特点，因此在项目融资时除银行长期贷款外，可灵活考虑项目公司债和资产证券化等模式。

根据项目实际情况，项目公司可将项目预期收益作为项目的融资质押等担保。社会资本方将为项目公司的融资工作提供支持，具体措施如借由项目公司股东各方增信措施的增强，向银行申请较低利率的贷款。

6.6 项目退出

在生态环保类 PPP 项目的实际操作中，结合项目具体情况，可以探索采取 PPP 资产证券化、发行企业债等当前受到政策支持的金融工具，实现股权的合理退出。此外，由于生态环保类 PPP 项目有较为稳定的回报模式和回报机制，如果在项目实践中运营状况良好，回报现金流收益稳定，可考虑在合作期满后与政府方协商延长运营合作期，甚至将项目进一步转化为 BOO（Building-Owning-Operation，建设 – 拥有 – 运营）模式长期持有，从而获得长期稳定的回报。

6.7 核心风险及防范

1. 付费及信用风险

从生态环保类 PPP 项目的主要收入来源可以看出，生态环保类 PPP 项目的收入既包括政府付费又包括使用者付费。因此，生态环保类 PPP 项目的付费及信用风险既包括市场带来的风险，又包括政府财政状况及履约信用带来的风险。

在污水处理、固废处理等多种生态环保类 PPP 项目的具体实践中，相关服务的使用量随国家和地方政府的相关政策、产业行情导向变化及市场行情波动等影响较大，故不易对使用者付费的数额进行准确研判。一旦供应量不足导致处理量不足，将导致项目公司无法正常运营。

为规避此类风险，通常会在 PPP 特许经营协议中设定保底使用量条款，若因供应量不足导致处理量不足时，政府则应按预先设置的保底使用量付费给项目公司。关于保底使用量的具体定量或比例，应由社会资本方与政府方在合同谈判中予以明确。

2. 公共政策及法律法规风险

由于我国当前对于生态环保事业高度重视，以及行业相关法律法规和执行规范等不够完善，我国生态环保领域的相关法律法规必将在今后相当长的一段历史时期内不断更新和完善。因此，生态环保类 PPP 项目在运营维护过程中可能会遇到政府宏观公共政策（如产业、土地、规划等）的调整风险和具体法律法规（如环保法、运营及排放标准）的变化风险。为合理应对上述风险，合作各方应在合同中建立合理的分担制度并设置争议解决条款。从广义上讲，譬如税收、通货膨胀、联合体成员权责划分等风险也属于公共政策和法律法规风险，同样应在合同中约定税收责任分配、合理调价机制及对应的违约条款。

3. 项目融资风险

对社会资本方而言，生态环保类 PPP 项目的融资风险主要包括融资困难、融资到位不及时、融资成本上升等实际问题。在前期项目的具体落实过程中，社会资本方应充分了解合作方的融资能力，融资方案需经金融机构认可且被认定为是有保障的。应切实加强项目各阶段的融资风险预警，如融资不到位则应启动相应的解决方案。若在项目实施过程中项目公司不能顺利完成项目融资，联合体各方将会采取股东追加投资、补充提供担保等方式以确保项目公司的资金足额到位。

4. 环境风险及项目绩效考核风险

生态环保类 PPP 项目具有较为特殊的属性。由于此类 PPP 项目中的许多详细类别，特别是污水、固废、垃圾处理等类别项目，其提供的服务质量直接关系到一定区域内的环境安全，所以一般此类项目的绩效考核机制较其他类型 PPP 项目会更为复杂，对项目施工建设和项目运营维护都有较高的技术要求（如污水处理、垃圾焚烧等）。一旦项目建设施工过程中不能始终执行高标准、严要求，或者在运营期内出现设备误操作、相关规章执行不严格等情况，可能由于工程质量差或工作人员失误进而导致污水或废物的泄露、污染等事故，造成安全事故和舆论负面影响。并且，此类 PPP 项目的合同中一般包含违约机制，若因施工建设或运营维护水平不达标而导致服务提供质量不达标，除影响政府付费外，项目公司还需向政府方支付相当数量的违约金。因此，对于此类 PPP 项目，建设运营的质量管控尤为必要。

为规避此类风险，项目公司应严格执行环保行业相关法律法规及环保行业内的通行控制制度，在公司层面最大限度地严格进行建设运营内部控制；同时要保持与政府及社会舆论的及时沟通，出现问题及时进行解释、澄清和解决，最大限度地减少其对项目绩效评价的影响。

5. 退出风险

生态环保类项目属于国家"强制"采用 PPP 模式的项目，因此政府对于退出机制的态度比其他类型 PPP 项目更为谨慎。考虑到生态环保类 PPP 项目付费机制的特点，在项目的实际操作过程中，若项目实际收益情况良好，现金流回报稳定，可考虑进一步延长项目运营期，甚至考虑将项目转为 BOO 模式实现长期稳定持有；项目合作期满时移交，社会资本方应当加强与地方政府的沟通，制定项目退出方案，重点从合作方、公司战略合作方以及市场潜在合作方对项目股权受让进行论证。

第七章
PPP模式创新

自 2014 年国家大力在基础设施及公共服务领域推广 PPP 模式以来，PPP 模式已逐渐发展成为国内调结构、促改革、稳增长、惠民生的重要抓手。通过在公共领域引入私人部门和市场机制，PPP 模式正逐渐改变完全依赖公共部门、公共机构提供公共产品的传统方式，在我国公共服务供给、质量和效率提升等方面发挥了非常重要的作用。

但在 PPP 模式高速发展的同时，由 PPP 模式大规模扩张引发的 PPP 项目运作流程不规范、政府隐性债务等问题也不断突显出来。为进一步防范地方政府债务风险，规范 PPP 项目运作，自 2017 年 11 月以来，发改委、财政部等部门连发多份文件对 PPP 项目的开展工作进行指引，对入库项目进行清理。2019 年在"守住不发生系统性金融风险底线"的重要准则下，财政部、发改委等相关部门连续出台文件对地方政府隐性债务防范、PPP 项目可行性论证、审核备案、社会资本方选择、资本金设置、项目监管、失信行为惩治等方面的内容进行了着重阐述和说明，对 PPP 市场进行了进一步的规范和整治。据相关统计，截止到 2019 年 8 月，累计有 396 个项目经各省级财政部门审核同意后主动退出管理库。大力度的入库项目清理动作，严苛的论证和决策程序，强势的监管要求，进一步反映了我国 PPP 市场日益趋紧的严峻态势。

在市场整体管控日益严苛的情况下，为进一步增加基建市场对社会资本方的吸引力，进一步发挥社会资本方对公共产品提质增效的作用，促进 PPP 市场的繁荣发展，PPP 市场参与主体充分发挥自身的主观能动性，结合自身在 PPP 项目上的实践经验，顺大势积极创新、勇于发展，创造了 ABO、PPP+RC、PPP+TOD 等一系列创新模式，为新形式下的 PPP 市场发展做出了巨大的贡献。

7.1 ABO 模式

7.1.1 ABO 模式概念

ABO（Authorize-Build-Operate，授权 - 建设 - 运营）模式首创于北京市交通委员会代表北京市政府与京投公司签署的《北京市轨道交通授权经营协议》（以下简称"协议"）。该协议中，北京市政府授权京投公司履行北京市轨道交通业主职责，京投公司按照授权负责整合各类市场主体资源，提供北京市轨道交通项目的投资、建设、运营等整体服务。政府履行规则制定、绩效考核等职责，同时向京投公司支付授权经营服务费，以满足其提供全产业链服务的资金需求。京投公司也因此成为北京轨道线网发展过程中的统一"业主"。

在京投公司与北京市交通委员会签署的协议中明确规定，京投公司要承担与其他社会资本方合作等具体工作，可根据项目通过市场竞争机制引入外部建管、运营单位来投资建设运营或与社会资本方合作采取 PPP 模式实施项目。同时，北京市政府根据协议约定，向京投公司支付授权经营服务费 295 亿元 / 年，主要用于项目建设、更新改造和运营亏损补贴等方面。另外，京投公司也应依据协议充分发挥自身优势和市场价值，通过债权、股权等投融资方式筹集剩余建设资金，以保障项目的顺利运行。ABO 投融资模式及资金构成见图 1-7-1。

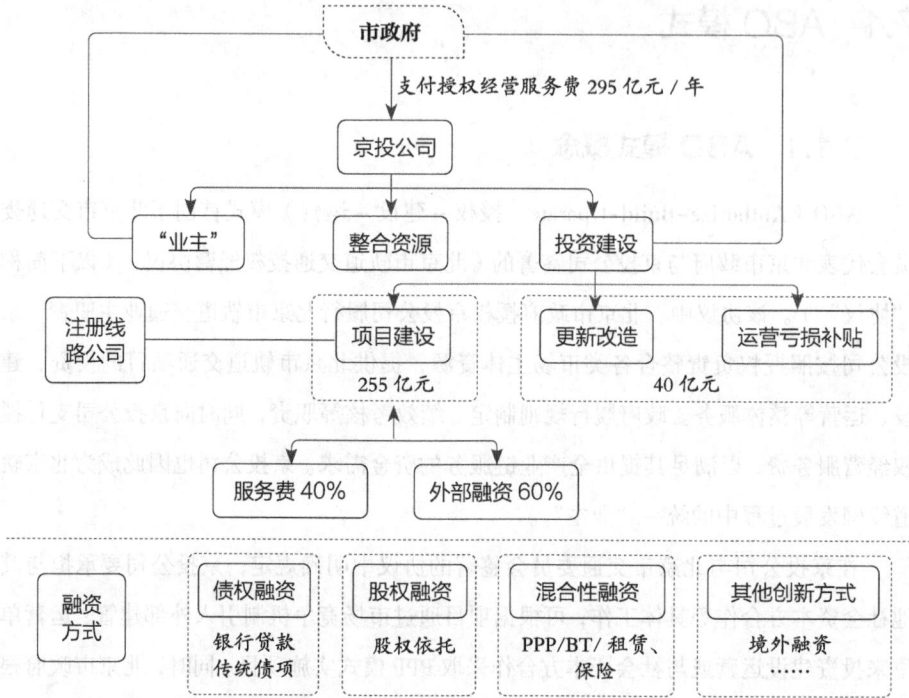

图 1-7-1　ABO 投融资模式及资金构成

7.1.2　ABO 模式优势

1. 实现政企分开、促进公共服务转型升级

ABO 模式的实施，既符合公益类国有企业改革的指导方向，又有利于理清政府与企业之间的关系，实现政企分开、政事分开。政府方由公共产品的直接"提供者"转变为市场化主体的"监管者"和"规则制定者"，减少了对微观事务的直接参与，主要负责规则制定、绩效考核和监督管理工作；企业由"单一的融资平台"转变为"市场资源的整合者"，在政府的监督指导下开展资金管理、项目管理等工作，通过约束机制和市场竞争机制整合相关资源，为公众提供更多、更好、价格更低的公共服务。该模式有利于充分发挥政府的行政监管能力优势以及企业的建设管理、融资渠道优势，从而为公众提供更加优质的社会公共服务。

2. 拓宽融资渠道、加快地方融资平台转型

ABO 模式下，企业以授权经营协议为依托，行使资金渠道职能，按照物有所值原则和专业化经营思路与其他企业开展合作，通过市场竞争机制和契约化的方式，高效整合全产业链资本、专业、技术和管理等各类相关资源，发挥市场在资源配置中的主导作用，有利于加快现有政府融资平台转型，打破行业准入限制，激发市场主体活力和发展潜力，打造新的经济增长点，增强经济增长动力。

7.1.3　ABO 模式推广政策

2016 年 7 月 23 日，北京市政府印发《关于推进供给侧结构性改革进一步做好民间投资工作的措施》（京政发〔2016〕29 号附件）鼓励民间资本参与交通基础设施建设。在轨道交通领域推广 ABO 模式，完善轨道交通站点及周边、车辆段上盖及地下空间土地综合利用机制，引入民间资本参与轨道交通投资建设的全环节。2016 年 8 月 15 日北京市政府印发《北京市"十三五"时期重大基础设施发展规划》（京政发〔2016〕39 号附件）提出创新市场化模式，探索推广 ABO、PPP 等模式，发挥市场在资源配置中的决定性作用，促进投资主体多元化，提升建设管理效率；推动完善铁路场站、轨道站点等土地综合开发政策；研究探索流域综合治理采取"区域一体、分区授权、考核付费"等模式，创造市场化条件。此外，目前 ABO 模式已越来越得到财政部、发改委等部门的一致认可，并在北京等区域进行了推广，具备在其他地区进行进一步推广的条件和基础。

7.2　PPP+RC 模式

7.2.1　PPP+RC 模式概念

PPP+RC（政府和社会资本方合作＋资源补偿）主要是指在政府和社会资本方合作进行相关项目的建设和运营的基础上，政府方通过对项目进行补偿的方式给项目公司提供一定的土地、旅游、矿产等资源，并赋予项目公司一定的开发权限，以资源开发收益弥补项目投资，从而保障社会资本方的合理收益水平的项目运作形式。PPP+RC 运作模式见图 1-7-2。

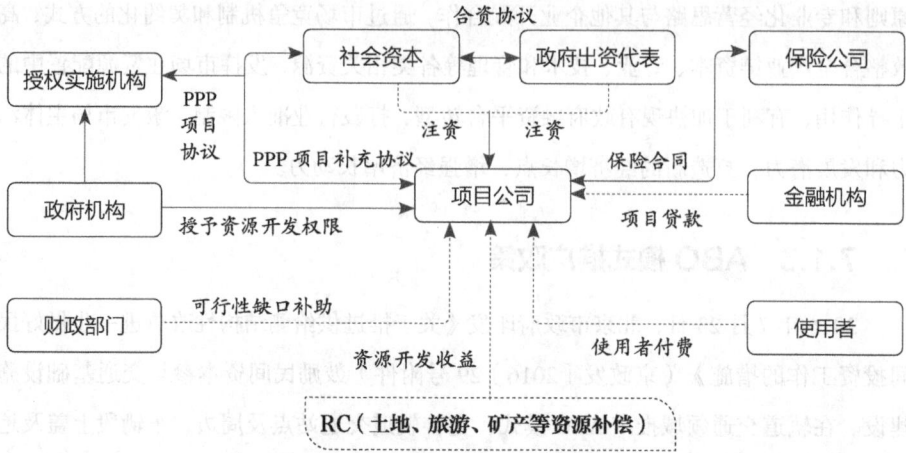

图1-7-2　PPP+RC运作模式

7.2.2　PPP+RC 模式优势

1. 提升项目收益、增强社会资本方吸引力

在准经营性项目中，通过土地、旅游、矿产、林地等相关资源的补充，以及一定资源开发权限的赋予，在实现项目公益性的同时，能有效提升项目收益水平，保障社会资本参与方的合理回报，降低项目参与风险，吸引更多社会资本方参与项目建设，加快地方基建及社会公共服务水平的提升。

2. 解决资金来源、减少政府负债

以项目带动社会存量资本参与到准经营性项目中来，能有效解决城市基础设施建设以及公共服务提供的资金来源问题，并减少对地方政府财政的依赖；同时通过资源补偿又能保障社会资本的合理收益，做到"少补贴、不补贴"，减轻地方政府的财政支出压力，降低政府隐性债务风险，促进地方财政的良性发展。

3. 地方存量资源盘活、创造新的利益增长点

充分发挥社会资本方的资源整合和运营管理能力，从项目设计阶段入手，综合考虑建设和后期运营阶段的具体需求，实现项目设计同地方存量资产、资源等的有机融合；依托项目带动，对地方资源进行整体盘活，以创造新的利益增长点，进一步提升项目运营盈利性，增加自身收益；同时，促进地方经济发展，增加地方就业、为百姓

谋福利、为政府创收。

4. 多项目同步建设、降低项目成本

采用 PPP+RC 模式可在实施项目的同时,统筹周边写字楼、商铺、商场等多种建筑的一体设计、同步进行,从而大大降低建设难度、节约建设成本。

7.2.3 PPP+RC 模式推广政策

《国家发展改革委关于开展政府和社会资本合作的指导意见》(发改投资〔2014〕2724号)提出"依法依规为准经营性、非经营性项目配置土地、物业、广告等经营资源,为稳定投资回报、吸引社会资本创造条件";《财政部 交通运输部关于在收费公路领域推广运用政府和社会资本合作模式的实施意见》(财建〔2015〕111号)提出"收费不足以满足社会资本或项目公司成本回收和合理回报的,在依法给予融资支持,项目沿线一定范围土地开发使用等支持措施仍不能完全覆盖成本的,可考虑给予合理的财政补贴";《文化和旅游部 财政部关于在文化领域推广政府和社会资本合作模式的指导意见》(文旅产业发〔2018〕96号)中提出可依法依规为文化 PPP 项目配置经营性资源,鼓励通过盘活存量资产、挖掘文化价值、开发性资源补偿等方式提高项目的可经营性。未来随着 PPP+RC 模式优势的进一步显现以及相关政策的进一步完善,资源与项目捆绑开发的模式将进一步促进基础设施建设与公共服务领域的投融资市场繁荣发展。

7.3 PPP+TOD 模式

7.3.1 PPP+TOD 模式概念

TOD(Transit-Oriented-Development,以公共交通为导向)模式是指以公共交通为导向的城市空间开发模式,主要通过城市公共交通和城市发展一体化,充分利用公共交通与周边土地开发的良性互动,扩大公共交通对于沿线土地增值的正外部效应,在解决城市交通问题的同时,优化城市发展格局,推进城市发展。长期以来,公共交通主要依靠政府财政，这种方式很难满足如今的城市发展状况下人们对于公共交通的需求，政府资金短缺成为掣肘城市发展的主要因素。此时，如何将 TOD 模式下公共交通产生的高强度开发和物业溢价增值的正外部效应内部化，以统筹支撑公共交通发展，成为新形势下未来城市发展的重要课题，PPP+TOD 模式应运而生。

PPP+TOD 模式参考了中国香港地铁的"轨道交通 + 物业"模式，通过机制创新，香港地铁成功实现了轨道交通建设、运营与车辆站点、沿线物业开发及城市发展的有效融合，以轨道交通建设带动沿线的社会、经济发展，以物业开发收入反哺轨道交通建设、运营的资金需求，打通了将轨道交通正外部效应内部化的路径，破解了长久以来轨道交通领域建设资金短缺和运营亏损两大难题，进一步提升了轨道交通的服务质量和城市公共基础设施建设的效益。

在 PPP+TOD 模式下，项目公司根据 PPP 项目合同协议，进行公共交通的建设及运营，同时取得交通沿线及站点的开发权限，依托交通运营产生的票务收入以及交通沿线及站点开发产生的非票务收入来保障自身的合理收益水平，显著提升了公共交通建设行业项目自身所具有的营利性，增强了项目对社会资本方的吸引力，并进一步撬动社会资本方投资公共交通领域。PPP+TOD 模式总体思路见图 1-7-3。

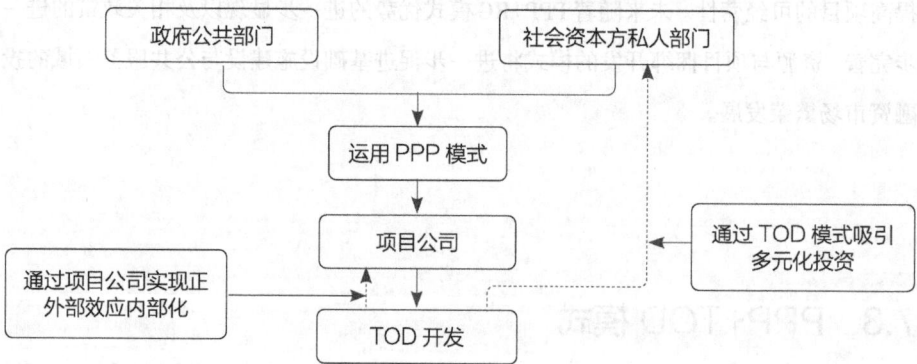

图1-7-3 PPP+TOD模式总体思路

7.3.2 PPP+TOD 模式优势

1. 优势互补、凸显交通及物业协同效应

以 TOD 模式为城市发展导向，以 PPP 模式为主要方式，通过 PPP 模式的应用盘

活社会存量资本解决城市公共交通建设、发展的资金需求。以公共交通建设为契机，促进城市社会、经济发展，带动交通沿线人流聚集，促进区域土地价值提升，并通过公共交通正外部效应带来的土地提升价值反哺交通建设、运营，实现公共交通建设与城市发展的正向协同效应，增强项目自造血及资金自平衡能力，保障项目的合理收益水平，提升项目对社会资本方的吸引力，降低公共交通建设对政府财政的依赖，充分发挥公共交通建设同物业开发间的协同效应，加速城市发展。

2．精细管理、提升交通及城市发展质量

在 PPP+TOD 模式下，公共交通带动周边物业升值，物业发展为公共交通运营提供客流保障。在二者相辅相成的过程中，采用 PPP 模式引入社会资本方，借助市场化运作，发挥企业精细化管理的特点，综合考虑公共交通与物业开发间的关系，有效调动各方资源，灵活运作、协同配合，实现交通运营与物业开发的最优组合，最大限度提升交通运营效率与物业开发质量，实现"1+1>2"，从而进一步提升城市发展质量。

7.3.3　PPP+TOD 模式推广政策

《国家发展改革委关于开展政府和社会资本合作指导意见》（发改投资〔2014〕2724 号）提出"依法依规为准经营性、非经营性项目配置土地、物业、广告等经营资源，为稳定投资回报、吸引社会资本创造条件"；2015 年发布的《基础设施和公用事业特许经营管理办法》提出，可以约定特许经营者通过向用户收费等方式取得收益，向用户收费不足以覆盖特许建设经营、运营成本及合理收益的，可由政府提供可行性缺口补助，包括政府授予特许经营项目相关的其他开发经营权益；《国务院办公厅关于进一步加强城市轨道交通规划建设管理的意见》（国办发〔2018〕52 号）提出积极吸引民间投资参与城市轨道交通项目，鼓励开展多元化经营，加大站场综合开发力度。由此可见，PPP+TOD 模式的开展具备一定的政策支持基础，同时伴随着香港地铁将轨道交通＋物业模式在国内的进一步推广，PPP+TOD 模式可对城市发展所起到的作用也越来越得到认可。随着国家政策导向的进一步明晰，PPP+TOD 模式的应用范围将得到进一步扩大，也将为城市发展做出更大的贡献。

7.3.4 PPP+TOD 模式的扩展：PPP+XOD

以交通为导向的城市发展模式的不断应用使人们逐渐认识到，除了交通设施能促使周边土地溢价升值之外，其他能够满足社会公共需求的设施或服务（如优质的医疗、教育、体育、生态环境资源等）同样能够带来区域经济的提升及土地溢价。由此，在 TOD 模式的基础上，以城市基础设施为导向的城市空间开发模式——XOD 模式逐渐得到应用和推广。目前，根据 XOD 模式所涵盖的基础设施类型不同，以城市基础设施为导向的城市空间开发模式又可以划分为 EOD（教育环境导向）、COD（文化导向）、HOD（医疗卫生导向）、SOD（体育导向）、POD（公园导向）等多种不同类型。

城市快速发展对于基础设施建设的强烈需求，使得地方政府以财政统筹城市基础设施建设的方式难以为继，创新基础设施建设投融资领域的发展模式成为破解城市发展障碍的重要难题。在此背景下，"PPP+XOD"的复合新模式，以 XOD 模式为导向，以 PPP 模式为手段，在城市基础设施建设领域引入社会资本方解决以城市基础设施为导向的城市发展下的基础设施建设资金需求，进一步拓宽了城市基础设施建设领域的融资渠道，有效缓解了地方政府的财政压力。同时，通过将基础设施投资引发的正外部效应内部化反哺基础设施建设，可有效保障参与项目的社会资本方的合理收益，从而激发了社会资本方参与基础设施建设领域的积极性。

2018 年 8 月中华人民共和国生态环境部发布《关于生态环境领域进一步深化"放管服"改革，推动经济高质量发展的意见》（环规财〔2018〕86 号）明确倡导"EOD"理念，强调探索开展以生态环境为导向的城市开发模式，推进生态环境治理与生态旅游、城镇开发等产业融合发展，创立试点并给予支持；采取多种方式支持对实现污染防治攻坚战目标支撑作用强、生态环境效益显著的 PPP 项目。生态环境领域政策的出台为 "PPP+EOD" 模式的发展提供了强有力的支撑，同时对于发展 "PPP+XOD" 模式给出了较为明确的指引，为实现 "XOD" 模式产生正外部效应带动土地增值，土地增值带动外部效应反哺城市发展的良性循环，二者相辅相成，共同促进城市又好又快发展提供了良好的政策支撑。

第二部分
PPP项目采购

第一章
PPP项目采购方式的选择及采购流程

1.1 法律法规体系的适用

PPP项目实施社会资本方采购时，应根据采购主体、采购内容和项目资金来源等因素来判断适用的采购法律体系。

1.1.1 适用招标投标法律体系

1. 适用情形

根据《中华人民共和国招标投标法》（1999年8月30日中华人民共和国主席令第21号）（以下简称"《招标投标法》"）、《中华人民共和国政府采购法》（以下简称"《政府采购法》"）、《中华人民共和国招标投标法实施条例》（中华人民共和国国务院令第613号）（以下简称"《招标投标法实施条例》"）、《中华人民共和国政府采购法实施条例》（中华人民共和国国务院令第658号）（以下简称

"《政府采购法实施条例》"）、《基础设施和公用事业特许经营管理办法》（中华人民共和国国家发展和改革委员会 中华人民共和国财政部 中华人民共和国住房和城乡建设部 中华人民共和国交通运输部 中华人民共和国水利部 中国人民银行令第25号）等的规定，PPP项目采购内容中包含了《招标投标法》《招标投标法实施条例》等法律法规规定的必须招标的工程及有关的货物和服务的，原则上适用招标投标法律体系。其中，《政府采购法》第四条规定："政府采购工程进行招标投标的，适用招标投标法。"《政府采购法实施条例》第七条规定："政府采购工程以及与工程建设有关的货物、服务，采用招标方式采购的，适用《中华人民共和国招标投标法》及其实施条例；采用其他方式采购的，适用政府采购法及本条例。前款所称工程，是指建设工程，包括建筑物和构筑物的新建、改建、扩建及其相关的装修、拆除、修缮等；所称与工程建设有关的货物，是指构成工程不可分割的组成部分，且为实现工程基本功能所必需的设备、材料等；所称与工程建设有关的服务，是指为完成工程所需的勘察、设计、监理等服务。政府采购工程以及与工程建设有关的货物、服务，应当执行政府采购政策。"

除此之外，《国家发展改革委关于印发〈传统基础设施领域实施政府和社会资本合作项目工作导则〉的通知》（发改投资〔2016〕2231号）第十三条规定："拟由社会资本方自行承担工程项目勘察、设计、施工、监理以及与工程建设有关的重要设备、材料等采购的，必须按照《招标投标法》的规定，通过招标方式选择社会资本方。"另外，不属于政府采购范围的采用招标方式采购社会资本方的PPP项目，也适用招标投标法律法规体系。

2. 采购程序的主要依据

适用招标投标法律体系的PPP项目，在采购程序中的主要法律依据包括：《招标投标法》《招标投标法实施条例》《基础设施和公用事业特许经营管理办法》（中华人民共和国国家发展和改革委员会 中华人民共和国财政部 中华人民共和国住房和城乡建设部 中华人民共和国交通运输部 中华人民共和国水利部 中国人民银行令第25号）、《国家发展改革委关于切实做好传统基础设施领域政府和社会资本合作有关工作的通知》（发改投资〔2016〕1744号），以及《国家发展改革委关于印发〈传统基础设施领域实施政府和社会资本合作项目工作导则〉的通知》（发改投资〔2016〕2231号）等。

3. 采购方式

适用招标投标法律体系的 PPP 项目，依据《招标投标法》[2] 的规定，采购方式包括公开招标和邀请招标两种。

1.1.2 适用政府采购法律体系

1. 适用情形

《政府采购法》第二条规定："在中华人民共和国境内进行的政府采购适用本法。本法所称政府采购，是指各级国家机关、事业单位和团体组织，使用财政性资金采购依法制定的集中采购目录以内的或者采购限额标准以上的货物、工程和服务的行为。"根据《政府采购法》《政府采购法实施条例》《国务院办公厅转发财政部发展改革委人民银行关于在公共服务领域推广政府和社会资本合作模式指导意见的通知》（国办发〔2015〕42 号）[3] 等法律法规的规定，使用财政性资金付费或提供可行性缺口补助的项目，并且采购内容不适用招标投标法律体系的依法必须招标的社会资本方采购 PPP 项目适用政府采购法律体系。

2. 采购程序的主要依据

适用政府采购法律体系的 PPP 项目，在采购程序中的主要法律依据包括：《政府采购法》、《政府采购法实施条例》、《财政部关于印发〈政府和社会资本合作项目政府采购管理办法〉的通知》（财库〔2014〕215 号）、《政府采购货物和服务招标投标管理办法》（中华人民共和国财政部令第 87 号）、《关于印发〈政府采购竞争性磋商采购方式管理暂行办法〉的通知》（财库〔2014〕214 号）、《财政部关于政府采购竞争性磋商采购方式管理暂行办法有关问题的补充通知》（财库〔2015〕124 号），以及《政府采购非招标采购方式管理办法》（中华人民共和国财政部令第 74 号）等。

2　《招标投标法》第十条规定："招标分为公开招标和邀请招标。公开招标，是指招标人以招标公告的方式邀请不特定的法人或其他组织投标。邀请招标，是指招标人以投标邀请书的方式邀请特定的法人或其他组织投标。"

3　《国务院办公厅转发财政部发展改革委人民银行关于在公共服务领域推广政府和社会资本合作模式指导意见的通知》（国办发〔2015〕42 号）第四条（十五）规定："对使用财政性资金作为社会资本提供公共服务对价的项目，地方政府应当根据预算法、合同法、政府采购法及其实施条例等法律法规的规定，选择项目合作伙伴。"

3. 采购方式

适用政府采购法律体系的 PPP 项目，依据《政府采购法》[4]和《财政部关于印发〈政府采购竞争性磋商采购方式管理暂行办法〉的通知》（财库〔2014〕214 号）[5]的规定，采购方式包括公开招标、邀请招标、竞争性磋商、竞争性谈判和单一来源采购。

1.1.3　采购适用招标投标法律体系与适用政府采购法律体系的差异

根据对招标投标法律体系和政府采购法律体系中相关条文的分析可以发现，《招标投标法》是为了规范必须招投标的项目的招投标活动而制定的法律，而《政府采购法》规范的是政府采购行为。虽然二者都对 PPP 项目的采购行为进行了规范，但存在着如下差异。

1. 适用对象上的差异

通过第二部分 1.1.1 中叙述的法律条文可知，招标投标法律体系主要适用于必须招投标的的工程及有关货物和服务；通过第二部分 1.1.2 的叙述可知，政府采购法律体系主要适用于使用财政性资金的采购行为。

2. 采购方式上的差异

《招标投标法》中规定了招标的方式仅包括公开招标和邀请招标。而《政府采购法》中规定了政府采购的方式包括公开招标、邀请招标、竞争性谈判、单一来源采购、询价和国务院政府采购监督管理部门认定的其他采购方式；另外，《财政部关于

4　《政府采购法》第二十六条规定："政府采购采用以下方式：（一）公开招标；（二）邀请招标；（三）竞争性谈判；（四）单一来源采购；（五）询价；（六）国务院政府采购监督管理部门认定的其他采购方式。公开招标应作为政府采购的主要采购方式"。

5　《财政部关于印发〈政府采购竞争性磋商采购方式管理暂行办法〉的通知》（财库〔2014〕214 号）第二条规定："本办法所称竞争性磋商采购方式，是指采购人、政府采购代理机构通过组建竞争性磋商小组（以下简称磋商小组）与符合条件的供应商就采购货物、工程和服务事宜进行磋商，供应商按照磋商文件的要求提交响应文件和报价，采购人从磋商小组评审后提出的候选供应商名单中确定成交供应商的采购方式。"第三条规定："符合下列情形的项目，可以采用竞争性磋商方式开展采购：（一）政府购买服务项目；（二）技术复杂或者性质特殊，不能确定详细规格或者具体要求的；（三）因艺术品采购、专利、专有技术或者服务的时间、数量事先不能确定等原因不能事先计算出价格总额的；（四）市场竞争不充分的科研项目，以及需要扶持的科技成果转化项目；（五）按照《招标投标法》及其实施条例必须进行招标的工程建设项目以外的工程建设项目"。

印发〈政府采购竞争性磋商采购方式管理暂行办法〉的通知》（财库〔2014〕214号）还对竞争性磋商采购方式进行了单独规范，属于政府采购法律体系的内容。可见，政府采购法律体系的采购方式在选择上更具有灵活性。

1.2 PPP 项目的采购方式

《政府和社会资本合作项目政府采购管理办法》（财库〔2014〕215号附件）第四条规定："PPP 项目采购方式包括公开招标、邀请招标、竞争性谈判、竞争性磋商和单一来源采购。"《财政部关于推进政府和社会资本合作规范发展的实施意见》（财金〔2019〕10号）肯定了这一说法，提出"采用公开招标、邀请招标、竞争性磋商、竞争性谈判等竞争性方式选择社会资本方"。《国家发展改革委关于依法依规加强 PPP 项目投资和建设管理的通知》（发改投资规〔2019〕1098号）第八条规定"公开招标应作为遴选社会资本的主要方式"。项目实施机构应当根据 PPP 项目的采购需求特点，依法选择适当的采购方式。采购方式通常在项目实施方案中已经确定，如后期采购人需对采购方式做出调整，应当报请相关采购主管部门批准。

在进行 PPP 项目采购时，在遵守相关法律法规规定的前提下，应当结合项目的实际情况、竞争环境、信息透明度等客观条件进行科学合理的选择，营造合法、合理、公平的项目投标竞争环境。

1. 公开招标

公开招标，是指招标人以招标公告的方式邀请不特定的法人或者其他组织投标。公开招标的采购方式竞争最为充分，信息透明度高，适用于采购需求中核心边界条件和技术经济参数明确、完整、符合国家法律法规及政府采购政策，且采购过程中不作更改的项目[6]。

能源、交通运输、水利、环境保护、市政工程等特定领域需要实施特许经营的PPP 项目，在项目建设运营标准和监管要求明确、市场竞争充分的前提下，适宜采用

6　具体参见《政府和社会资本合作项目政府采购管理办法》（财库〔2014〕215号附件）第四条。

公开招标的方式。公开招标的操作流程见图 2-1-1。

2. 邀请招标

邀请招标，是指招标人以投标邀请书的方式邀请特定的法人或者其他组织投标。邀请招标与公开招标相比，投标人数量相对较少，竞争程度相对较弱，但针对性更强，在采购条件设置合理的前提下，采用邀请招标的方式可以减少招标的工作量和招标成本，并且仍可以达到理想的效果。邀请招标操作流程见图 2-1-2。

适宜使用邀请招标方式的情形有以下几种。

●《招标投标法》第十一条规定："国务院发展计划部门确定的国家重点项目和省、自治区、直辖市人民政府确定的地方重点项目不适宜公开招标的，经国务院发展计划部门或者省、自治区、直辖市人民政府批准，可以进行邀请招标。"

●《招标投标法实施条例》第八条规定："国有资金占控股或者主导地位的依法必须进行招标的项目，应当公开招标；但有下列情形之一的，可以邀请招标：（一）技术复杂、有特殊要求或者受自然环境限制，只有少量潜在投标人可供选择；（二）采用公开招标方式的费用占项目合同金额的比例过大。有前款第二项所列情形，属于本条例第七条规定的项目，由项目审批、核准部门在审批、核准项目时作出认定；其他项目由招标人申请有关行政监督部门作出认定。"

●《政府采购法》第二十九条规定："符合下列情形之一的货物或者服务，可以依照本法采用邀请招标方式采购：（一）具有特殊性，只能从有限范围的供应商处采购的；（二）采用公开招标方式的费用占政府采购项目总价值的比例过大的"。

3. 竞争性磋商

竞争性磋商是 2014 年 12 月财政部以印发《政府采购竞争性磋商采购方式管理暂行办法》（财库〔2014〕214 号，以下简称"办法"）首次依法创新的采购方式，为两阶段的采购模式，核心内容是先明确采购需求，后竞争报价。竞争性磋商操作流程见图 2-1-3。

（1）概念。

根据办法的规定，竞争性磋商，是指采购人、政府采购代理机构通过组建竞争性磋商小组（以下简称磋商小组）与符合条件的供应商就采购货物、工程和服务事宜进行磋商，供应商按照磋商文件的要求提交响应文件和报价，采购人从磋商小组评审后提出的候选供应商名单中确定成交供应商的采购方式。磋商过程中，磋商小组可以根据磋商文件和磋商情况实质性变动采购需求中的技术、服务要求以及合同草案条款。实质性变动的内容须经采购人代表确认，并为磋商文件的有效组成部分，磋商小组需及时以书面形式同时通知所有参与磋商的供应商。

（2）适宜使用竞争性磋商方式的情形。

办法第三条规定："符合下列情形的项目，可以采用竞争性磋商方式开展采购：（一）政府购买服务项目；（二）技术复杂或性质特殊，不能确定详细规格或者具体要求的；（三）因艺术品采购、专利、专有技术或者服务的时间、数量事先不能确定等原因不能事先计算出价格总额的；（四）市场竞争不充分的科研项目，以及需要扶持的科技成果转化项目；（五）按照《招标投标法》及其实施条例必须进行招标的工程建设项目以外的工程建设项目。"

（3）竞争性磋商的打分原则。

竞争性磋商以可量化的指标对潜在供应商进行综合打分，并以综合得分的高低来确定候选供应商排序，而非仅以潜在供应商的报价作为成交依据。所谓综合评分，是指响应文件满足磋商文件全部实质性要求并按照评审因素的量化指标进行评审得分。对于综合评分中的价格分，采用低价优先法，即满足磋商文件要求且最后报价最低的供应商的价格分为满分，该价格为磋商基准价，其他供应商的价格分按照办法中规定的公式进行计算。最终评审得分且最后报价相同的，按照技术指标优劣顺序推荐。

磋商过程中，通过与潜在供应商的磋商，采购人可以进一步优化需求和合同条款，同时也能对潜在供应商的综合实力进行更加深入的了解。因此，如果项目暂时无法提出准确的边界条件和合同条件，则需求和方案还需进一步优化；如果项目需在较短时间内完成采购，则建议采用竞争性磋商的采购方式。

4. 竞争性谈判

竞争性谈判，是指采购人或采购代理机构通过与不少于 3 家供应商进行谈判，最后从中确定中标供应商的一种采购方式。其核心为"既要有竞争（即参与谈判的供应商不少于 3 家），又要有谈判"。竞争性谈判具有采购周期相对较短、成本相对较低的优势，该方式方便、灵活，采购人和响应人能够在采购过程中对采购内容进行补充或修改。但竞争性谈判以价格为决定性因素，无法综合考虑参与谈判的供应商的综合能力，以价格为决定性因素还有可能导致市场的恶性竞争，最终影响标的项目货物或服务的质量和效率。竞争性谈判操作流程见图 2-1-4。

适宜使用竞争性谈判方式的情形如下。

《政府采购法》第三十条规定："符合下列情形之一的货物或者服务，可以依照本法采用竞争性谈判方式采购：（一）招标后没有供应商投标或者没有合格标的或者重新招标未能成立的；（二）技术复杂或者性质特殊，不能确定详细规格或者具体要求的；（三）采用招标所需时间不能满足用户紧急需要的；（四）不能事先计算出价格总额的。"

另外，《政府采购非招标采购方式管理办法》（中华人民共和国财政部令第74号）第二十七条第二款规定："公开招标的货物、服务采购项目，招标过程中提交投标文件或者经评审实质性响应招标文件要求的供应商只有两家时，采购人、采购代理机构按照本办法第四条经本级财政部门批准后可以与该两家供应商进行竞争性谈判采购，采购人、采购代理机构应当根据招标文件中的采购需求编制谈判文件，成立谈判小组，由谈判小组对谈判文件进行确认。符合本款情形的，本办法第三十三条、第三十五条中规定的供应商最低数量可以为两家。"

从上述条文可知，公开招标流标后转为竞争性谈判方式进行供应商采购的，应当满足两个要件：第一，公开招标流标的原因为有效响应的供应商仅有两家；第二，转为竞争性谈判方式采购需事先经本级财政部门批准。

5. 单一来源采购

单一来源采购，也称直接采购，是指采购人向唯一供应商进行采购的方式。该采购方式的特点是没有竞争性，只有唯一的潜在供应商满足项目要求，不得不与该供应商合作。因为单一来源采购的招标方式缺乏竞争性和透明度，不宜直接作为PPP项目的采购方式。因项目特性必须采用此种采购方式的，应当符合法律规定的条件且履行相关审批手续。单一来源采购操作流程见图2-1-5。

适宜使用单一来源采购方式的情形如下。

《政府采购法》第三十一条规定："符合下列情形之一的货物或者服务，可以依照本法采用单一来源方式采购：（一）只能从唯一供应商处采购的；（二）发生了不可预见的紧急情况不能从其他供应商处采购的；（三）必须保证原有采购项目一致性或者服务配套的要求，需要继续从原供应商处添购，且添购资金总额不超过原合同采购金额百分之十的。"

供应商	采购代理机构 （集中采购机构）	采购人

采购人自行组织开展招标活动的，应当符合下列条件：（1）有编制招标文件、组织招标的能力和条件；（2）有与采购项目专业性相适应的专业人员

```
采购项目 → 签订委托协议
自行组织 → 接受委托
编制招标文件
```

在财政部门指定的媒体上公告信息

招标公告的公告期限为 5 个工作日

发售招标文件 ← 编制并提交投标文件

在财政部门专家库抽取专家

在开标前半天或前一天，特殊情况不得早于评审活动开始前 2 个工作日

开标

采购人或采购代理机构应当依法对投标人的资格进行审查

资格性审查

知道或应当知道其权益受到损害起 7 个工作日内 → 向采购人或采购代理机构提出质疑

评标

评标委员会成员由采购人代表和技术、经济专家等组成，成员人数应为 5 人以上的单数，其中评审专家不少于成员总数的 2/3；1 000 万元以上、技术复杂、社会影响较大的项目，评委会成员人数应为 7 人以上的单数

采购人或采购代理机构应在收到书面质疑函后 7 个工作日内作出书面答复

确定中标供应商

采购人应当在收到评标报告后 5 个工作日内，确定中标供应商

对答复不满意或未在规定时间内做出答复的，可在答复期满后 15 个工作日内向同级人民政府财政部门提出书面投诉 → 向同级人民政府财政部门提出书面投诉

发出中标通知书，并在财政部门指定的媒体上公布结果

采购人或采购代理机构应当自中标供应商确定之日起 2 个工作日内，在省级以上财政部门指定的媒体上公告中标结果，招标文件应当随中标结果同时公告，中标公告期限为 1 个工作日

与中标供应商签订合同

采购人应当自中标通知书发出之日起 30 日内与中标供应商签订政府采购合同

同级人民政府财政部门进行处理

合同履约及验收

采购人应当及时对采购项目进行验收，采购人可以邀请参加本项目的其他投标人或第三方机构参与验收。参与验收的投标人或第三方机构的意见作为验收书的参考资料一并存档

申请支付资金

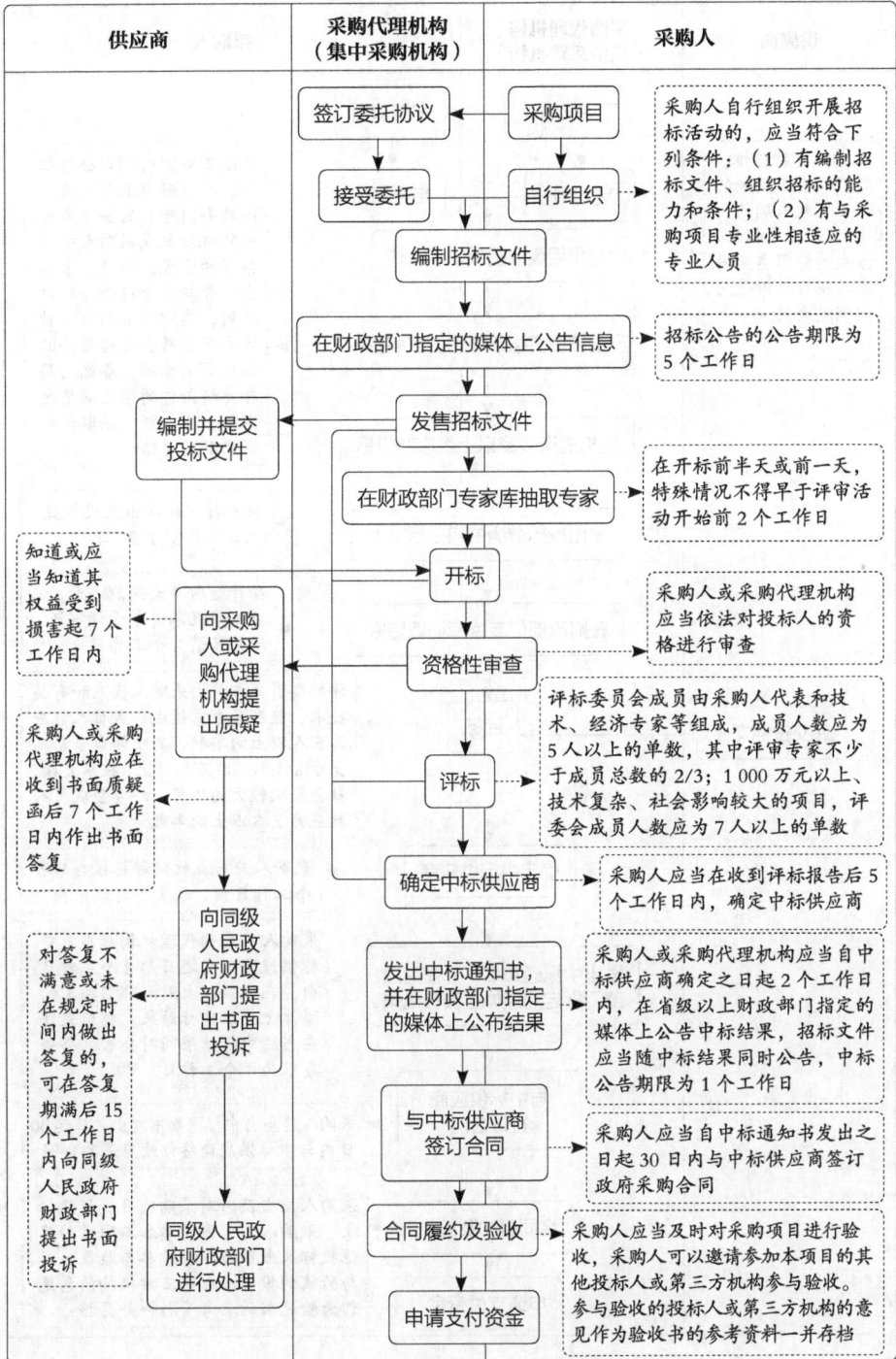

图 2-1-1　公开招标操作流程

供应商	采购代理机构（集中采购机构）	采购人

签订委托协议 ← 采购项目

接受委托 ← 自行组织

采用邀请招标采购方式

（1）具有特殊性，只能从有限范围的供应商处采购的；
（2）用公开招标方式的费用占政府采购项目总价值的比例过大的

产生符合资格条件的供应商名单

通过发布资格预审公告征集、从省级以上人民政府财政部门建立的供应商库中随机抽取或采购人书面推荐的方式，邀请3家以上符合相应资格条件的供应商，其中，采用后2种方式产生符合资格条件的供应商名单的，备选的符合资格条件的供应商总数不得少于拟随机抽取供应商总数的2倍

随机邀请3家以上供应商投标

发出投标邀请书和招标文件

自招标文件发出至投标截止日不得少于20日

在财政部门专家库抽取专家

在开标前半天或前一天，特殊情况不得早于评审活动开始前2个工作日

递交投标文件 → 评标

评标委员会成员由采购人代表和有关技术、经济等专家组成，成员人数应为5人以上的单数，其中评审专家不少于2/3；1000万元以上、技术复杂、社会影响较大的项目，评委会成员人数应为7人以上的单数

确定中标供应商

采购人应当在收到评标报告后5个工作日内，确定中标供应商

发出中标通知书，并在财政部门指定的媒体上公布结果

采购人或采购代理机构应当自中标供应商确定之日起2个工作日内，在省级以上财政部门指定的媒体上公告中标结果，招标文件应当随中标结果同时公告，公告期限为1个工作日

与中标供应商签订合同

采购人应当自中标通知书发出之日起30日内与中标供应商签订政府采购合同

合同履约及验收

采购人应当及时对采购项目进行验收，采购人可以邀请参加本项目的其他投标人或第三方机构参与验收。参与验收的投标人或第三方机构的意见作为验收书的参考资料一并存档

申请支付资金

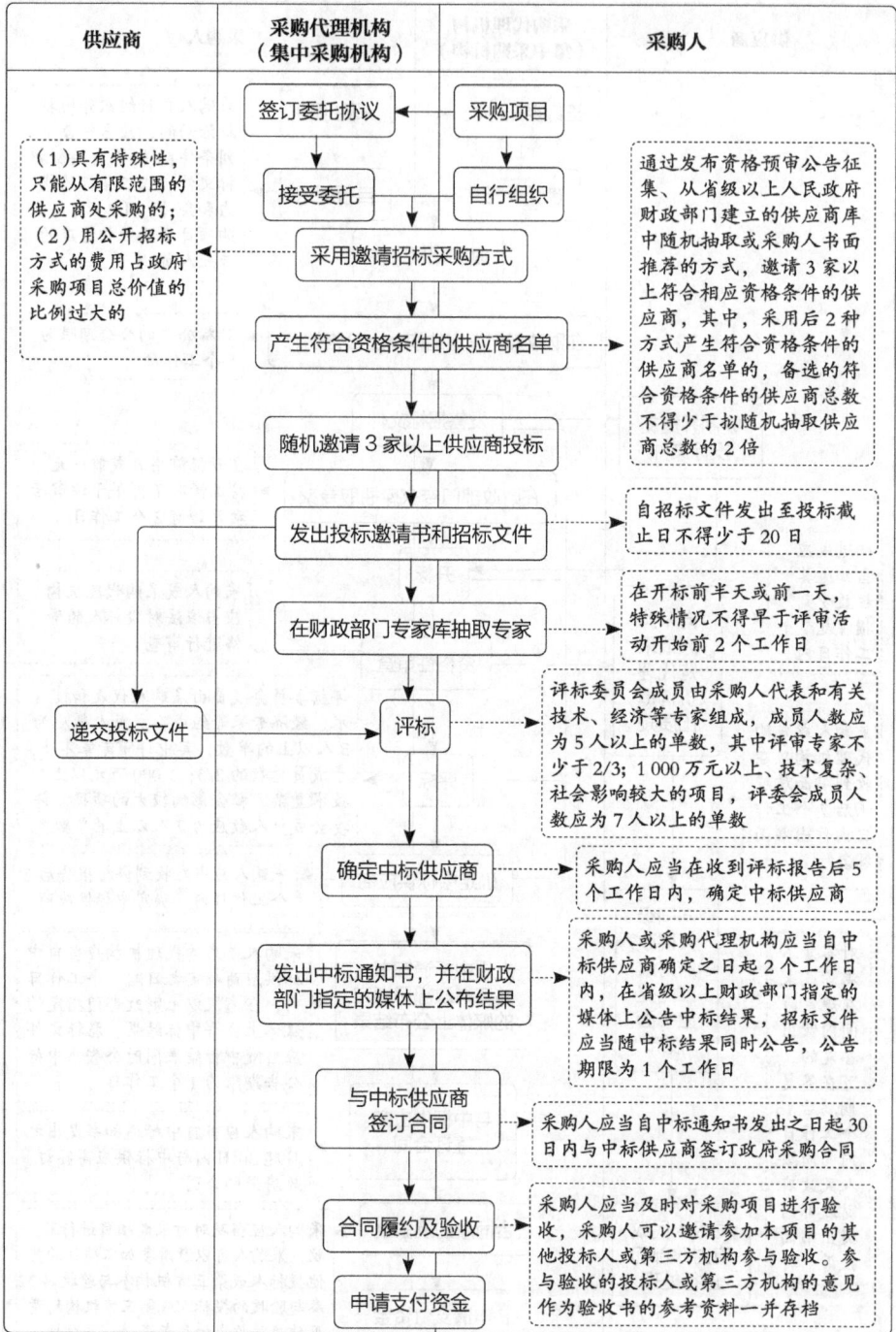

图2-1-2　邀请招标操作流程

供应商	采购代理机构 （集中采购机构）	采购人

（1）政府购买服务项目；
（2）技术复杂或者性能特殊，不能确定详细规格或者具体要求的；
（3）因艺术品采购、专利、专有技术或者服务的时间、数量事先不能确定等原因不能事先计算出价格总额的；
（4）市场竞争不充分的科研项目，以及需要扶持的科技成果转化项目；
（5）按照《招标投标法》及其实施条例必须进行招标的工程建设项目以外的工程建设项目

签订委托协议 ← 采购项目

达到公开招标数额的，报经主管预算单位同意

向设区的市、自治州以上人民政府财政部门或省级人民政府授权的地方人民政府财政部门申请批准

接受委托 ← 自行组织

采用竞争性磋商采购方式

磋商小组由采购人代表和评审专家共 3 人以上的单数组成，其中评审专家人数不得少于成员总数的 2/3（技术复杂、专业性强的采购项目，评审专家中应当包含 1 名法律专家）

在财政部门专家库抽取专家

成立磋商小组

磋商文件应当包括供应商资格条件、采购邀请、采购方式、采购预算、采购需求、政府采购政策要求、评审程序、评审方法、评审标准、价格构成或报价要求、响应文件编制要求、保证金交纳数额和形式以及不予退还保证金的情形、磋商过程中可能实质性变动的内容、响应文件提交的截止时间、开启时间与地点及合同草案条款等

制定磋商文件

确定邀请参加磋商的供应商名单

通过发布公告、从省级以上财政部门建立的供应商库中随机抽取或采购人和评审专家分别书面推荐的方式，邀请不少于 3 家符合相应资格条件的供应商

从磋商文件发出之日起至供应商提交首次响应文件截止之日不得少于 10 日

磋商

磋商小组所有成员集中与单一供应商分别进行磋商。磋商中，磋商小组可以根据磋商文件和磋商情况实质性变动采购需求中的技术、服务要求以及合同草案条款，但不得变动磋商文件中的其他内容。实质性变动的内容，须经采购人代表确认

编制并提交响应文件

确定成交供应商

磋商小组确定最终采购需求和最后报价的供应商后，由磋商小组采用综合评分法推荐 3 名以上成交候选供应商，并编写评审报告，送采购人确认，采购人在收到评审报告 5 个工作日内按分数由高到低原则确定成交供应商，也可书面授权磋商小组直接确定

发出成交通知书，并在财政部门指定的媒体上公布结果

采购人或采购代理机构应当在成交供应商确定后 2 个工作日内，在省级以上财政部门指定的媒体上公布成交结果，同时向成交供应商发出成交通知书，并将磋商文件随成交结果同时公告

与成交供应商签订合同

合同履约及验收

申请支付资金

采购人应当自成交通知书发出之日起 30 日内与成交供应商签订政府采购合同

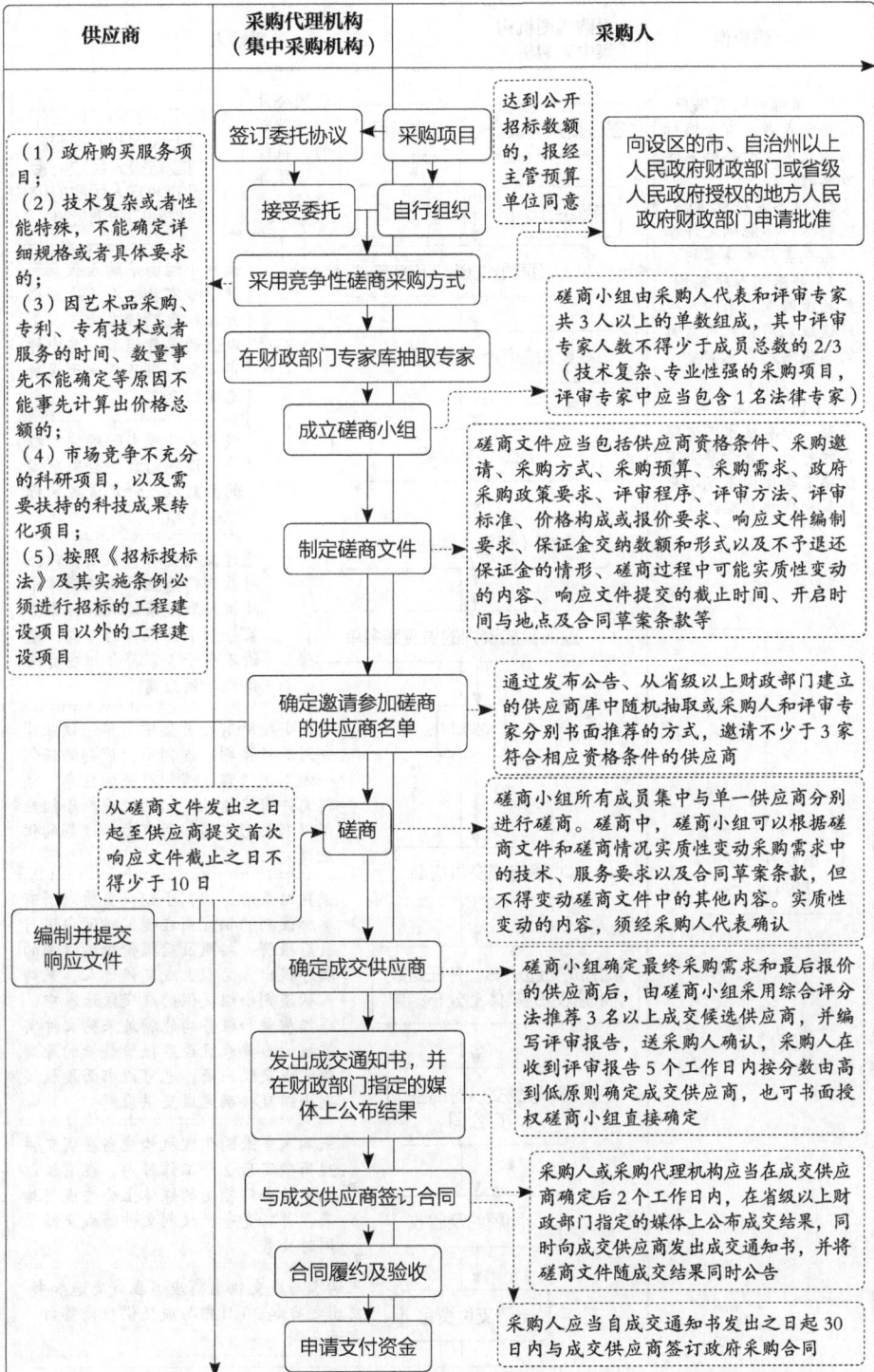

图2-1-3　竞争性磋商操作流程

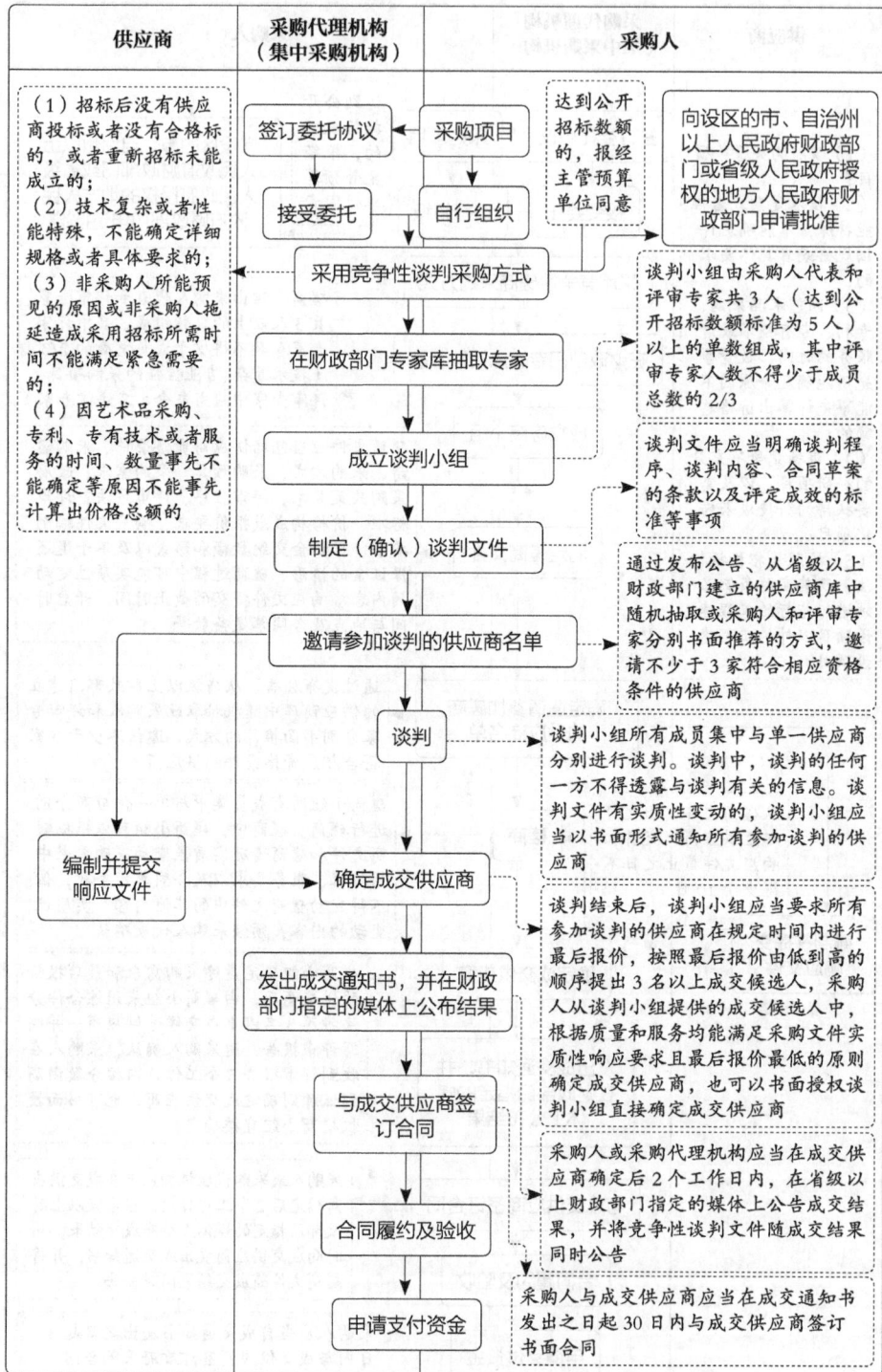

图2-1-4　竞争性谈判操作流程

供应商	采购代理机构 （集中采购机构）	采购人

（1）因货物或者服务使用不可替代的专利、专有技术，或者公共服务项目有特殊要求，导致只能从某一特定供应商处采购的；
（2）发生了不可预见的紧急情况不能从其他供应商处采购的；
（3）必须保证原有采购项目一致性或者服务配套的要求，需要从原供应商添购，且添购总金额不超过原合同采购金额10%的

签订委托协议 ← 采购项目

接受委托 ← 自行组织

采用单一来源采购方式

属于《政府采购法》第三十一条所规定的情形且达到公开招标数额的货物、服务项目

在省级以上财政部门指定的媒体上公示，并将公示情况一并报财政部门，公示期不得少于5个工作日

公示期无异议

如有异议，可在公示期内提出书面异议

公示期满后5个工作日内组织补充论证

异议成立 → 依法采用其他采购方式

异议不成立

报经主管预算单位同意后，向设区的市、自治州以上人民政府财政部门申请批准

组织有相关经验的专业人员与供应商商定合理的成交价格并保证项目质量，编写协商记录

发出成交通知书，并在财政部门指定的媒体上公布结果

采购人或采购代理机构应当在成交供应商确定后2个工作日内，在省级以上财政部门指定的媒体上公告成交结果

与成交供应商签订合同

采购人应当在成交通知书发出之日起30日内与成交供应商签订政府采购合同

合同履约及验收

申请支付资金

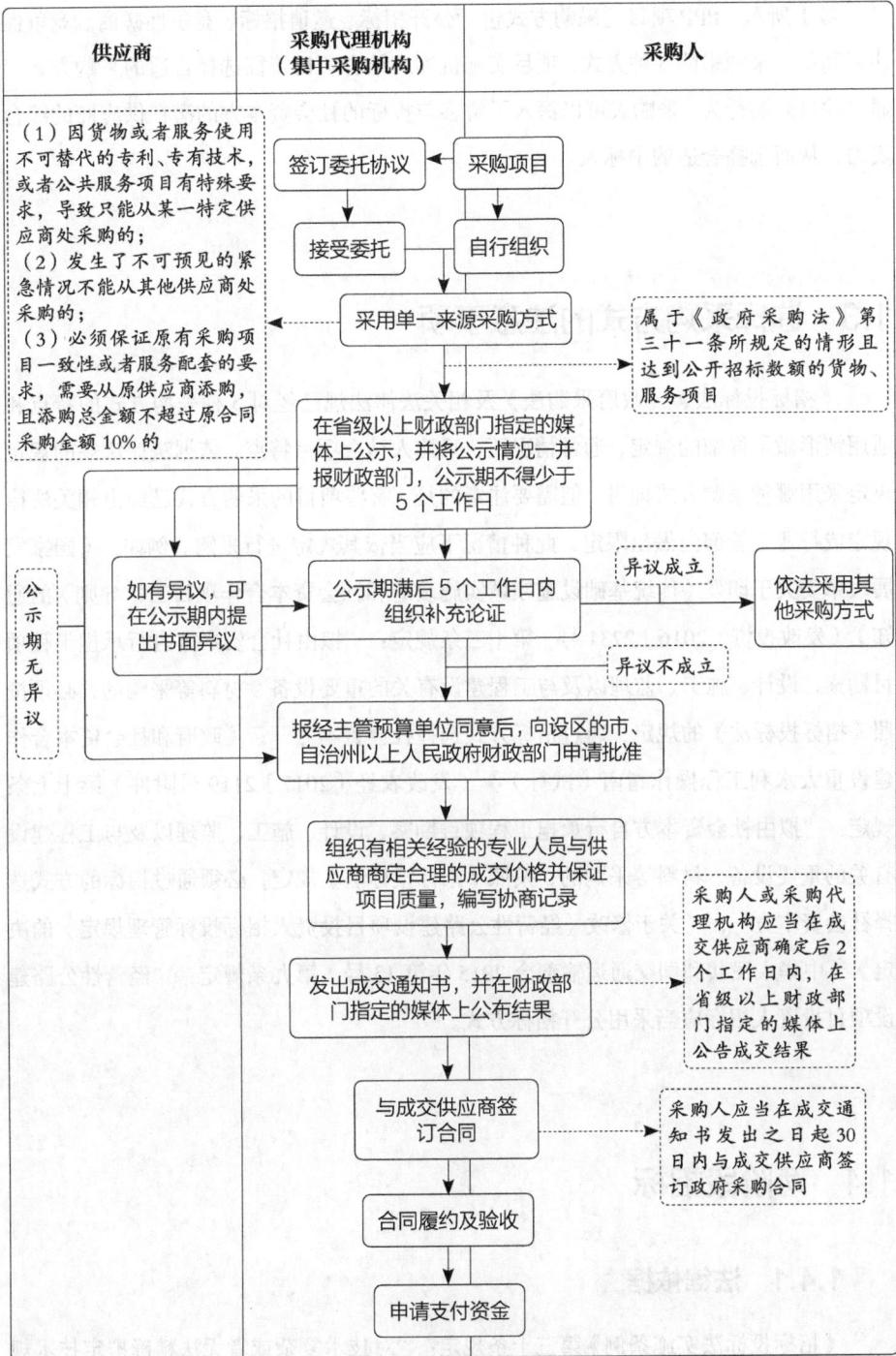

图2-1-5 单一来源采购操作流程

综上所示，PPP 项目的采购方式包括公开招标、邀请招标、竞争性磋商、竞争性谈判和单一来源采购 5 种方式，项目实施机构应结合项目特征选择合适的采购方式。通过项目采购行为，采购人可以深入了解参与投标的社会资本方的潜在供应商的综合实力，从而选择合适的中标人。

1.3　选择采购方式的注意事项

《招标投标法》《政府采购法》及相关法律法规已经对 5 种采购方式的特点和适用情形做了详细的规定，通常情况下，采购人结合项目特点，依据法律法规的规定决定采用哪种采购方式即可。但需要注意的是，有些项目的采购方式已经由相关法律规定或行业主管部门做出限定，此种情况下应当依其规定进行采购。例如，《国家发展改革委关于印发〈传统基础设施领域实施政府和社会资本合作项目工作导则〉的通知》（发改投资〔2016〕2231 号）第十三条规定："拟由社会资本方自行承担工程项目勘察、设计、施工、监理以及与工程建设有关的重要设备、材料等采购的，必须按照《招标投标法》的规定，通过招标方式选择社会资本方"；《政府和社会资本合作建设重大水利工程操作指南（试行）》（发改农经〔2017〕2119 号附件）第十七条规定："拟由社会资本方自行承担工程项目勘察、设计、施工、监理以及与工程建设有关的重要设备、材料等采购的，按照《招标投标法》规定，必须通过招标的方式选择社会资本方"；《关于修改〈经营性公路建设项目投资人招标投标管理规定〉的决定》（中华人民共和国交通运输部令 2015 年第 13 号）第九条规定："经营性公路建设项目投资人招标应当采用公开招标方式。"

1.4　两阶段招标

1.4.1　法律依据

《招标投标法实施条例》第三十条规定："对技术复杂或者无法精确拟定技术规格的项目，招标人可以分两阶段进行招标。第一阶段，投标人按照招标公告或者投标邀请书的要求提交不带报价的技术建议，招标人根据投标人提交的技术建议确定技术标准和要求，编制招标文件。第二阶段，招标人向在第一阶段提交技术建议的投标人提供招标文件，投标人按照招标文件的要求提交包括最终技术方案和投标报价的投标文件。招标人要求投标人提交投标保证金的，应当在第二阶段提出。"

1.4.2　实施流程

根据《招标投标法实施条例》的规定可知，两阶段招标分为征求技术建议阶段和投标报价阶段。

1. 第一阶段：征求技术建议阶段

采购人发布招标公告或投标邀请书，并向潜在供应商发出 PPP 项目技术方案建议的征集需求书，要求潜在供应商递交相关核心边界条件或技术方案建议。采购人组织相关单位和专家对潜在供应商递交的方案进行评审和论证，并采纳其中合理的建议方案，以优化、完善项目实施方案或技术方案。

2. 第二阶段：投标报价阶段

采购人根据优化、完善后的项目实施方案或技术方案编制招标文件，进行第二阶段采购。潜在供应商按照招标文件的要求提交投标文件，采购人依法开展评标工作，并确定中标人。

1.4.3　两阶段招标的意义

在 PPP 项目采购中，两阶段招标的采购方式适用于政府方无法确定项目产出、回报机制、绩效考核、交易结构等核心边界条件的复杂项目，也适用于对项目建设或运营技术要求高，无法提前确定核心边界条件的项目。

通过两阶段招标，采购人可以借助潜在供应商的技术经验，优化、完善 PPP 项目的实施方案或技术方案，并据此编制招标文件。采购人通过第一阶段对潜在供应商技术方案建议的分析，以及与潜在供应商的现场沟通，对 PPP 项目核心边界条件的把握更加精准、合理和科学。这种招标方式对促进中标社会资本方发挥自身优势、有效运用建设和运营方面的管理经验和成本控制经验，确保 PPP 项目顺利执行有着重要作用。另外，两阶段招标更能体现招标过程的公平、公开，又具有灵活性，一定程度上弥补了传统招标方式在社会资本方采购项目程序上的局限性。

但需要注意的是，两阶段招标的采购方式程序相对复杂，采购流程耗时较长，交易成本较高。因此并不是所有的PPP项目均适用此采购方式，而应当根据项目具体情况有针对性地使用。

1.5 注意事项

1. 为采购项目提供整体设计、规范编制或者项目管理、监理、检测等服务的供应商，不得再参加该采购项目的其他采购活动

《政府采购法实施条例》第十八条规定："除单一来源采购项目外，为采购项目提供整体设计、规范编制或者项目管理、监理、检测等服务的供应商，不得再参加该采购项目的其他采购活动。"

根据相关法律规定，参与投标的潜在投标人之间地位平等，包括对采购项目的信息知情方面也应该处于平等的地位。参与了采购项目整体设计、规范编制或项目管理、监理、检测等服务的供应商，相较于其他潜在投标人而言具有明显的信息优势。因此，为保护投标人地位平等的原则，根据该条规定，在项目前期提供了整体设计、规范编制或项目管理、监理、检测等服务的供应商，不得参与之后该项目的其他采购工作。对于适用政府采购法律体系的PPP项目而言，亦是如此。

2. 招标人的任何不具独立法人资格的附属机构（单位），或者为招标项目的前期准备或者监理工作提供设计、咨询服务的任何法人及其任何附属机构（单位），都无资格参加该招标项目的投标

《工程建设项目施工招标投标办法》（中华人民共和国国家发展计划委员会 中华人民共和国建设部 中华人民共和国铁道部 中华人民共和国交通部 中华人民共和国信息产业部 中华人民共和国水利部 中国民用航空总局第30号令）第二条规定："在中华人民共和国境内进行工程施工招标投标活动，适用本办法。"第三十五条规定："招标人的任何不具独立法人资格的附属机构（单位），或者为招标项目的前期准备或者监理工作提供设计、咨询服务的任何法人及其任何附属机构（单位），都无资格参加该招标项目的投标。"

根据上述法律规定，为项目前期准备或者监理工作提供设计、咨询服务的单位，如该项目后期进行工程施工招投标活动，该单位及其任何附属机构均不得参与投标。适用于 PPP 项目亦是如此。

第二章
采购的一般程序

PPP 项目的采购方式包括公开招标、邀请招标、竞争性谈判、竞争性磋商和单一来源采购 5 种方式，项目实施机构应结合项目特征选择合适的采购方式。通过项目采购行为，采购人可以深入了解潜在供应商的综合实力，选择合适的投标人。根据《政府和社会资本方合作项目政府采购管理办法》（财库〔2014〕215 号附件）的有关规定，PPP 项目采购程序主要包括以下步骤。

2.1 资格预审

《政府和社会资本合作项目政府采购管理办法》（财库〔2014〕215 号附件）第五条规定："PPP 项目采购应当实行资格预审。项目实施机构应当根据项目需要准备资格预审文件，发布资格预审公告，邀请社会资本和与其合作的金融机构参与资格预审，验证项目能否获得社会资本响应和实现充分竞争。"资格预审是采购人即政府方从企业资质、财务状况、业务资质、业绩情况、信誉等方面对申请资格预审的社会资本方进行考察，从而排除不符合项目需求的投标人的过程。资格预审阶段的程序如下。

2.1.1 采购人发布资格预审公告

项目实施机构可以在咨询机构的辅助下根据项目需要准备项目资格预审文件，并在省级以上人民政府财政部门指定的政府采购信息发布媒体上发布资格预审公告。

《政府和社会资本合作项目政府采购管理办法》（财库〔2014〕215 号附件）第六条规定了资格预审公告的内容，包括项目授权主体、项目实施机构和项目名称、采购需求、对社会资本的资格要求、是否允许联合体参与采购活动、是否限定参与竞争的合格社会资本的数量及限定的方法和标准，以及社会资本提交资格预审申请文件的时间和地点。资格预审公告中规定的提交资格预审申请文件的时间自公告发布之日起不得少于 15 个工作日。

2.1.2 申请人编制并提交资格预审申请文件

资格预审申请文件是针对采购人发出的资格预审公告，申请资格预审的社会资本方在规定范围内提供的能够证明其具备参加投标竞争资格的响应性文件。

1. 资格预审申请文件的组成

资格预审申请文件主要由社会资本方的资格预审申请函、企业法人营业执照副本复印件、项目经验和业绩资料证明材料、管理能力证明材料、财务能力及实力证明材料、相关人员资格证明材料、公司履约记录等组成。以联合体形式参与投标的社会资本方，除联合体内每一个成员均需提交上述申请资料文件外，还需要联合体牵头人提供相应材料。在实际操作中，可根据项目的具体特点及资格审查文件要求灵活编制。

2. 注意事项

资格预审公告明确规定资格预审申请文件的组成内容、提交方式和截止日期。申请资格预审的社会资本方务必遵照资格预审公告的要求编制申请文件并如期提交，否则可能会按作废处理。同时，若社会资本方采用联合体方式进行资格预审申请，联合体各方在同一招标项目中再以自己的名义单独投标或参加其他联合体投标的，相关投标无效。如果投标人发生合并、分立、破产等重大变化的，应当及时书面告知招标人，由该类事项导致投标人不再具备资格预审文件、招标文件规定的资格条件或者其投标影响招标公正性情况的，投标无效。

2.1.3 采购人组织评审小组评审

项目实施机构、采购代理机构应当成立评审小组，负责资格预审和评审工作。评审小组由项目实施机构的代表和评审专家组成，人数为 5 人以上的单数（采用招标方式的，专家数量为 7 人以上），其中专家人数不少于总成员数的 2/3，并至少包含 1 位财务专家和 1 位法律专家。专家可以由项目实施机构自行选定，也可以从评审专家库中随机抽取，项目实施机构代表不得以专家身份参加项目评审。评审小组应当按照客观、公正、审慎的原则，根据资格预审公告规定的程序、方法和标准进行资格预审。

评审小组成员应当在资格预审报告上签字，对自己的评审意见承担法律责任。如对报告有异议的，应当在报告上签署不同意见并说明理由，否则视为同意。

2.1.4　资格预审结果

经过评审小组评审后，有3家以上的社会资本方通过资格预审的，项目实施机构可以继续开展采购文件的准备工作；不足3家的，采购人需要调整资格预审公告内容，并重新组织资格预审。如重新资格预审后通过的社会资本方仍然不足3家的，可以依法变更项目采购方式。

资格预审的结果应当告知所有参与资格预审的社会资本方，并将评审结果提交财政部门（政府和社会资本合作中心）备案。

2.2　项目采购

经过评审小组评审后，有3家以上的社会资本方通过资格预审的，项目实施机构可以继续开展采购文件的准备和组织潜在投标人现场考察或召开采购前答疑会等工作。

2.2.1　采购人发布采购文件

项目采购文件应当包括采购邀请，竞争者须知（包括密封、签署、盖章要求等），竞争者应当提供的资格、资信及业绩证明文件，采购方式，政府对项目实施机构的授权，实施方案的批复和项目相关审批文件，采购程序，响应文件编制要求，提交响应文件截止时间、开启时间及地点，保证金交纳数额和形式，评审方法、标准，政府采购政策要求，PPP项目合同草案及其他法律文本，采购结果确认谈判中项目合同可变的细节，以及是否允许未参加资格预审的供应商参与竞争并进行资格后审等内容。项目采购文件中还应当明确项目合同必须报请本级人民政府审核同意，在获得同意前项目合同不得生效。

采用竞争性谈判或竞争性磋商采购方式的，项目采购文件除上述内容外，还应当明确评审小组根据与社会资本方谈判的情况可能实质性变动的内容，包括采购需求中的技术、服务要求以及项目合同草案条款。

2.2.2　采购人组织现场考察、采购前答疑会

项目实施机构应当在采购文件发售后组织社会资本方进行现场考察或召开采购前答疑会，但不得单独或分别组织只有一个社会资本方参加的现场考察和采购前答疑会。如启用现场考察和采购前答疑会应当在采购文件中予以明确，并规定具体的时间、地点及相关准备工作。开展采购前答疑会的，由购买采购文件的社会资本方在规定的时间内提交问题清单，项目实施机构收集汇总问题后由采购人代表或咨询机构代表进行答疑。

2.2.3　社会资本方编制并提交响应文件

社会资本方应当依据法律规定，按照采购文件的要求和已公开的如项目可行性研究报告等项目前期论证材料，并结合项目的特点和需求，以突出本方竞争优势的目的编制响应文件。

1. 概念

响应文件是投标人在通过资格预审（如有）之后，在规定时间内按照招标文件的要求提供的文件。响应文件中应体现社会资本方的报价，完成项目的能力，拟投入的人力、物力、财力等信息。

2. 响应文件的组成

响应文件主要由投标申请书、投标保函（如要求）、投标人资格文件、项目业绩、建设方案、运营维护方案、移交方案、财务方案、法律方案、报价文件等部分组成。在实际操作中，投标人应根据项目的具体特点及招标文件的要求灵活编制。

3. 响应文件的编制要求

项目采购文件通常会对响应文件的编制及内容提出具体要求，并详细列明项目的核心边界条件，不同类型项目招标文件要求亦有所区别。参与采购活动的社会资本方

必须遵守采购文件（除采购文件的要求与法律规定存在冲突外）的规则，并按照采购文件的要求编制响应文件。社会资本方必须高度重视响应文件的编制质量，这与中标具有直接关系。

社会资本方在编制投标文件时，应当对采购文件的内容认真研究、正确理解，并严格按照采购文件的要求进行编制，注意对采购文件提出的实质性要求和条件做出响应，不得对采购文件中列出的项目核心边界条件做出实质性修改，否则存在废标的风险。

4. 响应文件格式

通常情况下，采购文件中会列明响应文件格式，包括投资申请函、授权委托书、投资竞争报价表、投资竞争保证金声明和银行保函的格式，技术与运营方案的格式，法律方案协议偏差表的格式，等等。响应文件的文档格式应当符合招标文件的要求，按章节编制、页码清晰，并且要编制目录。除专用术语和采购文件特别要求外，响应文件及附件应当使用简体中文。除技术规范另有规定和招标文件的特别要求外，响应文件使用的度量衡单位，应当采用中华人民共和国法定计量单位。响应文件应当采用不褪色的材料书写或打印，保证文字清楚工整，相关复印材料清晰可辨认。

5. 响应文件的递交

响应文件必须依照采购文件上指定的时间和地点送达。送达方式有直接送达和邮寄两种，具体按照采购文件要求执行。如采用邮寄方式送达的，应当以采购人或招标代理人实际收到文件的时间为准，而不应以"邮戳"上的时间为准。

2.2.4 采购人组织评审小组

采购人应当成立评审小组，负责响应文件的评审工作。评审小组由项目实施机构的代表和评审专家组成，人数为5人以上的单数（采用招标方式的，人数为7人以上；采用竞争性磋商方式的，磋商小组人数为3人以上），其中专家人数不少于总成员数的2/3，并至少包含1位财务专家和1位法律专家（采用竞争性磋商方式的，仅规定技术复杂、专业性强的采购项目，评审专家中应当包含1名法律专家）。专家可以由项目实施机构自行选定，也可以从评审专家库中随机抽取，实施机构代表不得以专家身份参加项目评审，采购代理机构人员不得参与本机构代理的项目评审。

2.2.5　采购人接收响应文件、开标与评审

1. 接收响应文件和开标

社会资本方按照采购文件的要求编制完成响应文件后，按照采购文件规定的标准封标，并在规定提交响应文件的截止时间之前，将响应文件正副本密封送至采购文件中规定的地点。采购人或采购代理机构收到响应文件后，应如实记录送达时间、核查密封情况，并签收保存，向响应人出具签收回执。在截止时间后递交的响应文件，采购人和采购代理机构应当拒收。

采用招标方式进行采购的，开标时间即是提交投标文件的截止时间，两项工作同步进行。开标由招标人或招标代理机构主持，投标人代表参加。开标时，由投标人代表检查投标文件的密封情况，并监督招标人或招标代理机构当众拆封。投标文件拆封后，由招标人或招标代理机构当众宣布投标人名称、报价等招标文件中规定需要宣布的内容。

采用竞争性磋商方式进行采购的项目，在接收响应文件截止时间之后、递交最终方案和报价之前，采购人和采购代理机构应当对响应人的数量和名称保密。

2. 评审小组评审

评审小组成员需秉承客观、公正、审慎原则，根据采购文件规定的程序、方法和标准独立评审。通常采购文件中会列出评审细则，将响应文件各部分应当包含的内容及对应的权重进行明确细分，评审小组应当严格按照采购文件规定的评审细则进行评审。允许进行资格后审的，由评审小组在本次评审环节中对社会资本方进行资格审查。

评审小组发现采购文件内容违反国家有关强制性规定的，应当停止评审并向项目实施机构说明情况。社会资本方不得向评审小组行贿、提供虚假材料，评审小组如在评审过程中发现上述违法行为，应当及时向财政部门报告。

3. 响应人不足 3 家的情况的处理

规定的响应文件递交时间截止后，如响应人数不足 3 家，不得开标。如采购文件中存在不合理的条款或采购程序不符合规定，采购人需要调整采购文件内容或采购程序，并重新组织招标。如采购文件不存在不合理的条款且采购程序符合规定，采购人

可以依法变更项目采购方式，报政府相关部门批准后重新进行采购[7]。

采用竞争性磋商方式的项目，在采购过程中符合《政府采购竞争性磋商采购方式管理暂行办法》要求的最终报价社会资本方只有 2 家的，采购活动可以继续进行；如只有 1 家的，采购人或采购代理机构应当终止采购活动，发布项目采购终止公告并说明原因，重新开展采购活动。

2.3　采购结果的确认和公示

2.3.1　采购结果确认

评审小组评审结束后，现场打分，采购人或采购代理机构及时将候选社会资本方的分值和排名向候选人公布。项目实施机构成立专门的采购结果确认谈判工作小组，负责采购结果确认前的谈判工作和最终的采购结果确认工作。

采购结果确认谈判工作小组按照评审小组出具的评审报告上推荐的候选社会资本方排名顺序，按分值高低依次与候选社会资本方进行谈判，谈判内容仅限于 PPP 合同中可变的细节问题，不得对合同核心条款进行谈判，谈判过程应形成谈判备忘录。率先达成一致的候选社会资本方即为预中标、成交社会资本方。

2.3.2　采购结果公示

项目实施机构应当在预中标、成交社会资本方确定后 10 个工作日内，签署谈判备忘录。项目实施机构将预中标、成交结果和根据采购文件、响应文件、确认谈判备忘录及其他补遗文件内容所拟定的项目合同文本在省级以上政府财政部门指定的政

7　《政府采购货物和服务招标投标管理办法》（中华人民共和国财政部令第 87 号）第四十三条规定："公开招标数额标准以上的采购项目，投标截止后投标人不足 3 家或者通过资格审查或符合性审查的投标人不足 3 家的，除采购任务取消情形外，按照以下方式处理：（一）招标文件存在不合理条款或者招标程序不符合规定的，采购人、采购代理机构改正后依法重新招标；（二）招标文件没有不合理条款、招标程序符合规定，需要采用其他采购方式采购的，采购人应当依法报财政部门批准。"

府采购信息发布媒体上公示，公示期不得少于 5 个工作日。项目合同文本中涉及国家秘密、商业秘密的内容可以不公示。

2.3.3　中标、成交结果公告和发出通知书

在公示期内，社会资本方和其他利害关系人可以就采购文件、采购过程、中标或成交结果等内容向项目采购人或采购代理机构提出书面质疑。公示期满无异议的，项目实施机构在 2 个工作日内将中标、成交结果在省级以上政府财政部门指定的政府采购信息发布媒体上进行公告，同时发出中标、成交通知书。待项目实施机构与中标、成交社会资本方签订经本级人民政府审核同意的 PPP 项目合同后 2 个工作日内，由项目实施机构将项目合同在省级以上政府财政部门指定的媒体上公告，涉及国家秘密、商业秘密的内容除外。

采用竞争性磋商方式采购的项目，采购人或采购代理机构应当在成交社会资本方确定后 2 个工作日内，在省级以上政府财政部门指定的政府采购信息发布媒体上公告采购结果，同时发出成交通知书，并将竞争性谈判文件、磋商文件随成交结果一并公告。

第三章
采购结果确认谈判与谈判文件的签署

PPP项目的采购过程是政府方与社会资本方在权利义务分配、风险责任承担等方面的博弈过程。PPP项目通常是时间跨度长达数十年的集投资、建设、运营于一体的大型项目，涉及的合同关系极为复杂。因此，项目采购在评审小组打分结束，确定预中标、成交社会资本方排名后，政府方和社会资本方的采购结果确认谈判工作尤为必要。双方需要就PPP合同条款进行进一步的谈判、磋商、确认，落实合同细节，提升合同条款在项目合作期的稳定性。

采购结果确认谈判工作组收到采购评审结果之日起一定时间内，按照候选社会资本方的排名，依次与候选社会资本方就PPP合同中可变的细节问题进行合同签署前的确认谈判，率先达成一致的即为中选者。确认谈判不得涉及合同中不可谈判的核心条款，不得与排序在前但已终止谈判的社会资本方进行再次谈判。

3.1 PPP 项目合同体系

PPP项目合同体系是政府和社会资本方依法就PPP项目合作期间涉及的所有法律文本体系。PPP项目基本合同体系如图2-3-1所示。PPP项目合同体系是明确双方权利义务关系，在双方间合理分配项目风险，保障双方能够依据合同约定合理主张权利、履行义务，确保项目在全生命周期内顺利实施的主要依据。

3.1.1 PPP 项目合同

PPP 项目合同是政府通过采购程序，依法选定中标、成交社会资本方后，就 PPP 项目合作所订立的协议。其目的是在政府方和社会资本方之间合理分配项目风险，明确双方权利义务关系，保障双方能够依据合同约定合理主张权利，妥善履行义务，确保项目全生命周期内的顺利实施。PPP 项目合同是其他合同的基础，也是整个 PPP 项目合同体系的核心。

根据《中华人民共和国合同法》（以下简称《合同法》）第十二条规定，合同内容一般由当事人自主约定，包括当事人的名称或者姓名和住所，标的，数量，质量，价款或报酬，履行期限、地点和方式，违约责任和解决争议的方法等内容。目前关于 PPP 项目合同的内容，国家发改委制定的《政府和社会资本合作项目通用合同指南》将 PPP 项目合同划分为 15 个模块，适用于不同模式合作项目的投融资、建设、运营和服务、移交等阶段，具有较强的通用性。而财政部《PPP 项目合同指南（试行）》对 PPP 项目协议体系进行了全面、系统的介绍，规定了 PPP 项目协议的主要内容，包括 PPP 项目协议概述、引言、定义和解释、项目的范围和期限、前提条件、项目融资、项目用地、项目的建设、项目的运营、项目的维护、股权变更限制、付费机制、履约担保、政府承诺、保险、守法义务和法律变更、不可抗力、政府方的监督和介入、违约、提前终止及终止后处理机制、项目的移交、适用法律及争议解决等内容。此外，《基础设施和公用事业特许经营管理办法》对特许经营协议的主要内容也进行了列述。尽管不同部门制定的指南和《基础设施和公用事业特许经营管理办法》确定的项目合同的主要内容存在差异，但并无实质性差异，在实践中应根据各 PPP 项目特色以及政府方和社会资本方的约定拟定。

项目公司未设立之前，政府方先与中标、成交社会资本方签订意向书、谈判备忘录或框架协议，确定双方的合作意向，对双方在项目合作期间的权利与义务进行详细规定，待项目公司设立后，政府方与项目公司签署正式的 PPP 项目合同；也可以在初期政府方与社会资本方签署 PPP 项目合同，在合同中明确约定待项目公司成立后，由项目公司承继社会资本方在本合同中约定的所有权利义务，或由三方签署项目公司承继上述合同的补充合同。

3.1.2 股东协议（合资协议）

项目公司可以由社会资本方单独出资成立，也可以由政府方和社会资本方共同出资设立。存在多个股东的情况下，股东们应当签订股东协议（也称作"合资协议"），以对项目公司成立事项进行约束，同时约定各股东的权利义务，维系各股东在项目合作期内长期的、有约束力的合作关系。订立股东协议的主要目的在于设立项目公司，由项目公司负责项目的建设、运营和管理。股东协议通常包括如下条款：前提条件，项目公司设立，注册资本和投资总额，股东权利，股权转让，股东会、董事会、监事会的组成及职权，经营管理机构，解散和清算，违约责任，保密，终止及终止后的处理机制，不可抗力，适用法律和争议解决等。股东协议主要解决项目公司的股东成员之间的权利和义务的配置问题。

为延伸股东在 PPP 项目内的权益，在股东协议中除了设置规定股东间的权利和义务的一般条款外，还可能设置与项目实施有关的特殊规定，如项目公司中有股东同时为项目承包商的，该双重身份可能会导致股东间存在一定程度的利益冲突，这种情况可以在股东协议中予以具体约定。

3.1.3 公司章程

《中华人民共和国公司法》（以下简称《公司法》）规定"设立公司必须依法制定公司章程。公司章程对公司、股东、董事、监事、高级管理人员具有约束力。"《公司法》同时对公司章程的主要内容予以规定，其中规定有限责任公司的公司章程应当包括："（一）公司名称和住所；（二）公司经营范围；（三）公司注册资本；（四）股东的姓名或者名称；（五）股东的出资方式、出资额和出资时间；（六）公司的机构及其产生办法、职权、议事规则；（七）公司法定代表人；（八）股东会议认为需要规定的其他事项。" PPP 项目公司的公司章程中的主要内容应当与 PPP 股东协议内容一致，尤其是项目公司的公司治理结构内容。

3.1.4 其他合同

除上述合同之外，履约合同（包括工程承包合同、运营服务合同、原料供应合同、产品或服务购买合同等）、融资合同和保险合同等也是 PPP 合同体系的重要组成部分（见图 2-3-1）。

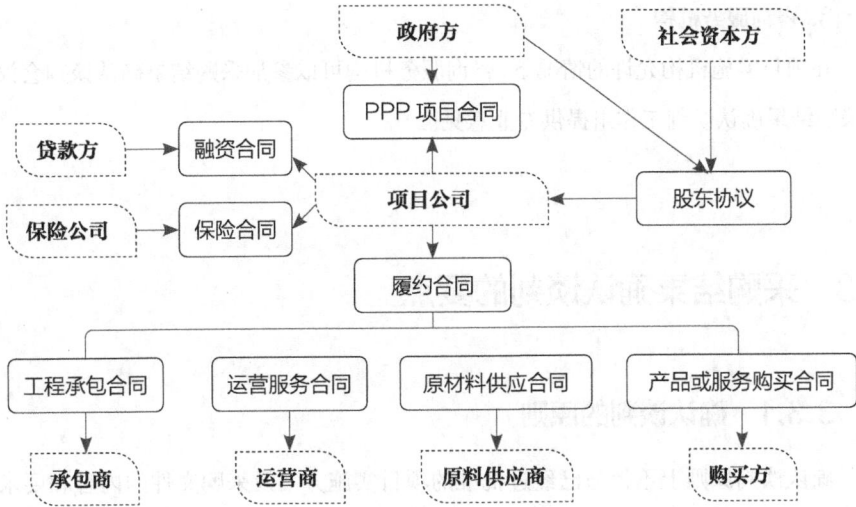

图2-3-1　PPP项目基本合同体系

3.2　采购结果确认谈判的主体

1. 采购结果确认谈判工作组

PPP项目采购评审结束后,项目实施机构成立专门的采购结果确认谈判工作组,负责采购结果确认前的谈判和最终的采购结果确认工作。采购确认谈判工作组成员及成员数量由项目实施机构确定,其中至少应包括财政预算管理部门、行业主管部门代表,以及财务、法律等方面的专家。涉及价格管理、环境保护的PPP项目,还应当包括价格管理、环境保护行政执法机关代表[8]。

2. 候选社会资本方

采购项目评审小组根据候选社会资本方提交的响应文件内容进行打分,出具评审报告,形成推荐的候选社会资本方排名。采购结果确认谈判工作组按照顺序从高到低依次与候选社会资本方进行谈判。

8　具体参见《财政部关于印发〈政府和社会资本合作项目政府采购管理办法〉的通知》(财库〔2014〕215号),财政部2014年12月31日,第十四条。

3. 咨询服务机构

在项目实施机构允许的情况下，咨询服务机构可以参加采购结果确认谈判会议，向采购结果确认谈判工作组提供专业意见。

3.3 采购结果确认谈判的要点

3.3.1 确认谈判的原则

确认谈判原则上不得与已经过批准的项目实施方案及采购文件的内容和要求发生冲突。谈判不得涉及项目合同中不可谈判的核心条款，谈判可对项目合同草案内容进行细化、补充或解释，但不能改变实质性内容；不得与排序在前但已终止谈判的社会资本方进行重复谈判。

PPP项目实施方案在采购前已经过本级政府的审核，实施方案中的PPP项目的交易结构、风险分配机制、各方商业计划和利益将最终落实到PPP项目合同中，并形成PPP项目合同的实质性条款。项目合同的实质性内容已在PPP项目招标文件中约定。确认谈判不应当背离项目实施方案，尤其是PPP项目合同的核心内容，不得就项目合同的实质性内容进行谈判，谈判的内容应当为PPP项目合同中可变的细节问题。

3.3.2 确认谈判的内容

确认谈判的内容原则上仅限于谈判的候选社会资本方在响应文件中提出的协议偏差表中的内容，并且这些内容确属于需要补充和细化的合同内容，不得改变合同条款的实质性内容。

采用竞争性磋商方式的，社会资本方可以按照采购文件的规定编制需要谈判的合同条款偏差表，在磋商文件或磋商过程中提交，经过多轮磋商后提供最终版的合同条款偏差表。采购结果确认谈判内容原则上仅限于最终版合同条款偏差表中的内容。

除合同条款偏差表的内容以外，政府方或社会资本方认为确需补充和细化的合同内容，可以以书面问题清单的方式提出，但内容不得改变采购文件合同草案中的实质性内容。

3.3.3　不可谈判的合同核心条款

通常在采购文件中会明确规定项目合同的核心条款。合同核心条款是采购文件的实质性内容，响应文件不得对其做出改变，否则有被废标的风险。另外，合同核心条款不得作为合同谈判内容。一般情况下，PPP 项目实施方案中有关项目的边界条件会作为合同的核心条款，包括项目的主要技术经济指标、运作方式、土地使用权、合同范围、投融资结构、项目公司组建、资产权属和风险分配、投资回报机制、定价和调价机制、建设标准和运营维护标准等。

3.3.4　确认谈判的注意事项

1. 谈判的规则

●谈判工作应当严格按照评审报告推荐的候选社会资本方排名顺序从高到低进行谈判，率先达成一致的即为预中标、成交社会资本方。

●谈判工作组不得在谈判期间与顺序在前但已经终止谈判的候选社会资本方重复谈判。

2. 保密义务

参与确认谈判的各方主体均对谈判过程和谈判内容负有保密义务，不得随意泄露，更不得在谈判过程中与其他候选社会资本方进行信息传递。

3. 谈判主体的固定性

采购人不得与评审小组推荐的候选社会资本方以外的其他社会资本方进行谈判。

4. 项目执行阶段 PPP 项目合同的谈判

项目执行阶段 PPP 项目合同的谈判，主要指项目实施机构已与项目公司签订 PPP 项目合同或 PPP 项目合同的补充协议，此后项目在漫长的合作期间，可能需要进行的后续谈判。触发此阶段谈判的情形包括以下几种。

● PPP 项目合同不完备。PPP 项目合同即使在采购阶段已对合同条款进行了合法合规的约定，但可能还是无法规避所有的风险。

●客观条件发生变化。当社会经济环境、公共产品和服务的需求量及结构等条件发生变化，对 PPP 项目产生影响时，需要对 PPP 项目合同进行修订。

●不可抗力、法律变更等情形出现。

3.4　谈判文件的签署

谈判文件是确认谈判过程和最终合同内容的依据。谈判文件包括谈判的方案和内容、谈判会议纪要、确认谈判备忘录、谈判参与各方的正式往来文件等资料。所有的谈判书面文件均应当由参与各方代表人共同签字、确认并各执一份存档。

3.4.1　合同的草签与公示

确认谈判完成，预中标、成交社会资本方确定，项目实施机构与预中标、成交社会资本方签署确认谈判备忘录，并在省级以上人民政府财政部门指定的政府采购信息发布媒体上进行不少于5个工作日的公示，公示内容包括预中标、成交结果和根据采购文件、响应文件、补遗文件以及确认谈判备忘录拟定的项目合同文本。项目合同文本应当将预中标、成交社会资本方响应文件中的重要承诺和技术文件等作为附件。项目合同文本涉及国家秘密、商业秘密的内容可以不公示。

项目实施机构在公示期满无异议后，将中标、成交结果在省级以上人民政府财政部门指定的政府采购信息发布媒体上进行公示，同时发出中标、成交通知书。

3.4.2　合同的批准

采购结果公示结束后、项目合同签订之前，项目实施机构应当将PPP项目合同提交行业主管部门、财政部门、法制部门等相关部门审核，审核通过后提交本级人民政府审批。

3.4.3　合同的签署与公示

项目实施机构在中标、成交通知书发出后30日内，与中标、成交社会资本方签订PPP项目合同，合同应当经本级人民政府审核同意。

项目公司成立后，由项目公司与项目实施机构重新签署项目合同，或者签署关于继承PPP项目合同的补充合同。

项目实施机构在项目合同签订之日起2个工作日内，将项目合同在省级以上人民政府财政部门指定的媒体上公示，但合同中涉及国家秘密、商业秘密的内容除外。

3.5　风险应对及注意事项

根据国家法律法规的具体规定,双方在确认谈判过程中进行有礼有节的谈判尤为重要。合同一经签订,即成为合同双方必须遵守的法律,合同中的每一条都与双方利害相关。在确认谈判和签订合同的过程中,对可能发生的情况和各种细节问题都应当考虑周到,并做出明确的规定,不能存有侥幸的心理。一切问题都应以明确、具体的书面形式予以规定,不要口头承诺和保证。合同中应体现出有效防范和化解风险措施的具体条款。

项目实施机构在预中标、成交社会资本方确定后的 10 个工作日内,形成确认谈判备忘录,并组织各方授权代表签字确认,各自留档保存。在签署前,应当仔细校对确认谈判备忘录的内容,防止漏项或条款调整不准确的情况出现。经参与确认谈判的各方签字确认的谈判备忘录结合招标文件中的合同草案,是双方最终订立 PPP 合同的法律依据。

第四章
项目建设、运营维护的采购

PPP 项目的建设、运营、维护是 PPP 项目执行阶段的重要工作，直接关系到项目的产出结果、效率、质量以及社会资本方的投资回报。《招标投标法》第三条规定："在中华人民共和国境内进行下列工程建设项目包括项目的勘察、设计、施工、监理以及与工程建设有关的重要设备、材料等的采购，必须进行招标：（一）大型基础设施、公用事业等关系社会公共利益、公众安全的项目；（二）全部或者部分使用国有资金投资或者国家融资的项目；（三）使用国际组织或者外国政府贷款、援助资金的项目。"PPP 项目集中在基础设施和公共服务领域，项目建设、运营维护的采购活动一般采用招标的方式进行。因为此处适用招标投标法律体系，所以采购的形式包括公开招标和邀请招标。社会资本方或项目公司应当秉承公平、公正、公开的原则，严格按照法律规定和程序进行招标。

4.1　可以不进行招标的情况（两标并一标）

《招标投标法实施条例》第九条规定："除招标投标法第六十六条规定的可以不进行招标的特殊情况外，有下列情形之一的，可以不进行招标：（一）需要采用不可替代的专利或者专有技术；（二）采购人依法能够自行建设、生产或者提供；（三）已通过招标方式选定的特许经营项目投资人依法能够自行建设、生产或者提供；（四）需要向原中标人采购工程、货物或者服务，否则将影响施工或者功能配套要求；（五）国家规定的其他特殊情形。招标人为适用前款规定弄虚作假的，属于招标投标法第四条规定的规避招标。"

结合 PPP 项目合同的特点，参与 PPP 项目采购的社会资本方多数需要有相应的资质要求，即能够满足"（三）已通过招标方式选定的特许经营项目投资人依法能够自行建设、生产或者提供"的要求，此种情况下可以不招标。但满足该条件要注意以下 3 点。

● 必须是特许经营项目。

● 特许经营项目投资人（即社会资本方）是通过招标方式确定的，因此竞争性谈判、竞争性磋商和单一来源采购的 PPP 项目采购方式确定的社会资本方不属于本范围。政府采用招标方式选择社会资本方，设立项目公司，并按照签订的特许经营协议负责项目的建设、运营和特许经营。

● 特许经营项目投资人依法可以自行建设、生产和提供。采用联合体形式投标的，只要联合体内某个成员具备相应的资质和能力，经联合体成员同意，即可以由该成员负责项目建设、生产和提供。

另外，部分 PPP 项目出于加快项目实施进度、控制项目总投资等方面的考量，采购人会将同一项目的社会资本方与工程建设及相关货物或服务（通常包括工程总承包、施工及相关设备材料供应）合并为一个标的物进行采购。

4.2 不再二次招标的可行性

PPP 项目通过招标方式选择社会资本方，组建项目公司进行 PPP 项目的建设、运营，如果社会资本方本身或联合体内部成员具有承接建设、运营的相应资质和能力，那么不再招标就具有合法性、合理性和可行性。

首先，社会资本方是项目实施机构通过严格的采购程序筛选出来的具有一定施工能力、财务能力和综合实力的法人单位，项目实施机构已经在首次采购过程中认可了该社会资本方或社会资本联合体的建设、运营能力。

其次，PPP 项目合同规定，社会资本方是项目建设、运营风险承担的责任主体，在项目合作期内需要根据项目进度把控项目的质量、进度、成本、安全等问题。在这种风险分担方式下，由社会资本方本身或联合体内部成员自行建设、生产或提供，必定会促使其严格把关货物和服务的质量。

最后，项目采购程序是个耗时、耗成本的工序，从发布招标公告到定标完成，需要花费不少于 1 个月的时间；另外，制作标书、聘请专家、安排评标等工作也会花费大量的资金。在社会资本方本身或联合体内部成员具备资质和能力的前提下，不必再进行二次招标，以免增加财务、人力和时间成本。

项目公司是政府和社会资本方合作的载体，是为具体实施 PPP 项目融资、建设、运营管理等行为而成立的自主运营、自负盈亏的具有独立法人资格的经营实体。PPP 项目合同签署后，社会资本方应当在 PPP 项目合同规定的时间内按照股东协议、公司章程等规定完成项目公司的设立工作。项目公司可以由社会资本方出资设立，也可以由政府方和社会资本方共同出资设立。

项目公司不是必须设立的，财政部《关于印发政府和社会资本合作模式操作指南（试行）的通知》（财金〔2014〕113 号附件）第二十三条规定："社会资本可依法设立项目公司。政府可指定相关机构依法参股项目公司。"实践中，大部分 PPP 项目会成立项目公司。项目公司是具有独立法人资质的经营实体，设立项目公司可以有效实现与项目公司股东即社会资本方之间的风险隔离，并且通过专业团队的运作，有利于降低项目管理成本，提升项目运营效率。

1.1 项目公司的设立形式

财政部《PPP项目合同指南（试行）》规定："项目公司是依法设立的自主运营、自负盈亏的具有独立法人资格的经营实体。项目公司可以由社会资本（可以是一家企业，也可以是多家企业组成的联合体）出资设立，也可以由政府和社会资本共同出资设立。但政府在项目公司中的持股比例应当低于50%、且不具有实际控制力及管理权。"在实践中，项目公司多以有限责任公司的形式设立。

1.2 项目公司的注册资本和项目资本金

2013年《中华人民共和国公司法》（以下简称"公司法"）修订，取消了公司注册资本的最低限额，将注册资本实缴登记制改为认缴登记制，但第二十六条同时规定："法律、行政法规以及国务院决定对有限责任公司注册资本实缴、注册资本最低限额另有规定的，从其规定。"

需要注意的是，项目公司的注册资本金不同于项目资本金。《国务院关于固定资产投资项目试行资本金制度的通知》（国发〔1996〕35号）中引入了项目资本金概念，规定："从1996年开始，对各种经营性投资项目，包括国有单位的基本建设、技术改造、房产地开发项目和集体投资项目，试行资本金制度，投资项目必须首先落实资本金才能进行建设。个体和私营企业的经营性投资项目参照本通知的规定执行。"该通知指出："投资项目资本金，是指在投资项目总投资中，由投资者认缴的出资额，对投资项目来说是非债务性资金，项目法人不承担这部分资金的任何利息和债务。"由此可知，项目资本金是项目投资者投入项目的自有资金，在做出项目可行性研究报告时即已核定项目资本金的具体比例，在PPP项目中亦然。在PPP项目实践中，存在项目公司注册资本金等于项目资本金的情况，但二者的性质是截然不同的。项目公司注册资本金的概念适用的法律为《中华人民共和国公司法》《中华人民共和国公司登记管理条例》《公司注册资本登记管理规定》等相关法律体系，项目资本金适用的则是国务院的相关规定。为精准调节投资结构，深化投资领域供给侧结构性改革，中共中央、国务院将投资项目资本金制度作为投资管理的重要政策工具，自1996年初设立制度以来，分别在2004年、2009年、2015年和2019年对投资项目最低资本金比例进行了4次调整。当前政策下各行业固定资产投资项目的最低资本金比例规定如下。

●城市和交通基础设施项目：城市轨道交通项目、港口、沿海及内河航运为20%，机场项目为25%，铁路、公路项目为20%。

●房地产开发项目：保障性住房和普通商品住房项目为20%，其他项目为25%。

●电力项目：20%。

●公路、铁路、城建、物流、生态环保、社会民生等领域的补短板基础设施项目，在投资回报机制明确、收益可靠、风险可控的前提下，资本金的最低比例可适当降低，下调幅度不超过5个百分点。

1.3 项目公司的组织机构

项目公司组织机构的组成、产生、职权等都应当符合《公司法》的要求。在实践中，项目公司多以有限责任公司的形式设立，本节将就有限责任公司的组织机构进行阐述。

项目公司的法人治理结构包括但不限于股东会、董事会、监事会和经营管理机构。其中，股东会为公司权力机构，董事会为执行机构，监事会为监督机构。

1.3.1 组织机构

1. 股东会

股东会是公司权力机关，是公司最高决策机关。股东会不能对外代表公司，也不能执行具体公司业务。但关系到公司基础和运营的根本事项，影响股东重大利益的事项，公司董事、监事、高级管理人员选任、更换和薪酬事项，由董事会决定容易导致专横危险的事项由股东会决定。

股东会按照股东出资比例行使表决权，但公司章程另有规定的除外。《公司法》

规定，股东会会议作出修改公司章程、增加或减少注册资本的决议，以及公司合并、分立、解散或变更公司形式的决议，必须经代表 2/3 以上表决权的股东通过。

项目公司的股东包括以下几种。

（1）政府方出资代表。

政府作为公共事务的管理者，在 PPP 项目中承担规划、采购、管理、监督等行政管理职能，为能更好地行使这些行政管理职能，通常政府会委派出资方代表对项目公司进行出资，作为项目公司的股东，享有对项目重大事项，尤其是涉及公共事务事项的表决权力。财政部《PPP 项目合同指南（试行）》中要求政府出资设立项目公司的，"政府在项目公司中的持股比例应当低于 50%、且不具有实际控制力及管理权"。

（2）社会资本方。

社会资本方是依法设立并有效存续的具有法人资格的企业，包括但不限于民营企业、国有企业、外国企业、外商投资企业，但本级政府所属的各类融资平台公司、融资平台公司参股并能对其经营活动构成实质性影响的国有企业不得作为社会资本方参与本级政府辖区的 PPP 项目。

（3）其他股东。

项目融资方、供应商（设备、机器、原材料等）、项目承包方和分包方也可以成为项目公司的股东，便于项目的建设、运营、维护。

2. 董事会

董事会是依法由股东会选举产生的成员所组成的、执行公司业务和日常经营决策的常设机关，在公司治理的约束机制中发挥根本性的作用。董事会重点对下列事项进行决策和监督。

- 公司的资本运作。
- 公司财务安全和信息披露的真实。
- 负责选择、监督和激励经理人。
- 关注并参与公司的战略管理。

有限责任公司股东会和董事会的职权是任意性的，除《公司法》另有规定外，可由公司章程自由决定。股东可以根据公司具体情况将股东会的部分职权下放至董事会，由董事会行使。同样，股东会可以把董事会的部分职权上收，由股东会行使。

3. 监事会

监事会是由股东选举的监事以及由公司职工民主选举的监事组成的,对公司业务活动进行监督和检查的法定监督机关。

4. 经理部门的设置及经理职位

项目公司可根据实际需要设立经理部门或单设经理职位,由董事会决定聘任和解聘。经理负责组织开展日常经营管理活动的公司业务执行机关,有权列席董事会会议,对董事会负责。

1.3.2　组织机构人员设置建议

为稳固项目公司的工作专业性、提高项目公司的决策效率,同时鉴于社会资本方具有更高的技术能力、管理能力和融资能力,在进行项目公司经营管理层人员设置的时候,应当秉承科学化、合理化、高效化的原则,合理安排董事会、高级管理层中政府方和社会资本方的人员比例。关于人员设置的建议如下。

董事会成员人数:3～13 人,人数较少或公司较小的可以不设董事会,只设立一名执行董事。2 个以上的国有企业或 2 个以上的其他国有投资主体投资设立的有限责任公司,其董事会成员中应当有公司职工代表[9]。董事会设董事长 1 名,2/3 以上的人员(具体人数视情况定)由社会资本方提名,董事长由社会资本方提名,并报经董事会选举产生。

监事会成员人数:不少于 3 人;股东人数较少或规模较小的可以设 1～2 名监事,不设监事会。监事会内包括股东代表和适当比例的由公司职工通过职工代表大会、职工大会或其他形式的民主选举产生的职工代表,其中职工代表的比例不得低于 1/3,具体比例由公司章程规定。

总经理 1 人,由社会资本方提名,董事会聘任。财务总监由社会资本方提名,报经董事会通过后聘请。政府方可提名 1 位财务副经理,经董事会通过后聘请,参与对项目公司的预算、会计核算及财务管理等基本管理制度的拟定,表达意见,同时享有对项目公司财务支出和会计账簿、相关财务数据的知晓权和查阅权。

9　具体参见《中华人民共和国公司法》第四十四条。

1.3.3 PPP项目模式对股东权利的限制

1. 政府不得有实际控制力和管理权

就PPP模式中政府方和社会资本方的分工而言，项目的融资、建设和运营工作由社会资本方负责，成立项目公司是为了具体实施上述工作但并不意味着要项目的融资、建设和运营的实施责任完全转嫁给项目公司，与社会资本方无关。政府方不能过多地干预项目，否则可能会影响项目正常的建设运营工作，还可能将本已交由社会资本方承担的风险和管理角色又重新揽回自己身上，违背了PPP模式的初衷。财政部《PPP项目合同指南（试行）》规定："政府在项目公司中的持股比例应当低于50%、且不具有实际控制力及管理权。"

政府不得有实际控制力和管理权的表现如下。

●政府在项目公司的持股比例低于50%。

●在不按出资比例行使表决权时，公司章程不得约定政府具有对公司的控制力、管理权。（从公共利益角度出发，可以约定政府对重大事项有一票否决权，同时列明重大事项内容。）

2. 股东股权转让受限

PPP模式下，股东持有的项目公司股权不得随意转让，尤其是社会资本方持有的股权。股权转让意味着项目实际责任和风险承担方的转移，将对PPP项目产生重大影响。但在此前提下，社会资本方应当尽力争取自身权利，在一定时限后且不对项目产生不利影响的前提下，可以将股权转让给具有同等实力的第三方，以实现资本退出。一般会在PPP项目合同、股东合同和公司章程中对该部分内容进行特别约定。

1.3.4 人力资源配置

项目公司应当选择富有经验、作风优良的建设、运营团队，建立动态的组织机构，制定工作目标、明确工作重点、划分职责权限，并根据实际情况的变化动态调整部门设置、合理配置人力资源，充分保证人员配置适应项目建设各阶段的需求。在建设、移交的过渡期间，项目公司应采用灵活的智能优化手段，保证项目顺利移交。

项目公司的人力资源通过股东单位择优选派和社会招聘两种途径进行配置。

1.4 项目公司的注册设立

1.4.1 项目公司的工商登记

1. 办理工商名称预先核准申请

受理部门：工商区分局。

首先到工商部门领取企业名称预先核准申请书及企业设立登记档案。所需材料：企业名称预先核准申请书；股东资格证件（自然人身份证复印件签字、法人营业执照复印件加盖公章）；指定代表或共同委托代理人授权委托书；申请名称冠以"中国""中华""国家""全国""国际"字样的，提交国务院的批准文件复印件。同一行业内申请使用相同字号的，由字号所有权人出具授权（许可）文件及字号所有人营业执照（复印件加盖公章）。

受理程序：申请—受理—核准—核发通知书。

依据：《企业名称登记管理实施办法》。

2. 办理工商正式登记

受理部门：工商区分局。

所需材料：内资公司设立登记申请书；指定代表或共同委托代理人授权委托书；全体股东签署的公司章程；股东资格证件（自然人身份证复印件签字、法人营业执照复印件加盖公章）；董事、监事和经理的任职文件及身份证件复印件；法定代表人的任职文件及身份证件复印件；住所使用证明；企业名称预先核准通知书；法律、行政法规和国务院决定规定设立有限责任公司必须报经批准的，提交有关批准文件或许可证件复印件；公司申请登记的经营范围中有法律、行政法规和国务院决定规定必须在登记前报经批准的项目，提交有关批准文件或许可证件的复印件。

受理程序：申请—受理—审查—核准—发照（或核发登记驳回通知书）。

依据：《中华人民共和国公司法》《中华人民共和国公司登记管理条例》《中华人民共和国公司企业法人登记管理条例》《中华人民共和国企业法人登记管理条例施行细则》。

1.4.2 项目公司的注册流程

由项目公司筹备办公室负责项目公司的注册设立手续及相关批复、备案的办理工作，具体流程见图 3-1-1。

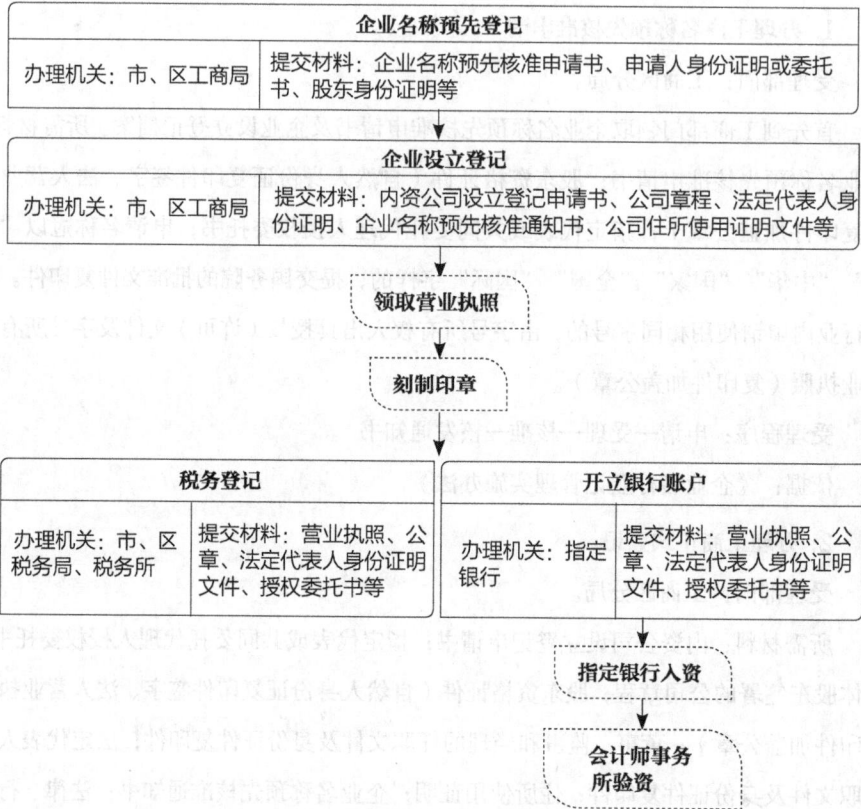

企业名称预先登记	
办理机关：市、区工商局	提交材料：企业名称预先核准申请书、申请人身份证明或委托书、股东身份证明等

企业设立登记	
办理机关：市、区工商局	提交材料：内资公司设立登记申请书、公司章程、法定代表人身份证明、企业名称预先核准通知书、公司住所使用证明文件等

领取营业执照

刻制印章

税务登记		开立银行账户	
办理机关：市、区税务局、税务所	提交材料：营业执照、公章、法定代表人身份证明文件、授权委托书等	办理机关：指定银行	提交材料：营业执照、公章、法定代表人身份证明文件、授权委托书等

指定银行入资

会计师事务所验资

图 3-1-1 项目公司注册流程

1.5 风险应对及注意事项

1. 违约风险

PPP 项目合同一经签署，即对合同双方产生法律约束效力，社会资本方应当严格依据 PPP 项目合同的规定开展工作。PPP 项目合同会明确约定项目公司的设立时间、组织结构以及管理层人员设置等内容。通常情况下，根据 PPP 项目合同的规定，社会资本方应当在合同生效后 30 日内在项目所在地设立项目公司。如社会资本方未在规定时间内完成项目公司的设立，则存在一定的违约风险。

针对此类风险，社会资本方应当重视项目合同的约束力，在项目合同签署后，及时将项目公司的设立提上日程，并安排专人负责项目公司的工商设立及银行、税务开户事宜，确保项目公司在合同约定的期限内设立完毕。

2. 治理结构设置不当风险

《PPP 项目合同指南（试行）》中已经限制了政府在项目公司的持股比例，要求政府方不具有对项目公司的实际控制力及管理权。在实践中，政府出资作为项目公司股东的，通常只是象征性的出资，根据项目大小及社会资本方盈利需求等要素，确定合适的股权比例。项目公司的实际控制力和管理权应当掌握在社会资本方手中，充分发挥社会资本方的专业建设能力和市场运营能力等方面的优势。

但是，以上并不意味着政府对项目完全无决定权。政府方通过对项目公司的治理结构的设置，如改变股东的表决机制，获得对特殊事项的一票否决权，委派董事、高级管理人员等方式，通过知情权、管理参与权的行使，实现对项目公司监督和管理目的，以更好地督促项目合理稳步推进。但必须引起注意的是，在设置项目公司的治理结构时，必须明确社会资本方应在项目的建设、运营过程中占据主导地位，政府仅对特定事项拥有监督管理权力。

项目公司的治理结构应当是科学、合理的，并明确体现在 PPP 股东协议和公司章程中，以合理的组织架构和管理层人员配置为依托，为 PPP 项目的规范稳定开展保驾护航。

第二章
项目的建设

对 PPP 项目进行管理既是社会资本方应尽的义务，也是社会资本方应有的权利。社会资本方必须依法依约履行其对 PPP 项目建设进行管理的义务，同时，政府方不得对社会资本方管理 PPP 项目的建设实施行为进行违法或不当的干预。社会资本方对 PPP 项目建设进行管理时，应当依据适用的法律法规的规定和 PPP 项目合同的约定进行。其中适用的法律法规包括但不限于《中华人民共和国建筑法》《建设工程质量管理条例》《建设工程勘察设计管理条例》《建设工程安全生产管理条例》等。

2.1 项目建设实施阶段

为保证项目建设的顺利实施，一般将项目建设实施分为以下 5 个阶段：项目建设准备阶段、建安施工阶段、系统调试阶段、试运行阶段和竣工验收阶段，详细流程见图 3-2-1。

编制项目实施计划：工程项目计划书、质量计划主要控制节点

工程项目地质勘察

工程项目初步设计

工程建设有关许可、证件的办理：
用地、拆迁
勘察与初步设计审查：施工图审查、
消防审查

施工图设计

工程开工准备：三通一平、相关施工许可

工程开工：开工报告审批、具备开工条件

工程施工阶段现场管理：工程计划、进度计划、质量控制、投资控制、信息资料
管理、物资设备管理、安全管理、文明施工管理、内外部协调管理

工程验收：检查、评定、验收、试运行

工程备案：工程资料整理、归档、备案

工程运行、绩效考核

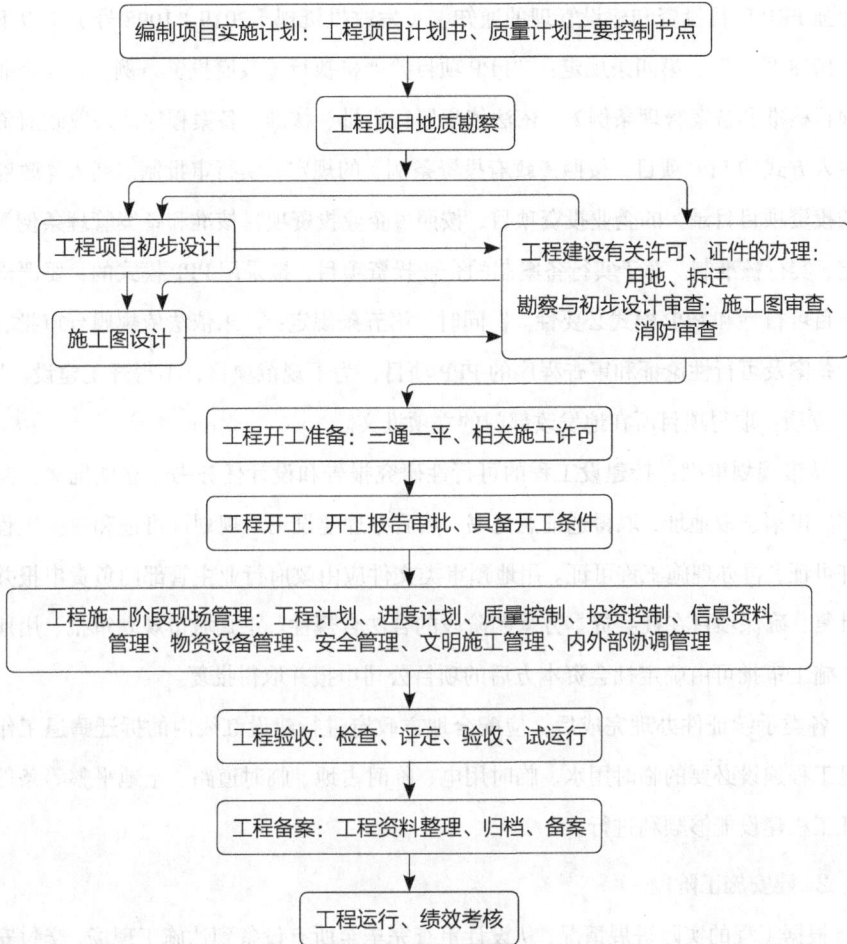

图3-2-1　项目建设流程

1. 项目建设准备阶段

项目建设立项由政府行业主管部门主导，负责前期项目立项研究及文件编制工
作，包括但不限于项目建议书、工程可行性研究报告等，并报送具备审批权限的发改
部门进行立项审批。

项目立项审批通过后可进入社会资本方的 PPP 项目采购阶段，完成社会资本方
采购并组建项目公司。

按照国家的有关规定，项目建设必须办理土地征用手续（取得用地许可证）、
项目咨询、可行性研究报告审批、环境影响评价审批。《国家发展改革委关于依法依

规加强 PPP 项目投资和建设管理的通知》（发改投资规〔2019〕1098 号）（以下简称"1098 号文"）第四条规定："PPP 项目要严格执行《政府投资条例》、《企业投资项目核准和备案管理条例》，依法依规履行审批、核准、备案程序。采取政府资本金注入方式的 PPP 项目，按照《政府投资条例》的规定，实行审批制。列入《政府核准的投资项目目录》的企业投资项目，按照《企业投资项目核准和备案管理条例》的规定，实行核准制。对于实行备案制的企业投资项目，拟采用 PPP 模式的，要严格论证项目可行性和 PPP 模式必要性。"同时，第五条规定："未依法依规履行审批、核准、备案及可行性论证和审查程序的 PPP 项目，为不规范项目，不得开工建设。"

立项：取得项目所在地发改部门的立项批文。

城市规划审批：持建设工程的可行性研究报告和设计任务书、立项批文，向规划部门申请选取地址，取得选址意见书，然后办理建设用地规划许可证和建设工程规划许可证，再办理施工许可证。用地预审类文件应由政府行业主管部门负责申报并取得批复，确保项目在社会资本方采购阶段的合法合规性。正式城市规划审批、用地审批、施工审批可由确定社会资本方后的项目公司申报并取得批复。

各类手续证件办理完成后，应配合地方政府进行建设红线内的拆迁腾退工作，满足工程建设必要的临时用水、临时用电、临时占地、临时道路、土地平整等条件，保证工程建设能够顺利进行。

2. 建安施工阶段

根据工程的实际进展情况，从设计审查完毕至所有设备到达施工现场、交付安装期间均为物资采购阶段。该阶段的主要工作是：项目公司设备物资部在项目公司的领导下，适时进行工程所需物资的招标或询价比价工作，采购优质的设备及材料，满足工程要求。

从施工组织审查完毕、土建施工开始到无负荷系统试运行完成称为建安施工阶段。此阶段的主要工作是：进行工程项目的建筑和安装施工，按照工程合同的约定实现工程的投资、质量、进度、安全四大方面的目标。

3. 系统调试阶段

在土建及安装施工完成后，应当进行全系统调试。调试方案在调试前应审查定稿。该阶段的主要工作是：按照合同、技术协议的要求，对项目进行分系统调试和系统联合调试，达到国家规范要求的性能标准。

4. 试运行阶段

在系统调试合格后，项目进入试运行阶段。生产交验（项目验收）后进行试运行，保证项目达到可以进入商业运行阶段的条件。

5. 竣工验收

项目建设完成，达到PPP项目招标文件和项目合同的各项要求后向政府方提交项目竣工验收申请，由相关主管部门联合进行项目的竣工验收。竣工验收是项目建设过程的最后一个环节。验收合格后，项目进入运营期，项目公司应及时组织办理工程结算手续，将建成的项目交付使用或投入运行。

2.2 项目建设的内容

2.2.1 项目合同管理

依据PPP实施方案的交易架构、实施范围等核心边界条件，搭建与其相符合的合同管理体系，明确各方、各阶段的责任划分，并将其作为项目执行阶段的核心依据。按合同主体的不同可将项目合同划分为3个阶段：第一阶段，政府方实施机构、实施主体与中标社会资本方的合同体系，包括但不限于PPP协议、特许经营协议、合资协议、股东协议等；第二阶段，政府方实施机构、实施主体与PPP项目公司的合同体系，明确PPP项目公司的责任与义务，由项目公司具体继承和负责社会资本方在第一阶段的合同约定内容；第三阶段，为保障项目的顺利执行和实施，PPP项目公司作为项目的投融资、建设、运营平台与各承包方搭建合同体系。

2.2.2 项目设计管理

根据PPP项目合同的具体要求，如约定由项目公司负责项目设计、优化设计工作，则在PPP项目合同签署后，由项目公司负责编制或委托第三方设计机构编制及最终确定初步设计和施工图设计，并完成全部的设计工作。

社会资本方或第三方设计机构在开展设计工作前，应当和政府方协商确定具体的项目设计要求和标准，确定依据包括但不限于：可行性研究报告和项目产出说明；双方约定的其他技术标准和规范；项目所在地区和行业的强制性技术标准；建设工程相关法律法规的规定。

2.2.3 项目建设管理

对包含建设内容的 PPP 项目而言，项目建设管理属于整个 PPP 项目实施中非常重要的事项。

1. 把控项目施工工期

（1）制定项目工程进度计划。

项目公司根据项目可行性研究报告、前期调研结果及 PPP 项目合同中对项目施工工期的要求，参考以往类似的工程经验和现场实地勘察资料，编制具有伸缩弹性的总体进度计划，用以指导各项方案的编制。而后随着项目后续资料的不断补充，再深度细化总体进度计划。此外，项目公司会对项目施工区进行划分，结合项目建设各实施阶段，确定每阶段的主要工作内容，制定分项施工进度计划表，保证项目建设稳步推进、按期完工。

（2）制定施工节点、控制方法和措施。

项目公司根据项目可行性研究报告、前期调研结果及 PPP 项目合同中对施工工期的要求，参考以往类似的工程经验和现场实地勘察资料，对 PPP 项目的施工工期节点进行细分，预估每个节点的完工时间。若工程包含多个子项目，项目公司应当对每个子项目的施工工期节点进行合理细分。

此外，考虑到项目的回报周期，在保证按质、按量、安全的前提下，项目公司应以最短的周期完成项目建设。项目公司应当结合 PPP 项目合同、项目具体情况和以往施工经验，制定工期控制方法和措施。首先，应当分析项目进度控制的管理重点，保证管理重点的顺利开展和尽快完成。其次，制定项目进度管理措施，项目公司作为项目管理单位，应当提供全方位的进度管理服务，包括总进度、设计、招标、采购、现场施工等进度管理，统筹兼顾，确实保障项目有计划地进行，并能按期完成。最后，项目公司还应当严格落实进度节点考核制度，于每个节点目标期末进行工程质量、进度检查，可以对节点目标中工程质量、工程投资和工程形象都达到节点目标要求的施工单位，给予表彰和奖励；对进度滞后、没有完成节点目标的单位，给予处罚，以确保每项工期目标的实现。

（3）制定工期预防措施。

为预防项目工期进度滞后的现象出现，项目公司应当结合实际情况和以往类似的项目经验，制定工期预防措施。在工期预防措施中细化实施计划，合理配置资源；项目公司统一部署，做好施工现场协调工作；控制好施工工作面，防止因工作面相争而延误工期；施工中保持统一的控制标准，不随心所欲或粗心大意地自定标准，防止误差积累引起严重后果；在工程施工前，对工程进行分析，对关键工程进行重点把控；做好安全施工和文明施工管理，在开工前制定应急预案和专项施工方案，防止由于意外事件的发生或环境污染、半成品污染而影响工期并增加不必要的成本。

2. 做好工程质量控制

（1）编制工程质量体系及措施。

项目公司应当根据项目工程的施工任务和特点，以质量目标为宗旨，以 ISO9001 系列标准为指南，遵循质量保证标准和合同文件的规定，建立健全质量保证体系，制定项目工程的质量管理办法，明确项目公司和施工总承包各级人员的质量责任，正确合理分配质量体系要素，实施贯穿工程建设的决策、勘察、设计、施工全过程的全面质量管理。施工中严格执行各项管理制度，项目公司定期检查落实情况，从管理上确保质量目标的实现。

为保证工程质量体系的贯彻执行，项目公司还应当制定自上而下、行之有效的全过程质量保证措施。结合以往类似的项目施工经验，事前对项目质量通病进行分析并拟定防范措施，在施工中坚持质量管理责任制，做到目标清、任务清，实行逐级交底和质量否决权；控制工序质量，各工序必须按照项目施工技术规范、质量标准和质量目标进行控制，加强过程检验和试验，并做好最终检验和试验工作。

（2）编制关键工序、关键部位、难点施工部位等质量控制的技术措施。

项目公司应当根据以往类似项目的施工经验和现场实地勘察结果，对项目的关键工序、关键部位和难点施工部位进行分析，并事先分析关键工序、关键部位、难点施工部位可能出现问题的原因、症状和预防措施。

3. 建立安全和文明施工体系

（1）安全施工保证体系。

为保证 PPP 项目安全顺利完成，项目公司应当建立健全安全施工保证体系。项目安全生产管理实行政府监督，项目公司负责建设方面全面管理，项目公司、监理、施工总承包自检的安全生产保证体系。项目公司、监理、施工单位均应成立安全生产领导小组，按规定配备安全管理人员，建立健全安全生产责任制，做到责任明确、措施具体。在施工前，项目公司应当分析本项目的安全管理重点并在施工过程中重点监护，制定安全生产责任制度和安全技术措施、应急预案流程，并建立完善的劳动保护措施，保障公司职工的生命及健康安全。

（2）文明施工保证体系。

项目公司在施工中，应当认真执行关于文明施工管理的各项规定，贯彻文明施工工作，各项工作均应按照文明施工和环保管理办法执行，履行企业社会责任。为实现这一目标，项目公司应当组建自上而下的文明施工管理机构，将文明施工管理职责落实到部门、落实到责任人，并实行文明施工系统监控，通过公司内部监督和外部监督两条线并存的方式，督促项目施工做到文明安全。此外，项目公司还应当制定文明施工管理制度体系和管理措施、环境保护措施，将文明施工落到实处，加强现场安全文明宣传，提高现场工作人员安全文明施工的意识和责任心。

4. 制定施工组织及技术措施

根据 PPP 项目特点，组建项目公司的同时应当选派参与工程建设经验丰富并满足招标文件资质要求的专业管理人员组成总承包项目经理部。施工现场由总承包项目经理部统一指挥，全面负责工程的综合管理。项目部在项目经理的领导下，为工程履约提供强有力的保障，在工作中，应当做到分工明确、责任到人。项目部下设各个分部门，每个部门的职责应当具体明确。项目部应当有完善的管理制度，包括施工管理制度、质量管理制度、安全管理制度、项目物资设备管理制度和预算合同、财务管理制度、综合管理制度。以完善的制度体系和内控体系约束项目部的建设施工。

2.3 风险应对及注意事项

1. 设计不当风险

PPP 项目有着规模大、周期长、专业性强等特点，这就决定了 PPP 项目设计管理工作的专业性和复杂性。设计质量的好坏直接影响项目的成功与否，PPP 项目的设计管理工作贯穿整个项目实施过程，起着重要的指导作用。

针对此类风险，项目公司应当充分利用自己在优化设计方面丰富的专业经验，提高设计人员的专业能力，有效规避此类风险。

2. 原材料供应及价格变动风险

PPP 项目工程建设时间跨度大，需要的原材料数量巨大，采用现场混凝土浇筑施工，会涉及大量钢筋、混凝土等原材料的消耗。因此，在项目实施过程中存在原材料供应风险，如原材料断货、供应不及时、存在质量问题等。另外，通常项目建设工程原材料涉及金额巨大，价格的变动也将在很大程度上影响工程的建设成本。

针对此类风险，项目公司应当严格选择原材料主要供应商，与其商定稳定的长期供应价格并在合同中对价格调整机制予以约束。

3. 超概、超估风险

在 PPP 模式下，前期准备不足、初步设计不深入以及建设过程中的设计变更等将会导致项目概算与估算或项目预结算金额与项目概算存在较大出入。根据相关法律的规定，初步设计提出的投资概算超过经批准的可行性研究报告提出的投资估算 10%的，项目单位应当向投资主管部门或其他有关部门报告，投资主管部门或其他有关部门可以要求项目单位重新报送可行性研究报告（《政府投资条例》）；在项目建设中，若项目投资规模超过批复投资的 10%，应当报请原审批、核准、备案机关重新履行项目的审核备程序（1098 号文）。由此可见，这类风险将显著影响项目建设的进度，甚至导致项目退库，影响项目的继续推进。

针对此类风险，项目公司应通过强化初步设计、追加政府投资、调整项目运行模式、削减部分子项目等方式对超概、超估问题进行处理，保障项目依法合规落地。

4. 工程意外事故风险

项目实施过程经常会受到多种因素的影响与干扰。工作人员操作不当或自然灾害、意外事件等，可能造成工程建设中的设备、材料，建设中的建筑物、构筑物的损坏或灭失，从而带来重大的财物损失，甚至导致工程延期。

针对此类风险，项目公司应当提高安全施工意识，健全施工安全防护制度，利用专业的技术方案评审团队把关工程施工方案，保证技术方案的可行性。另外，采用足额投保的方式，可以转嫁此类风险。

5. 项目工程建设质量风险

工程的质量直接影响运营期的维护成本。在工程建设中，施工方可能因主客观原因导致工程未达到质量要求，如市政道路路基塌陷或开裂，供水或污水处理设备出现无规则裂缝、大面积错茬、伸缩缝渗水甚至漏水。工程修复将支出大笔资金，使运营维护成本大幅提高。

针对此类风险，项目公司应当严格执行国家标准，保证高质量施工，同时全力配合专业项目监理单位对施工阶段的工程质量、进度和造价进行全方位、全过程的监理。在施工材料方面把好原材料质量关，确保工程建设符合预先设定的质量验收标准。在保险方面，通过购买工程质量保险，可以合理转嫁风险。

6. 合同风险

PPP项目合同是PPP项目正式成立的关键性法律文件。项目合同设计不合理，合同文件中出现错误、模糊不清、设计缺乏弹性或违反相关法律法规等问题，都将引发法律纠纷。PPP项目合同中涉及施工、采购、运营等多方面的条款，合同条款的不合理或未遵守相关法律规定，都可能造成项目各参与方受到不同程度的利益损失，影响项目的正常建设和运营，甚至引发法律纠纷，损害各参与方的声誉。

针对此类风险，项目公司在投标阶段和合同签署之前，应当起用PPP项目经验丰富的法律团队，对合同结构及各项条款内容严格审查。同时，针对合同中可能存在的冲突和不完备条款，合同当事人应争取在合同中设置协商谈判声明和程序说明。另外，在项目建设和运营过程中发现合同条款不适用的，亦应当争取签订补充协议予以修正。

7. 分包方违约风险

在项目运行过程中，分包商可能因自身原因导致工程质量未达到既定质量要求或工期延误等情况，进而影响社会资本方的整体项目进度，连带给社会资本方造成一定的经济损失。

针对此类风险，项目公司应当严格选定合格的总承包商、分包单位。对由总承包商选定分包单位的，应督促总承包商严格把控分包质量，并对其进行监督管理；通过签订相关合同，约定固定价格、固定工期的工程总承包合同，交由总承包商负责项目建设；同时约定总承包商与分包商必须签订施工保证合同，将工期延误、工程质量不合格和成本超支等风险进行转移。

8. 完工风险

项目无法按时完工是工程建设中的重大事故之一，主要表现为工程未完工或工程未通过验收。这两种情况都可能造成项目建设成本超支、工期延误，进而引发项目无法按时偿还债务等严重后果。

针对此类风险，在施工方面，项目公司应当积极做好项目施工方案和技术方案，使用成熟、先进的技术，与承包商、分包单位签订相关合同，明确约定工程的工期要求，并积极配合监理单位的监督，保证施工的进度和质量要求。在财务方面，项目公司应当合理安排建设资金的使用，严格控制项目预算，遵守相关法律法规和制度规定，满足施工资金的合理需求。

第三章
项目的运营

PPP 项目运营管理是指项目公司按照 PPP 项目协议的约定，对基础设施或公共服务项目进行运营、维护，保障社会资本方在合作运营期间按照 PPP 项目协议约定的标准提供公共产品或服务。项目完成建设施工进入工程的经营、管理和维护阶段后，项目公司各领导和部门将进行职能的转化和调整，以适应运营与维护管理阶段的对应工作。项目运营一般由项目公司负责，也可以委托专业运营机构负责运营，有独立运营、联合运营、委托运营 3 种方式，具体采用哪种运营方式，应当在 PPP 项目合同中明确约定。

3.1 项目运营的基本原则

PPP 项目涉及公共利益及公共服务，因此 PPP 项目提供公共产品或服务的对象是一般公众，传统供给模式提供公共产品或服务的基本原则也适用于 PPP 项目的运营。

1. 确保项目安全稳定运营的原则

PPP 模式适用于基础设施和公共服务领域，该领域的主要特征是服务对象广泛，准入限制少，涉及广泛的公共利益，影响着社会公共安全。因此安全是 PPP 项目运营首先应当考虑的因素，即 PPP 项目运营应当首先确保提供公共产品或服务的过程中不会给群众的人身及财产安全造成损失。由于公共服务或产品具有普适性和长期提供的特征，所以项目运营必须确保项目能够稳定、持续地为群众的生产生活提供便利。

2. 提高运营的效率和质量的原则

在保障了运营的安全稳定后，在 PPP 项目的运作上还应当注意实现高效的供给并提高服务的质量。项目的运营必须追求效率，争取以最小的成本获得最大的效能。

3. 公平保障公共利益及公司利益的原则

PPP 项目具有很强的公益性质，在运营过程中应当尽量保证公共利益得到最大程度的实现。但是，作为运营方的社会资本方，也需要保证自身公司利益得到满足，以维持公司正常运营并获得合理收益。因此在运营过程中，需要设计合理的运营机制以实现公共利益和公司利益的平衡。当然带有公益性质的项目，应当首先确保公共利益的实现。

3.2 项目运营的内容

3.2.1 设置运营组织架构

在项目进入运营期之前，项目公司要结合实际情况，充分考虑项目各类运营问题的治理，有针对性地进行项目公司各部门优化、调整，制定各部门的主要职能职责，营造正常、健康的运营环境。通过在董事会层面设立专业委员会，保证其在项目建设与管理过程中的决策权利，有效保证政府对项目建设与运营的质量监督，切实保证决策的执行质量。董事会在股东会授权的范围内行使权利时，所有重大决策应当首先征求专业委员会和政府部门的意见，并在监事会的严格监督下按照 PPP 项目合同执行运营计划、工程设施养护维护管理方案、项目投资概算等重大事项的决策。

项目公司组织结构在运营期一般分为 3 个管理层级，分别为决策层、职能管理层和执行层。决策层主要为股东会、董事会、政府派驻人员参与的专业委员会以及监事会；职能管理层是以总经理为核心的高级管理人员、部门管理人员；执行层为各职能部门下属的专业维护班组、运营班组等。为有效管理项目公司的运营，项目公司应当结合各层级内相关部门的职责，制定职责清晰、岗位明确的岗位职责。

项目公司运营期组织架构的设置应当考虑以下要素。

●项目公司应当具有应对突发事件的快速反应能力。项目公司可以设置指挥中心，建立完善的应急反应机制，使其能在片区（带）内对突发事件（洪水、内涝、偷排、管道泄漏、火灾等）做出快速反应。

●项目公司应当具有健全的对外协调沟通机制，项目公司有专门部门和人员负责与环保、市政、交通等政府部门联系对接，保证相关政策得到及时准确的贯彻执行，并及时向有关部门反馈问题；另外，对于群众投诉或监管部门问责等情况，能够快速有效解决问题，并提出后续改进方法。

●项目公司应当对内自查达标，对外配合做好绩效考核对接工作。项目公司应当设置绩效考核协调小组，由领导层直接负责小组的协调管理工作。

●项目公司在项目运营维护管理阶段，应当建立项目指挥调度中心。指挥调度中心全面监控调度项目范围内道路、排水管网、厂站、河道设施、绿化景观等的日常运营及管理，实现统一指挥、协调调度、系统运行的区域的综合管理。

项目工程运营期应当合理配置人力资源，汇集优秀人才，对各岗位人员择优选聘，部分岗位可以采用社会招聘的方式选拔社会优秀人才，对员工定期培训，使其不断进步，在考核上采用定量标准考核与绩效综合考核相结合的方式。

3.2.2 制定日常维护方案

在项目进入运营期之前，项目公司应当根据项目具体情况，并结合其他 PPP 项目的运营管理经验，建立健全项目公司各项运营维护管理制度，包括但不限于员工岗位职责、岗位说明书、安全管理制度、日常运行管理制度、设备操作规程、管养维护制度、材料物资采购管理制度、工艺控制制度、数据库档案管理制度等。在日常管理过程中，注意细节管理，充分调动现场人员的积极性，逐步完善项目公司的现场标准化管理。

另外，项目公司应当根据具体情况制定项目维护方案，包括整体维护方案和针对项目内容制定的具体运营维护方案，其中整体维护方案包括但不限于项目维护目标、人力资源配置和保障措施、运营管理与巡查管理方案、物资管理措施、设施维护管理措施和环境保护措施等。为保障方案的顺利执行，项目公司还应当结合 PPP 项目合同中政府绩效考核指标的相关内容，编制有可操作性的、详细的绩效考核办法，以激励相关人员保障项目正常运营。

3.2.3 制定商业运营方案

对于使用者付费类项目和可行性缺口补贴类项目而言,社会资本方在项目运营期需要通过合理的商业运营获取收入,以回收成本并获得一定的收益,因此制定行之有效的商业运营方案尤为重要。在项目未进入运营期前,项目公司应当根据项目具体情况,结合以往 PPP 项目的运营经验,测算并把握项目运营成本和有效收入来源,分析项目运营收益模式,对项目的商业运营进行合理定位和预判,针对有收益的(子)项目制定详细的运营管理方案,以有效的运营政策、制度和程序为项目的稳定收入奠定基础。除此之外,项目公司还应当组织专业人员对相关市场进行分析,结合本项目情况,制定具体的商业运营方案,确定项目盈利模式和商业运营重点策略,保证项目的稳定收入。

3.2.4 制定项目安全与应急管理方案

项目的安全是项目稳步健康运行的前提,项目公司应当根据项目实际情况,并结合以往 PPP 项目的运营管理经验,制定行之有效的安全与应急管理方案。

项目公司应当有健全的安全保证管理体系和安全管理制度,针对危险作业、机械设备设施、用电、用气、防火消防、防盗、防抢、周边居民的安全等事项制定安全保障措施,并设立专门的安全生产管理机构(安全监督委员会)指导项目安全管理事项,监督检查安全生产劳动保护隐患的整改完成情况。发生安全事故的,需根据国务院《生产安全事故报告和调查处理条例》(中华人民共和国国务院令第 493 号)的规定妥善处理和报告。

除此之外,项目公司应当建立应急预案,以丰富的项目经验为依托,事先进行危险源识别和危险性分析,划分突发事件等级,做好突发事件预防与预警工作,有针对性地制定应对策略和专项应急响应方案。为有效保障突发事件得到妥善处理,项目公司还应当设立应急抢险指挥部,按照预案程序组织、协调应急预案的实施,并对预案实施过程中出现的问题及时采取措施解决,保证项目正常运营。

3.3 风险应对及注意事项

1. 运维事故风险

项目在运营和维护过程中，可能会因为自然灾害、意外事故的发生或工作人员的操作失误，导致项目器具和构筑物等财产的损失、机器设备的损坏，运维管理人员在参与项目日常运营和管理中也会面临一定的人身伤害风险。

针对此类风险，项目公司应当通过制定合理的管理模式、制度，将运维事故控制在风险源头。同时结合项目需要，足额购买运维期的必要保险，合理转嫁风险。

2. 运营成本超支风险

税率、利率、汇率和通货膨胀率的大幅提高，融资成本的增加，不可抗力的发生，运营商自身的运营问题或工程质量问题等都将造成运营成本超支，导致运营期现金流入无法覆盖现金流出，甚至可能出现现金流断裂的危机。

针对此类风险，项目公司应当严格遵守相关法律法规和公司制度的规定，制定严格的财务支付审核制度，把控每笔运维资金的流向，避免因项目公司自身问题造成成本超支。同时，社会资本方作为股东应当监督项目公司的财务管理工作，通过定期或不定期的检查，把握项目公司的资金使用状况。

3. 运维质量风险

在 PPP 项目中，项目公司在运营阶段可能因项目运维管理人员安排不当、工程质量缺陷、设备更新不及时等因素导致运维质量下降。运维质量直接与运维绩效收入挂钩，质量的下降将导致运维绩效收入的减少，若运维收入无法覆盖运维成本，很可能造成现金流的断裂。

针对此类风险，项目公司应当加强项目运维管理，制定一套高标准的运营维护服务标准，并量化绩效考核管理办法，提高运营质量风险意识。在人员方面，聘用有丰富经验的运维工作人员，正确操作各类设备，从操作层面保证项目的运维质量。

4. 环境污染风险

在项目运营过程中，存在着对周边造成环境污染的风险隐患。一旦项目出现事故或故障，将会对环境造成非常严重的影响。

针对此类风险，项目公司在前期项目设计环节就应当充分考虑环境因素。另外，在项目建设运营过程中，强化人员对环境污染风险的防范意识，密切关注水体排放对周围环境的影响，以切实可行的措施抓好水污染的防控工作。

第四章
项目的财务管理

PPP 是由政府方授权、社会资本方操作,受公众监督的提供公共产品和服务的经济活动。PPP 项目本身既是政策的产物,又直接受宏观、微观经济环境等多方面的影响,因此 PPP 项目的财务管理环境不完全等同于传统企业经营中的财务管理环境。为有效控制项目公司的费用支出,保证 PPP 项目股东的合法权益,使股东能够及时掌握项目公司的经营管理状况,项目公司应当重视财务管理,提高财务管理工作的效率。

4.1 项目的融资管理

PPP 项目作为基础设施或公共服务类公私合作项目,一般具有工期长、投入大等特点,因此保证项目资金来源稳定对项目工作的顺利开展至关重要。项目的资金包括资本金和融资资金。根据《公司法》第二十七条第一款的规定:"股东可以用货币出资,也可以用实物、知识产权、土地使用权等可以用货币估价并可以依法转让的非货币财产作价出资;但是法律、行政法规规定不得作为出资的财产除外。"因此,社会资本方设立项目公司,可以通过货币或土地使用权等形式出资,在实践中大多数采用货币形式,本书仅对货币出资形式进行探讨。

4.1.1 项目资本金

《国务院关于固定资产投资项目试行资本金制度的通知》(国发〔1996〕35 号)中规定:"投资项目资本金,是指在投资项目总投资中,由投资者认缴的出资额,对投资项目来说是非债务性资金，项目法人不承担这部分资金的任何利息和债务；投资者可按其出资的比例依法享有所有者权益，也可转让其出资，但不得以任何方式抽回。"可见，项目资本金在此处被定义为股权类投资。不落实项目资本金，银行不发放项目贷款，项目便无法正常开展。

随着PPP项目的日益成熟，国家对PPP项目的监管愈趋严格，PPP项目向着规范化的方向发展。在项目资本金层面，财政部《关于规范政府和社会资本合作（PPP）综合信息平台项目库管理的通知》（财办金〔2017〕92号）、国资委《关于加强中央企业PPP业务风险管控的通知》（国资发财管〔2017〕192号）、财政部《关于推进政府和社会资本合作规范发展的实施意见》（财金〔2019〕10号）、发改委《国家发展改革委关于依法依规加强PPP项目投资和建设管理的通知》（发改投资规〔2019〕1098号）等法规相继出台，均提到严格遵守PPP项目资本金制度，社会资本方应当以自有资金作为项目资本金，严禁以债务性资金充当资本金或由第三方代持社会资本方股份。在当前的政策背景下，PPP项目的资本金仅能以自有资金投入，通过资产管理方式筹集资本金的通道基本都不可行，社会资本方面临着很大的资金压力。2019年11月13日，国务院召开常务会议，提出"基础设施等项目可通过发行权益型、股权类金融工具筹措不超过50%比例的资本金。"同时强调，"严格规范管理，强化风险防范。项目借贷资金等不得作为资本金，筹措资本金不得违规增加地方政府隐性债务，不得拖欠工程款。"这项政策的出台，助推了社会资本方通过资本资产管理方式筹措资本金，有利于提高社会资本方的投资能力。由此，如何采用权益类、股权类金融工具来筹措资本金，拓宽资本金渠道成了目前亟待研究解决的问题。

另外，为了缓解资本金压力，社会资本方应当做好项目安排，根据各项目回款节点合理安排新项目的开发工作，做到项目的可持续开发。但基于PPP项目周期长的特点，仅依赖项目回款缓解资本金压力，作用有限。因此，笔者认为，可以充分利用永续债、可转债、股权类REITs等方式，进行资金调配，缓解资本金压力。

4.1.2 项目融资

PPP项目融资是指对非项目自有资本金部分的PPP项目所需资金的融资，即对PPP项目债务性资金的融资以及对项目资本金中的权益类资金的筹措，以支持PPP项目设计、建设、运营、维护、移交等各环节工作的顺利实施融资，涉及主体包括社会资本方、项目公司和金融机构等。下文仅对项目债务性资金融资进行阐述。PPP项目的融资责任由社会资本方或项目公司承担，政府及其相关部门不为项目公司或社会资本方的融资提供担保。社会资本方或项目公司应当及时组织开展融资方案设计、机构接洽、合同签订和融资交割等工作。为了盘活项目沉淀资金、保障融资的灵活性，公司还可以在一定条件下进行再融资，条件通常为再融资要不影响项目的实施，签署再融资协议前需经过政府批准等。

1. 项目融资主体

PPP项目融资的核心主体为社会资本方或项目公司。财政部《政府和社会资本合作模式操作指南（试行）》（财金〔2014〕113号附件）中提到："项目融资由社会资本或项目公司负责。"由于PPP项目公司通常是为了项目建设和运营新成立的公司，其信用记录为空白，所以在项目公司提出融资需求时，金融机构通常需要作为其股东的社会资本方提供增信措施，包括抵押、质押和担保等。

政府方作为PPP项目的发起人和PPP项目公司的股东，不是项目融资的核心主体，但在项目的融资环节也起着非常重要的融资支持作用。通常的融资支持方式包括成立项目专项基金、PPP项目政府引导基金、政策性银行贷款安排、授予社会资本方项目沿线一定范围内的土地开发使用权、政府付费、可行性缺口补助等。其中，目前起到最大支持作用的是政府付费和可行性缺口补助。另外，在社会资本方或项目公司向金融机构提出融资需求时，地方各级人民代表大会和财政部门出具的将政府付费纳入地方中长期财政预算支出安排的相关文件通常是必备的要件，也是金融机构衡量一个PPP项目是否值得投入的重要指标。

金融机构为PPP项目融资资金的主要提供方。我国绝大多数的PPP项目存在融资情况，因此金融机构在PPP项目中不可或缺。金融机构的介入方式多种多样，前、中、后期均可介入。金融机构不但可以作为PPP项目的直接投资方，也可以作为PPP项目的资金提供方。政策性银行针对PPP项目可以发挥其长期融资的特殊优势，提供贷款、债券、融资租赁等金融服务，并以自己的特殊优势联合其他金融机构以银团身份提供金融支持。商业银行参与PPP项目主要通过为项目公司提供资金融通服务、现金管理服务、项目咨询服务等方式，此外还可以通过自身的投资银行业务参与PPP项目公司的融资票据、PPN（Private Publication Notes，非公开定向债务融资工具）等融资工具的承销。非银行金融机构参与PPP项目的方式多种多样，主要有资产证券化、项目收益债、保险等方式。此外还可以成立 PPP 项目的产业基金，金融机构与地方政府方达成协议，在能产生稳定现金流并且收益率较为理想的项目中进行合作，通过有限合伙的形式参与 PPP 项目。

2. 项目融资方式

从融资方式上划分，PPP 项目的融资包括股权融资、债权融资、融资租赁等。从资金供给上，融资方包括银行、保险、信托等金融机构以及其他非金融机构。PPP 项目融资方式见图 3-4-1。

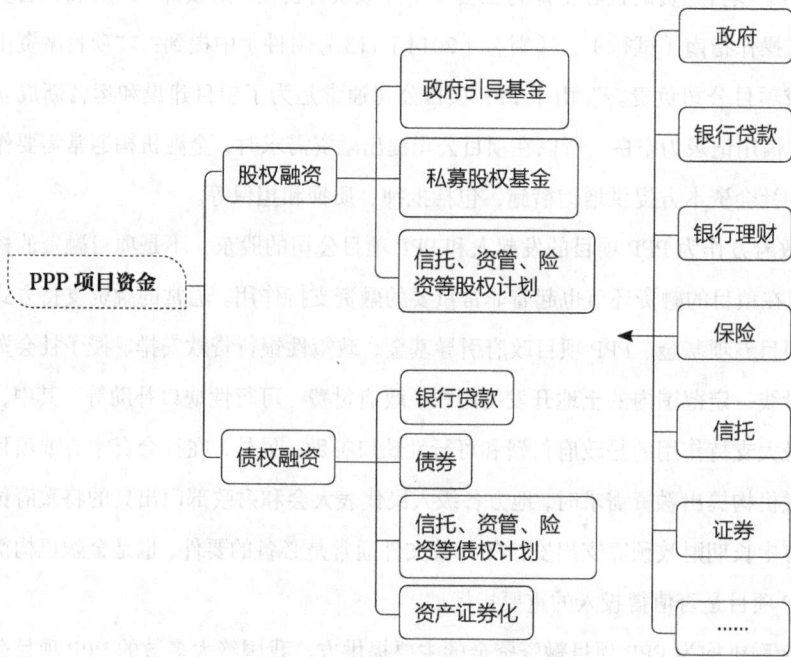

图3-4-1　PPP项目融资方式

（1）股权融资。

PPP 项目若设立项目公司，则股权融资即为项目公司股东对项目的融资，资金为项目公司资本金，股权融资结构如图 3-4-2 所示。若未设立项目公司，则股权融资资金以社会资本方名下的独立账户形式呈现。股权融资是项目最初的资产，也是其他融资方式的基础。

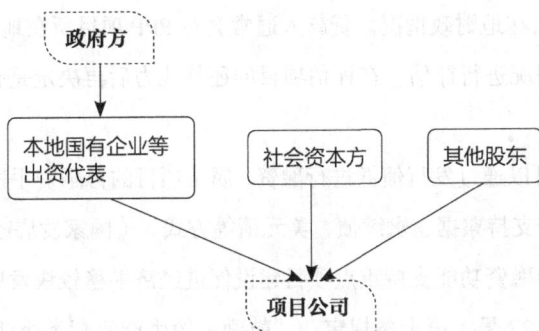

图3-4-2　股权融资结构

（2）债权融资。

债权融资是以融资者的信用为基础或 PPP 项目的预期收益权为质押，按照预先约定的利息给付方式支付报酬，同时按约定如期还本付息的融资方式。PPP 项目采用的债权融资方式主要为银行贷款，其次还包括信托贷款、公司债、企业债、股东借款等方式。

①银行贷款。

商业银行目前是 PPP 项目最重要的资金供应方。PPP 项目可以通过固定资产贷款、流动资金贷款、银行授信、银团贷款等方式获得融资。相比于其他方式，银行贷款成本低，期限灵活，并且 PPP 项目有政府背书，更容易拿到政策性银行的低成本资金。在项目前期，项目公司一般采用银行贷款的方式进行融资。

不同银行对不同 PPP 项目的具体贷款要求不同，但总体来说，PPP 项目想要顺利获得银行贷款，一般需满足如下条件。

首先，项目现金流稳定。贷款人一般要求 PPP 项目的收益回报机制完整，项目可通过政府付费、使用者付费、可行性缺口补助等方式产生稳定的现金流，并且能够覆盖贷款本息。

其次，项目符合国家要求且已入库。贷款人一般要求 PPP 项目必须符合：财政部、发改委等相关部门的制度规定；土地利用符合总体规划、年度规划等；并且已经履行了相关审批手续，取得了批准性文件；项目已入库。

再次，项目注册资本金符合相应比例。贷款人通常会要求项目的注册资本金占总投资额的一定比例。

最后，项目所在地财政情况。贷款人通常会对 PPP 项目所在地的政府财政收入、地区消费水平等情况进行评估，在评估项目的还款能力后再决定是否放贷。

②债券。

PPP 项目还可以通过发行债券进行融资，属于项目的再融资手段。债券包括公司债、企业债、资产支持票据、永续债、美元债等方式。《国家发展改革委办公厅关于充分发挥企业债券融资功能支持重点项目建设促进经济平稳较快发展的通知》（发改办财金〔2015〕1327 号）第十条规定："鼓励一般生产经营类企业和实体化运营的城投企业通过发行一般企业债券、项目收益债券、可续期债券等，用于经有关部门批准的基础设施和公共设施特许经营等 PPP 项目建设。"成熟的、有稳定现金流的 PPP 项目，还可以采用项目收益债融资的方式进行再融资。在 PPP 项目中，发债主体包括项目公司和社会资本方股东，其中项目公司对外发行的债券被界定为公司债，对于不设立项目公司的 PPP 项目，社会资本方如为国有企业，则其发行的债券被界定为企业债。

公司债的发行。公司债是公司依照法定程序发行，约定在一定期限内还本付息的有价证券。发行公司债的公司范围包括所有公司法人[10]。公司债券包括公开发行和非公开发行两种发行方式。其中，公开发行公司债券的交易场所包括上海证券交易所、深圳证券交易所以及全国中小企业股份转让系统；非公开发行公司债券的交易场所除上述 3 个之外，还包括机构间私募产品报价与服务系统以及证券公司的柜台。目前，公司债的主要制度依据为中国证券监督管理委员会 2015 年发布的《公司债券发行与交易管理办法》（中国证券监督管理委员会令第 113 号）。

企业债的发行。企业债是指境内具有法人资格的企业，依照法定的程序发行、约定在一定期限内还本付息的有价证券。中央企业发行企业债，由中国人民银行会同发改委审批；地方企业发行企业债，由中国人民银行省、自治区、直辖市、计划单列市的分行会同同级发改部门进行审批。企业债的发债资金主要限制用于固定资产投资、基础设施建设和技术革新改造方面，与政府部门的审批项目直接相关，按照国家有关规定需要经有关部门审批的，还需报送相关部门的审批文件。符合发债条件的社会资本方，可以通过发行企业债的方式筹集资金，再以股权投资、债权投资的方式投入项

10　中国证券监督管理委员会《公司债券发行与交易管理办法》将原《公司债券发行试点办法》（中国证券监督管理委员会令第 49 号）中规定的限于境内证券交易所上市公司、发行境外上市外资股的境内股份有限公司、证券公司的发行范围扩大至所有公司法人。

目公司。企业债的发行总面额不得大于该企业的自有资产净值。

美元债的发行。美元债即融资主体在境外发行的以美元计价的债券。国内债券市场存在资本管制，资金的用途受到严格的限制。在海外发行美元债，可以拓宽资金的用途，提高资金的使用效率，降低财务成本和资金风险，也能够在国际金融市场建立企业形象。美元债的发行有直接发行和通过境外融资平台间接发行两种方式。发行美元债需向发改委登记备案，《国家发展改革委关于推进企业发行外债备案登记制管理改革的通知》（发改外资〔2015〕2044号）对此做了详细规定。发行美元债看重融资主体的信用评级，融资主体或担保机构必须有国际信用评级，穆迪、标准普尔和惠誉是国际上债券投资人普遍使用的参考依据。

PPP项目专项债券的发行。2017年，发改委发布《政府和社会资本合作（PPP）项目专项债券发行指引》（发改办财金〔2017〕730号附件），鼓励PPP专项债券的发行，拓宽PPP项目融资渠道。PPP项目专项债券，是指由项目公司或股东社会资本方发行的，募集到的资金用于PPP项目建设、运营的企业债券，主要适用于处于建设期的PPP项目。PPP项目专项债以项目为基础，以项目收益支持债务偿还，是"主体信用＋项目收入"双保险确保偿还机制。相较于普通的企业债，PPP项目专项债的特点在于：首先，它更关注PPP项目的未来现金流，发行主体包括PPP项目公司和股东社会资本方，主体更加宽泛，对发行主体和债务率的限制放宽；其次，PPP项目专项债的期限比普通企业债更长，可以覆盖项目的全生命周期；最后，在增信方面，专项债具备一定条件的可以不设置差额补偿机制，发行条件较一般债券放宽。除此之外，发行PPP专项债券所募集到的资金，允许企业使用不超过50%用于补充营运资金（普通的企业债上限比例为40%）；其批复文件的有效期为2年（普通的企业债为1年），债权的审核程序简化、审核效率更高。

③资产证券化。

资产证券化业务是指以基础资产所产生的现金流为偿付支持，通过结构化等方式进行信用增级，在此基础上发行资产支持证券的业务活动。资产证券化适用于已进入运营期的PPP项目，属于项目的再融资途径。根据《关于规范开展政府和社会资本合作项目资产证券化有关事宜的通知》（财金〔2017〕55号）、《证券公司及基金管理公司子公司资产证券化业务管理规定》（中国证券监督管理委员会公告〔2014〕49号）等相关法律文件的规定，资产证券化由证券公司主导，证券公司及基金管理公司子公司作为计划管理人设立并管理资产支持计划，然后通过证券交易所及机构间私募产品报价与服务系统挂牌、转让。资产证券化业务除 PPP 合同对项目公司股东的股权转让、质押等权利有限制性约定外，在项目建成运营 2 年后，项目公司的股东可以以能够带来现金流的股权作为基础资产，发行资产证券化产品。其中，控股股东的发行规模不得超过股权带来的现金流现值的 50%，其他股东的发行规模不得超过股权带来的现金流现值的 70%。

为进一步打开社会资本方 PPP 项目退出通道，鼓励社会资本参与 PPP 项目，国务院有关部门于 2016 年底启动 PPP 资产证券化，之后多次在政策文件中提出鼓励在 PPP 项目开展资产证券化业务。从交易结构来看，资产证券化有债权或收益权模式和股权模式两种操作模式。债权或收益权模式是指将收费收益权、政府财政补助以及 PPP 项目银行贷款、项目租赁债权、项目信托贷款和企业应收账款 / 委托贷款等作为基础资产，交易结构见图 3-4-3。

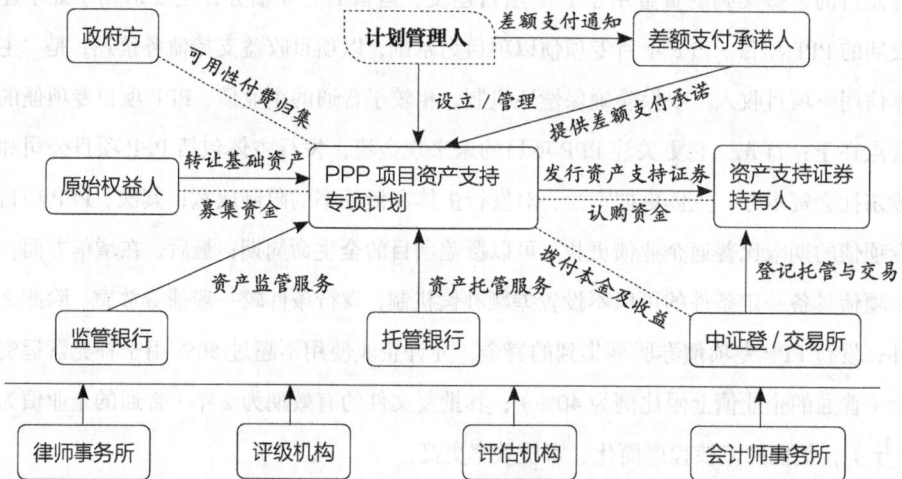

图3-4-3 债权或收益权模式交易结构图

债权 / 收益权模式是当前 PPP 项目资产证券化的主流模式，结构相对简单、操作方便，但仍然属于社会资本方的债权融资手段，会增加社会资本方的资产负债率，无法实现"出表"的目的。为了降低资产负债率，作为项目公司的股东，社会资本方可以采用股权类 ABS 的交易模式（REITs 模式，即房地产信托投资基金模式），以 PPP 项目公司股权、股权所形成的信托受益权或基金份额持有权作为基础资产，由社会资本方作为原始权益人（即项目公司股东）首先对项目公司进行重组，将项目资产价值转化为契约式基金份额，再由社会资本方或其指定的第三方作为发起人，以契约式基金份额为基础资产、以资产支持专项计划为发行载体发行资产支持证券。此方式下社会资本方的股权可以转让至契约式私募基金，实现股权退出，从而可以降低资产负债率，实现"出表"的目的，其交易结构见图3-4-4。

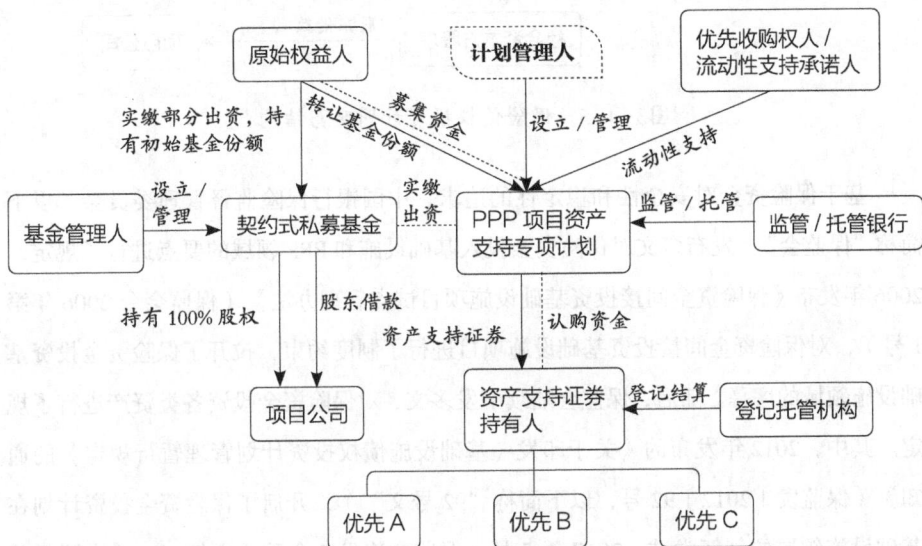

图3-4-4　REITs交易结构

然而，与普通资产证券化产品相比，PPP项目资产证券化在基础资产上有其特殊性，因此，对PPP项目用REITs模式进行资产证券化，当前尚处于理论研究和尝试阶段。

④保险债权投资计划。

保险公司的资金因为资金来源广泛且便利，是PPP项目重要的融资来源。保险债权投资计划，由保险资产管理公司、信托公司等专业管理机构作为受托人，发起、设立基础设施投资计划，面向保险机构等合格投资者发行收益凭证募集资金，以债权的方式向PPP项目公司或社会资本方股东提供融资，按照约定支付预期收益并兑付本金。保险债权投资计划的交易结构见图3-4-5。

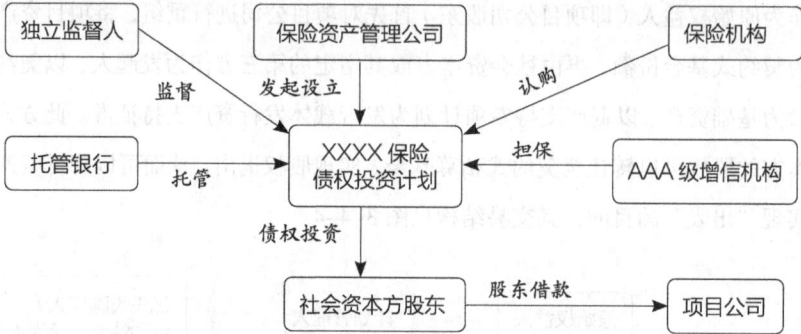

图3-4-5　保险债权投资计划交易结构

　　基于保险资金对安全性和稳定性的追求，中国银行保险监督管理委员会（以下简称"保监会"）发布多文对保险资金投入基础设施和PPP领域的要点进行了规定，2006年发布《保险资金间接投资基础设施项目试点管理办法》（保监会令2006年第1号），对保险资金间接投资基础设施项目进行了制度约束，拉开了保险资金投资基础设施领域的序幕。随后，保监会陆续下发多文，对保险资金投资各类资产进行了规定。其中，2012年发布的《关于印发〈基础设施债权投资计划管理暂行规定〉的通知》（保监发〔2012〕92号，以下简称"92号文"），开启了保险资金投资计划在基础设施领域的创新尝试。2017年5月，保监会连发3个重要文件——《中国保监会关于保险资金投资政府和社会资本合作项目有关事项的通知》（保监发〔2017〕41号，以下简称"41号文"）、《中国保监会关于保险业支持实体经济发展的指导意见》（保监发〔2017〕42号）以及《中国保监会关于债权投资计划投资重大工程有关事项的通知》（保监资金〔2017〕135号，以下简称"135号文"）。其中，41号文是保监会下发的第一个支持PPP项目投资的转向文件，为保险资金参与PPP项目提供了有效的路径；135号文则是对前述92号文的补充，与92号文一起为保险债权投资计划应用于PPP项目领域提供了更完整的政策支持。

　　保险资金对所投资的PPP项目要求较高，具体包括下列条件。

　　●属于国家级或省级的重点项目，项目实施程序（规划选址、环保评估、立项批复等）和还款来源流程（中长期财政规划批复、财政部入库文件等）均齐全。

　　●政府财政支出责任已纳入年度财政预算和中期财政规划。

　　●项目具有合理的投资回报机制，预期现金流持续且稳定。

●承担项目建设或运营管理责任的主要社会资本方主体信用评级不低于 AA++，最近两年在境内市场公开发行过债券。

●融资主体具有持续的经营能力和偿债能力。

●具有较高的信用增级手段，外部评级 AAA 级的母公司或第三方机构提供本息全额无条件不可撤销的连带责任保证担保，无应收账款质押等其他要求。

⑤信托。

信托参与 PPP 项目融资有 3 个途径：发行信托计划直接或间接地参与 PPP 项目；PPP 项目发行资产支持证券时担任产品的受托人；在 PPP 项目债权项目设计附担保公司债信托、PPP 项目融资担保信托。

●发行信托计划直接或间接地参与 PPP 项目。直接参与是指信托公司直接入股 PPP 项目公司，成为项目公司的股东，或者向项目公司提供贷款，成为项目公司的债权人。间接参与是指信托公司入股社会资本方成为社会资本方的股东，即 PPP 项目公司股东的股东，再向社会资本方贷款或直接贷款给项目公司。PPP 项目期限较长，其匹配的信托计划的期限可以通过分期发行的形式来缩短，即比较适合做成基金化产品，同时需要在流动性方面给予一定的支持，甚至在合适的时候可以让项目公司上市。不过，PPP 项目收益具有不确定性，此种信托参与 PPP 项目的方式需信托公司与项目公司共担风险，并且在当前政策对"明股实债"的严厉禁止下，信托公司需要实际参与项目公司的出资、招投标、工程建设和财务顾问等各个环节，因而需要具备大量上述方面的专业人才，加强前期的研究与风险的论证、中期的治理与监管，这对信托公司是一个极大的挑战。

● PPP 项目发行资产支持证券时担任产品的受托人。信托公司可以在 PPP 项目发行资产证券化产品时担任受托人，不过，正如前文所述，PPP 项目资产证券化的实施尚存在很多的难点，现有的法定登记制度尚不能涵盖 PPP 项目中涉及的经营权、收费权等新型财产权利，信托登记制度也存在缺失，基础资产是否能够做到真实转让与破产隔离，PPP 项目开展资产证券化时的税收问题如何处理等问题仍未解决。因此，信托公司在涉足 PPP 项目的资产证券化之前，需要提前进行全方位布局。

●在 PPP 项目债权项目设计附担保公司债信托、PPP 项目融资担保信托。项目收益票据是指非金融企业在银行间债券市场发行的，募集资金用于项目建设且以项目产生的经营性现金流为主要偿债来源的债务融资工具。项目收益票据在 2014 年 7 月中国银行间市场交易商协会发布的《银行间债券市场非金融企业项目收益票据业务指引》中被正式推出。该指引规定项目包括但不限于市政、交通、公用事业、教育、医疗等与城镇化建设相关的、能产生持续稳定经营性现金流的项目。

根据相关政策指引，预计通过 PPP 模式涉足基础建设领域的项目公司在未来可以通过发行项目收益票据的方式进行融资，而信托计划能够在 PPP 项目收益票据中设计附担保的公司债信托。在这一产品模式的设计中，信托公司可以充分发挥信托"受托人＋投资银行"的角色优势，作为企业的财务顾问、包销或代销附担保公司债的承销商或债券发行人的受托人等角色，参与 PPP 项目融资。

4.1.3 融资流程

●社会资本方根据 PPP 项目的具体情况，把握项目融资成本，制定融资方案，确定融资条件。

●与金融机构接洽，签订保密协议，履行公司合同审批流程。

●向金融机构提供与项目有关的基本资料。

●与金融机构就项目融资边界条件进行磋商，并初步确定意向金融机构。

●在项目公司的配合下向意向金融机构提供其内部审批所需的项目资料，必要时指导项目公司办理相关要件。

●意向金融机构内部审批流程通过后，与其就融资合同进行谈判，确定中选金融机构和融资合同终版。

●社会资本方与中选金融机构各自履行内部审批流程，进行合同审签。

●金融机构按照融资合同规定按期、足额放款，项目公司按照合同规定按期还本付息。

4.1.4 注意事项

● PPP 项目的增信措施。金融机构对 PPP 项目审核的关键是其整体营利性、运营主体的经营能力及财务状况，一般会要求社会资本方提供担保进行增信。建议采用项目应收账款收益权质押作为担保手段，这样不会增加母体公司的授信负担，可以保证风险隔离。

● PPP 项目信息的保密。在项目融资时应当注意对相关信息的保密。项目融资需要向金融机构提供各种项目资料，也可能包含母体公司的一些保密信息。因此，如何保证所提供的信息安全是融资环节的重要内容。在项目前期与金融机构接洽、开始提供材料之前，就应当与金融机构签订保密协议，注意协议中对信息接收方的保密义务及违约责任的约定，以保证融资者的信息安全。

● PPP 项目融资资金的财务监督。PPP 项目资金来源广泛，收益复杂，因此必须保证项目公司有专业的财务人员进行财务管理。另外，还需要对项目运作过程进行财务监督，确保专款专用，保证项目融资资金的安全性和资金的专款专用。

4.2 项目的财务管理

为推进 PPP 项目各项工作顺利开展，保证项目资金的安全性和专款专用，有效控制费用支出，保证项目公司股东的合法权益，项目公司应当严格规范项目全生命周期的财务管理。项目公司的财务管理，是公司治理框架中的重要管理子系统，主要包括投资管理和运营资金管理。

4.2.1 项目公司财务管理的特点

项目公司的财务管理是缺乏独立性的。PPP 项目的项目公司区别于一般意义上的公司，在 PPP 模式中，项目公司除本项目范围外，几乎不对外经营。项目公司投资及运营的结果，如项目公司的投资决算和运维绩效等，需要通过政府的审计予以确认。由于项目公司的业务范围及经营结果均需要符合 PPP 项目合同的约定，并且需要通过第三方的认可方能实现，所以项目公司的财务管理是缺乏独立、自由的裁量权和决定权的。在实际操作中，项目公司在做重大决策时，不仅需要获得股东间符合公司法及公司章程规定的一定比例的表决同意，还需要遵循政府方的意见，以符合传统的政府投资决策机制要求。另外，项目公司的关联交易众多，社会资本方在股东、供应商、承包商等各种身份间的转换，也在一定程度上加剧了项目公司财务管理的非独立性。加之项目公司的筹资管理和投资管理主要由股东社会资本方负责，与股东的关联性很强，区别于普通意义上的公司，又进一步加剧了项目公司财务管理的非独立性。

4.2.2 项目公司财务管理的注意事项

为保证 PPP 项目的合理投资收益，在项目公司财务管理上应当注意以下事项。

1. 加强投资预算管理和资金管控

项目投资前期，项目公司财务管理人员应当加强分析，建立完善的预算管理制度，确定科学的投资估算依据，结合项目的地理位置、人员配备、设备材料供应等各种因素对项目进行全面筹划，加强对资金的控制管理，确定合理的投资比例。

2. 加强成本控制

PPP 项目集中于基础设施和公共服务领域，投资期限长、回报利润低且回报周期长。项目建设期基本只有资金的支出，投资回报在建成后的运营期才慢慢体现，但此时运营及日常维护成本也较高。因此在项目实施的全周期内，均需对项目成本进行科学规划，严格控制项目投资、建设、运营成本，加强跟踪审计，强化成本管控。项目公司应当定期进行总承包及经营成本的估算和核算，合理确定单位生产成本、整体成本、折旧摊销等各项费用，通过多种途径控制项目成本。另外，还应该通过对比运营收入和投入成本，确定投资的静态回收期、动态回收期、投资利润率以及财务内部报酬率等指标数据。

3. 完善项目公司相关部门的财务管理职责

在项目公司层面建立自上而下的财务管理结构，项目公司应当结合项目的实际情况制定财务管理制度规范，总经理、董事长分别按照制度规定对项目公司经营管理活动中的费用支出拥有对应的审批权限，董事长拥有最终审批权；总经理为项目公司财务工作第一责任人，对各项费用支出的必要性和真实性负责。项目公司各部门负责人负责审批本部门的各项费用支出，对其必要性和真实性负责。财务部门依照财务法律规范和制度规范审核、监督项目公司经营管理费用的开支报销行为，对票据的真实性负责，财务主管为本部门的第一责任人，同时也对整个项目公司的费用支出的必要性和有效性负主要责任。

4. 强化社会资本方对项目公司资金管理的指导和监督职能

在前面的章节已经阐述过，项目公司的财务管理是缺乏独立性的，与社会资本方之间关系密切，并且项目公司的财务管理能力决定着社会资本方在 PPP 项目中的投资盈利，因此，社会资本方有权指导、监督且应当十分重视项目公司的财务管理，并应重点关注项目公司的资金使用情况，做好资金管理工作。社会资本方应当建立对 PPP 项目资金管理的专项制度，合理授予项目公司资金使用权限。项目公司除需要向社会资本方及时报批项目投资预算和年度经营情况外，还应当定期报送本期项目公司资金支出情况和投资回报情况，遇到财务紧急事项时更需要及时向社会资本方报告，提出解决方案并经社会资本方书面同意后方可执行，以保证社会资本方能及时掌握项目公司的资金使用情况。

4.2.3　社会资本方对项目公司的资金管理

社会资本方作为项目公司的股东和主要出资方，有权对项目公司的资金实行动态的实时监控和统筹监管，以合理安排资金的使用。社会资本方可以建立 PPP 项目资金池，对 PPP 项目公司的资金进行封闭式的统筹管理。为实现资金集中管理、提高资金运作收益、合理配置资金资源的目的，社会资本方应当建立完善的资金集中管理体系，实时监控项目公司的账户收支情况，实行收支两条线的管理方法，对资金进行统一调度和集中运作，使公司的资金处于可控和封闭的管理状态。为实现这一目的，可以从以下 3 个方面着手。

1. 账户管理

（1）开户。

项目公司外部银行账户的开立、变更、撤销，可以由股东社会资本方（社会资本方为联合体的，可以由其中的最大股东方）实施管理，项目公司以书面申请的形式报经社会资本方审议通过后，方可办理相关业务。

（2）银行账户结算。

项目公司应当严格按照《中华人民共和国票据法》《中国人民银行支付结算办法》等相关规定和社会资本方的相关管理制度办理银行结算和票据结算业务。防止出现签发空头支票、超过银行存款余额的付款票据或签发加盖银行预留印鉴的空白支票和付款票据的情况。社会资本方可以要求项目公司上交外部银行网银审核 U 盾，对其进行统一管理。

（3）银行账户余额上报。

项目公司每日向社会资本方上报银行余额和库存现金余额，以实现社会资本方对项目公司资金使用情况的实时监控。

2. 现金管理

为防止资金滥用，社会资本方可以规定项目公司备用金的限额，或要求项目公司不得在当地银行支取备用金。日常现金的使用可以在取得正式发票后报经社会资本方批准后直接划转。

3. 资金支付管理

项目公司应当制订月度、季度和年度资金收支计划和分析报告，以及上月度、上季度、上年度资金使用情况和分析报告，按时上报社会资本方，方便社会资本方及时了解项目公司的资金使用和支付情况。项目公司计划外的资金使用应事先取得社会资本方的审批同意。

4.3 风险应对及注意事项

1. 政策风险

从当前的金融环境来看，在中国人民银行保持稳健中性、适度偏紧的政策基调下，中国人民银行、保监会相继出台一系列严控金融机构贷款的政策，继而金融机构对公司融资渠道收窄、融资条件趋严，公司的融资成本因此提高。在当前的政策环境下，公司融资困难加大，融资难、融资贵的问题将是今后一段时间面临的难题。

针对此类风险，社会资本方、项目公司应当紧跟当下政策趋势，研判融资形势，进行金融创新，在政策允许的范围内探索最适合的融资模式，并把握时机，尽快促成融资工作落地。

2. 合同风险

合同风险主要指的是在项目融资工作中，项目公司与金融机构签署的融资合同的权利义务、边界条件、违约条款等内容未约定清楚、全面，从而给后期放款、还款带来困难的风险。融资合同一般为格式合同，由金融机构提供，因此其内容对金融机构的保护力度更强。一旦此类风险发生，金融机构可能不如约按期、足额放款，从而导致PPP项目资金无法按时到位，影响项目进度，甚至会触发项目公司对政府方的违约风险。

针对此类风险，社会资本方、项目公司应当要求法律审核部门对融资合同的内容进行严格审核，重点关注双方的权利义务、违约条款的内容；另外，还应当关注合同中有无对金融机构按期、足额放款的义务的详细约定，以及是否对此设定前置条件。通过严格的审核及合同谈判，规避此类风险。

3. 操作风险

操作风险在项目融资和项目资金管理中都存在。在项目融资中，操作风险是指社会资本方或项目公司融资工作人员故意或过失导致项目融资工具选择有误，从而使项目融资成本过高，项目资金无法及时筹措到位；或指金融机构工作人员故意或过失导致融资条件设定有误，从而使融资无法实现或成本过高，项目资金无法及时筹措到位。在项目资金管理中，操作风险是指项目公司财务人员故意或过失导致项目资金滥用，进而影响项目进度。

针对此类风险，一方面，社会资本方、项目公司应当重视对融资工作人员、财务人员的技能培训，确保工作人员的业务能力符合项目要求，并强化公司内部的流程管理，通过层层审批降低风险发生的可能性。另一方面，重视对金融机构的筛选，通过前期与各意向金融机构的对接和沟通，掌握各金融机构工作人员的能力水平和诚信水平，从而筛选出符合项目需求的有能力的、诚信的金融机构，并在融资合同中强调对工作人员操作能力的要求及违约责任，降低风险发生的可能性。

4. 道德风险

在项目财务管理的过程中，可能存在工作人员因利益驱使做出有损公司利益的事情的情况。

针对此类风险，社会资本方、项目公司在人才招聘时应当重视对备选人才的人格筛选，同时加强对相关人员的业务能力培训，强化企业文化宣传。另外，项目公司还应当设立激励机制和监督机制，督促工作人员诚实守信。最后，为有效规避金融机构的道德风险，项目公司应当做好对融资合同的审核工作，对金融机构的工作要求和违约责任予以明确，同时重视保密条款的签订。

第五章
项目的移交

对于 PPP 项目合同中约定期满移交的项目，项目运营期结束即须移交。项目的移交意味着政府方和社会资本方（项目公司）之间合作关系的结束，对双方当事人而言非常重要。一旦双方当事人在项目移交过程中出现争议和纠纷，不仅会对双方的权利、义务产生重要影响，还可能会对与项目相关的公共利益带来损害，因此在 PPP 项目实施过程中应当充分重视项目的移交。

5.1 项目移交的范围、移交条件和标准

5.1.1 项目移交的范围

通常情况下，项目的移交范围包括以下 7 个方面。

- 项目设施。
- 项目土地使用权及项目用地相关的其他权利。
- 与项目设施有关的设备、机器、装置、零部件、备品备件及其他动产。
- 项目实施相关人员。
- 运营维护项目设施所要求的技术和技术信息。
- 项目设施有关的手册、图纸、文件和资料。
- 移交项目所需的其他文件。

5.1.2 项目移交的条件和标准

1. 权利方面的条件和标准

项目设施、土地及所涉及的任何资产不存在权利瑕疵，其上未设置任何担保及其他第三人的权利。但在项目提前终止导致移交的情况下，如移交时尚有未清偿的项目贷款，就该未清偿贷款所设置的担保除外。

2. 技术方面的条件和标准

项目设施应符合社会资本方和政府方双方约定的技术、安全和环保标准并处于良好的运营状态。

根据具体 PPP 项目情况的不同，项目移交可能出现的其他条件和标准，具体见 PPP 项目协议。

5.2 项目移交程序

根据具体 PPP 项目情况的不同，项目移交可能会涉及以下程序。

5.2.1 制定移交工作计划

项目公司应当在 PPP 项目开始移交之前，根据 PPP 项目合同的要求及项目实际情况，制定周密的移交工作计划，包括但不限于项目移交范围、备品备件的移交保险和承包商保证的转让方案、技术转让方案、项目公司相关物品的移出、移交费用等相关内容，以保证项目移交工作有条不紊地开展。

5.2.2 成立项目移交机构

在项目合作期结束前的一段时间（过渡期），项目公司应当按照相应的法律法规以及国务院相关部委发布的关于 PPP 项目的规范性文件要求和 PPP 项目合同的约定，组织、设立具体负责项目移交事宜的机构（通常为项目移交委员会）。项目移交机构由项目公司和政府方委派具体代表共同组成，并约定具体的职责内容。对移交资产较多、移交工作比较专业和复杂的 PPP 项目，可能还需要成立包括各专业人士在内的工作小组来具体负责项目移交中的相关事宜。移交机构按照 PPP 项目合同约定的移交标准，组织进行资产评估和性能测试，保证项目处于良好的运营和维护状态。

5.2.3 项目移交验收

项目移交验收是整个项目运营期的最后一步，项目移交验收分为项目自检验收、最后一次运维绩效考核和最终验收交接。项目移交验收阶段由项目公司配合项目移交机构完成。

1. 项目公司自检验收

针对工程规模大、施工工艺复杂的 PPP 项目，项目公司应当在最后一次运营维护期绩效考核前先组织自检验收。公司应拟定收尾交接验收计划，并制定保证项目移交顺利实现的措施和制度，详细列出验收工作督促检查工作的重点并落实到人。

2. 交工初验配合

交工初验分为监理单位组织的预验收和政府方组织的交工验收。

项目公司在自检验收合格后，应当将交工初验配合申请报告、交工验收制度上报监理单位和政府方审批。监理单位作出交工预验收的计划后，项目公司应当严格按照预验收计划，积极配合监理单位组织的预验收，并对预验收过程中发现的问题进行及时整改。经政府方审批通过交工初验配合申请报告、交工验收制度后，在监理单位组织的预验收的基础上，项目公司应当配合项目移交机构组织项目公司、政府方、监理单位等相关人员按照交工验收制度进行交工初验。在交工初验的过程中，项目公司应当指派专人做好记录，以便对初验过程中发现的问题进行及时整改。

3. 交工复验配合

针对项目移交机构在项目初验过程中提出的问题，项目公司应当及时制订整改方案和计划，责任到人、逐条落实，按期完成整改。确认初验问题整改完毕后，项目公司应向项目移交机构递交整改复查报告，提请项目移交机构组织相关人员进行复验，直到项目达到验收条件和标准。

4. 最终验收交接配合

项目移交机构确认项目工程质量达到 PPP 项目合同约定的标准后，根据各阶段

"运营维护期绩效考核验收"的检查验收情况，对整个工程质量进行综合评定。验收完毕后，召开验收总结会议，签发验收会议纪要，签署终验交付报告，办理 PPP 项目工程交接手续，完成项目的移交接管。

5. 绩效评价

项目移交完成后，由政府财政部门（政府和社会资本合作中心）组织有关部门对项目的产出、成本效益、监管成效、可持续性、PPP 模式应用等方面进行绩效考核与评价，按照相关规定公开评价结果。绩效评价的结果作为政府付费和开展 PPP 管理工作决策的依据。

5.3　风险应对及注意事项

1. 移交设备不完备风险

项目公司过度使用设备等资源、运营维护不周，或项目公司进行的恢复性修理、更新重置未达到验收标准，都可能导致特许经营期满移交后项目设备材料无法正常使用，进而影响移交后政府方对项目的正常运营。

针对此类风险，项目公司应当在项目的建设和运营期妥善使用设备，并在移交前按照 PPP 项目合同的要求进行项目设备的恢复性维修，积极配合政府方的移交验收，保证项目移交后可正常运营使用。

2. 项目需要继续履行合同转让风险

项目移交时，项目公司已签订的一系列仍然需要继续履行的重要合同，包括项目的工程承包合同、运营服务合同、原料供应合同、产品或服务购买合同、融资租赁合同、保险合同等，可能存在权利没有办理过户或管理权移交手续存在瑕疵的情况，进而可能引起后续争议的风险。

针对此类风险，项目公司应当结合以往经验，在项目移交的一定期限前制定完整、合理且符合项目合同要求的项目移交方案，并结合实际情况选聘有丰富经验的第三方咨询机构协助办理移交工作，妥善办理法律过户和管理权移交手续，避免后续争议的发生。

第一章
安徽省安庆市外环北路工程PPP项目[11]

1.1 项目摘要

项目基本信息见表 4-1-1，项目交易结构见图 4-1-1。

11　本项目为北京城建设计作为社会资本方投资的国内首例纯公益性市政道路 PPP 项目，内容节选自财政部政府和社会资本合作中心编著《PPP 示范项目案例选编（第一辑）》

表 4-1-1　项目基本信息

项目名称	安徽省安庆市外环北路工程 PPP 项目（以下简称"本项目"）
项目类型	新建
所属行业	市政道路
入库情况	财政部全国 PPP 综合信息平台项目管理库
项目示范级别/批次	第二批次国家级示范
合作内容	本项目总投资 19.76 亿元（工程建设投资部分控制价为 15.26 亿元，包干工程建设其他费用为 4.5 亿元）。外环北路位于安庆市东北部，是安庆市中心城区主干路系统的重要组成部分，也是贯穿西北–东南城区的主要干道，起点位于机场大道西侧 500 米，终点位于皖江大道交口，道路设计全长约 14.93 千米（桥隧比为 28.68%），道路等级为城市主干路，设计速度 60 千米/时，设计标准轴载为 BZZ-100，荷载等级为城市–A 级
合作期限	13 年，分建设期和运营期，其中建设期不超过 2 年
运作方式	设计—建设—融资—运营—移交（Design-Build-Finance-Operate-Transfer，DBFOT）
回报机制	政府付费，分为可用性服务费和运维绩效服务费
实施机构	安庆市住房和城乡建设委员会（以下简称"市住建委"）
采购方式	公开招标
中选社会资本方	北京城建设计发展集团股份有限公司（以下简称"北京城建设计"）
签约日期	2015 年 5 月 6 日
项目公司设立概况	公司名称：安徽京建投资建设有限公司 设立时间：2015 年 5 月 16 日 股权结构：项目公司注册资本 5 亿元，安庆市城投公司（以下简称"市城投公司"）持股 12%，北京城建设计持股 88%

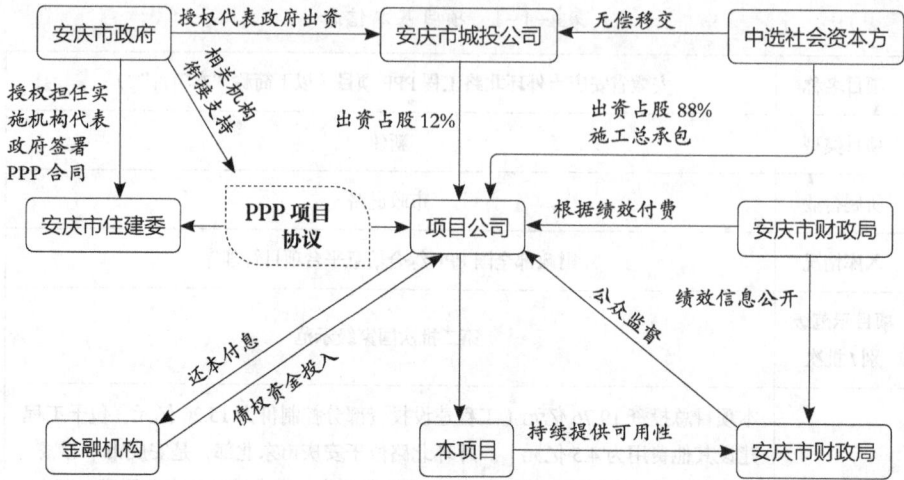

图4-1-1　项目交易结构

1.2　项目实施要点

1.2.1　项目前期准备

1. 项目背景

外环北路位于安庆市东北部，是连接安庆市各发展部分的重要通道，是贯穿城区西北－东南方向的主要干道；在远期规划中，随着安庆长江四桥的建成，外环北路跨江后将与318国道相接，是改善安庆外围大交通格局的核心工程。外环北路的贯通，将根本性地改变安庆城市道路"外无环"的历史，对进一步拓展安庆城市框架、加快城市建设、打造互通互联的交通体系、构建安庆与周边城市的快速通道等，都具有十分重要的意义。

在此背景下，安庆市政府开始牵头有关部门组织研究本项目的运作模式。市政府经研究认为选择PPP模式推进本项目是在一定时间、一定财力条件下最大限度地增加公共服务产品供给的有效途径，可以切实提高工程建设管理水平和公共服务效率，让专业的人做专业的事。

本项目前期工作相对比较深入和成熟，在进行社会资本采购前，市住建委已组织完成了本项目的环境影响评价及报批、立项及可行性研究报批、勘测、初步设计及审查、施工图设计及审查、工程量清单控制价编制等所有前期工作，项目边界清晰，可以按照 PPP 模式的要求迅速启动。

2. 组织保障

2014 年 12 月底，安庆市人民政府研究成立了安庆市城市基础设施 PPP 试点工作领导小组，市长任组长，分管建设和金融的副市长分别担任副组长，市财政局、市发改委等相关部门负责人为领导小组成员。在明确各部门工作职责的基础上，协同推进 PPP 项目的实施。

同时，明确市住建委作为本项目实施机构，负责组织项目实施及履约监管；市城投公司作为政府方出资代表，未来与中标社会资本方共同组建项目公司；市财政局负责 PPP 模式运作的前期费用拨付、服务费标准审查及支付服务费等工作，提交市人大审议，将政府支出责任纳入跨年度财政预算；市公管局负责监督项目招标工作，保证各项工作的公开、公平、公正，确保招标及确认性谈判程序规范；市审计局负责对财政投入资金、工程使用资金的真实性、合法性、效益性进行审计；市法制办负责 PPP 项目相关合作协议的审查，并报市政府批准；市发改委、市规划局、市环保局、市国土局、市税务局等其他有关部门从本部门职能方面积极配合做好 PPP 项目的实施工作。

3. 物有所值评价和财政承受能力论证要点

在本项目准备阶段，尚无关于物有所值评价及财政承受能力论证的相应指引及规范，故本项目未形成相关的详细书面报告，但市财政局牵头进行了本项目的财政承受能力论证。

在市财政局的指导下，根据本项目中标结果计算，本项目政府付费义务从 2017 年下半年开始发生，安庆市政府在项目运营期内每年拟支付可用性服务费 2.3 亿～3.5 亿元，年均支付运营维护费 962 万元，合计为 2.89 亿～3.59 亿元，支付费用金额占市本级一般公共预算支出的 5.1%～6.3%，在财政可承受范围内。

4. 实施方案要点

（1）风险分配方案。

按照风险分配的基本原则以及财政部推广应用 PPP 模式的政策导向，本项目的核心风险分配框架如下。

● 设计（就本项目而言，指设计优化，如需）、融资、建设、运营维护等风险主要由项目公司承担。

● 政策、法律变更和市场需求（非运营维护原因，如市场需求过量或超出设计标准等，导致的维护成本上升甚至提前损毁）等风险主要由政府承担。

● 不可抗力风险等由政府和项目公司合理共担。

（2）PPP运作方式。

本项目属于无使用者付费机制的纯公益性市政道路。从本项目的前期工作来看，本项目可采用的运作方式主要有两种，对于市政道路PPP项目，国际上主流的运作方式为DBFOT或BOT，两者的主要区别在于社会资本方是否参与项目的设计工作。本项目虽由政府方完成施工图设计，但为充分利用社会资本方的技术经验优势，故采用DBFOT的运作方式，由社会资本方运用专业技术和能力对项目进行合理的设计优化。

（3）交易结构。

①投融资结构。

安庆市政府授权市城投公司作为本项目的政府方出资代表，与社会资本方共同出资新设项目公司。在项目实施方案中，市城投公司持股比例为12%，中选社会资本方持股比例为88%。市城投公司持股比例的设计，一方面是为保证作为政府方出资代表，市城投公司应当作为股东享有知情权，以及在关系公共利益或公共安全事项上的表决权等，激励市城投公司在项目公司需政府支持的事项上更加尽心尽力。另一方面出于专业人做专业事的考虑，市城投公司仅持较小比例的股权，将更多的决策权交由社会资本方。

项目公司注册资本在符合相关法律规定及金融机构融资要求的情况下，按照不低于5亿元人民币设置，由市城投公司和中选社会资本方根据项目建设进度和融资机构要求，按照各自认缴的持股比例同步、足额缴纳到位。投资总额和注册资本的差额由项目公司通过银行贷款等方式予以解决，如项目公司不能顺利完成项目融资，则由社会资本自行通过股东贷款、补充提供担保等方式解决，以确保项目公司的融资足额、及时到位。

②回报机制。

本项目是无用户（通行者）付费的市政道路，属于非经营性项目，采用"政府付费"的回报机制。

具体而言，本项目按照"基于可用性的绩效合同"方式，由政府向项目公司购买本项目可用性（符合竣工验收标准的公共产品），以及为维持本项目可用性所需的运营维护服务（符合绩效要求的公共服务），即政府根据绩效考核情况向社会资本方支付可用性服务费和运维绩效服务费。其中，可用性服务费自项目竣工验收通过之日起，每6个月支付一次；运维绩效服务费自项目竣工验收通过之日起，每3个月支付一次。

（4）边界条件设置。

①业务范围。

项目公司是政府方出资代表和中标社会资本方为实现本项目之目的在安庆市专设的独立法人，具体负责外环北路工程的优化设计、投资、融资、建设及运营维护（含道路工程、桥涵工程、立交工程、管线工程、交通工程、照明工程、绿化工程及其他附属工程）、移交等工作。

未来如果政府计划将外环北路延长线或更多公共资源（如广告、综合管廊、公共交通专用路权设施等）纳入本项目经营范围，则由市住建委经市政府授权后与项目公司另行协商确定。

②土地使用方式。

目前，实践中关于 PPP 项目用地的方式主要有3种：划拨土地使用权、出让土地使用权和政府将土地无偿提供给项目公司使用。

为平抑政府方基于可用性及基于绩效的付费水平，政府考虑协调项目公司拥有相应的划拨土地使用权或无偿提供本项目用地以供项目公司使用。本项目给予社会资本方一定的选择权，如果社会资本方选择拥有本项目划拨土地使用权（即项目公司拥有相应的项目资产或设施的所有权），则政府方应协助国土管理部门向项目公司提供本项目划拨土地使用权；如果项目公司认为仅需政府方确保其享有土地使用的权利，则政府方应确保项目公司有权无偿使用该宗土地。

根据投标结果统计，所有投标人均选择了划拨土地使用权。于是在本项目的项目公司成立后，政府方将原来在市住建委名下的本项目立项、环评等前期手续全部办理变更至项目公司名下，同时市规划局与市国土局将原划拨土地使用权收回，再根据项目规划及项目协议重新为项目公司办理划拨土地使用权证。

③调价机制。

在可用性服务费的核算调整方面，如果建设期政府方对本项目提出工程变更要求，导致工程量增加或减少的，工程数量由项目公司提出，经监理工程师初审，报经市住建委审核通过后，可相应增减可用性服务费总额，由项目公司负责实施，计算公式为：（可用性服务费报价静态总额÷19.76）×（19.76±变更工程的审计价）（单位为亿元）。如果项目公司提出工程变更要求，必须是出于优化方案、节省开支等合理或经济性考虑，在报经市住建委审核通过后实施，工程量增加导致的成本费用由项目公司自行承担，工程量减少所带来的直接成本减少及对应产生的收益由政府与项目公司按3∶7的比例分享，但可用性服务费在对应的运营期内不再做调整。

运维绩效服务费将根据运营维护期间的通货膨胀情况（主要指人工费、自来水费、维修费、电费、税费等），设定相应的调价周期及触发机制：以当地每年公布的居民消费物价指数、2年为周期，进行定期调价。

④绩效考核机制。

●建设期绩效考核。本项目付费的支付前提为项目竣工验收通过，故项目的建设产出指标有质量、工期、环境保护、安全生产4个方面。当项目建设完成，满足PPP项目协议约定的可用性绩效标准并通过竣工验收后，即满足可用性服务费的支付条件。根据本项目PPP项目协议的约定，在项目正常运维且无影响项目协议正常履行的情形（如提前终止）发生的情况下，项目公司可获得可用性服务费。

●运营维护期绩效考核。本项目从4个层级17个方面设置了38项运维绩效指标，如道路、绿化、环境及社会影响。在运营维护期内，项目实施机构主要通过常规考核和临时考核的方式对项目公司的服务绩效水平进行考核，并将考核结果与运维绩效付费支付挂钩（80%~110%）。

第一级（80%）：考核车道、人行道、路肩排水和其他设施（如桥梁、涵洞）的维护，需符合《城镇道路养护技术规范》（CJJ36-2006）。

第二级（10%）：考核安全管理和突发事件管理，需符合《公路工程安全施工技术规程》（JTJ076-95）、《公路养护安全作业规程》（JTGH30-2004）和《城市道路养护维修作业安全技术规程》（SZ–51–2006）[12]。

第三级（10%）：考核环境保护，需符合《公路建设项目环境影响评价规范》（JTGB03–2006）和《公路环境保护设计规范》（JTGB04–2010）[13]。

第四级（10%）：考核利益相关者满意度，市住建委聘请第三方机构对道路使用者及道路周边居民、企业进行公共调查，满意度需在 80% 以上。

如果以上运营维护期绩效考核指标未作约定、约定不明或相关约定同国家、省、市相关规范不一致的，则应执行相应的规范；如果相应规范有更新的，则应立即执行新的规范。

其中，当绩效考核达到第一级指标，仅支付当期基于绩效的运维绩效服务费的80%；达到第二级指标，支付当期运维绩效服务费的90%；达到第三级指标，支付当期运维绩效服务费的100%；达到第四级指标，支付当期运维绩效服务费的110%，以奖励项目公司提供高质量的服务。

⑤股权转让限制。

项目协议中约定项目公司的股东在本项目 PPP 项目协议生效之日起至竣工验收完成后 2 年之内（含），不得转让其在项目公司中的全部或部分股权，除非应法律要求，由司法机关裁定和执行。

竣工验收完成 2 年之后，经市政府事先书面同意，项目公司的股东可以转让其在项目公司中的全部或部分股权，但受让方应满足本项目 PPP 项目协议约定的技术能力、财务信用、运营经验等基本条件，并以书面形式明确承继原股东方在本项目项下的全部权利及义务。

但前述约定有例外情况，即在不影响社会资本与市城投公司的情况下，可自由将其持有的项目公司的股权全部或部分转让给其关联方，当然社会资本的关联方应具备资格预审文件及招标文件（含项目协议）中约定的转让方的资格条件及要求，并且应承担本协议项下的全部权利及义务，否则政府方有权予以否决。

⑥调整衔接机制。

此处主要考虑本项目发生应急事件及临时接管情形时的处理方式。

●应急预案。项目公司应针对自然灾害、重特大事故、环境公害及人为破坏等各

12　市政道路没有安全相关规程，故参考公路规程。

13　市政道路没有环境影响评价规范，故参考公路规范。

类可能发生的事故和所有危险源制定应急预案和现场处置方案。项目公司制定的应急预案应征求政府方的意见并报经政府同意后实施。

●临时接管。自项目协议生效后，项目公司在经营期内有适用法律规定的导致临时接管情形的，政府方有权依法终止项目协议，取消其经营权。

临时接管期间，项目公司须无条件服从政府方或其指定机构接收或接管本项目的所有指令、命令，项目公司应当在政府方接管前善意履行看守职责，并继续履行项目协议项下的义务。

（5）监管机制设置。

政府方或市住建委享有法律赋予的行政管理的职权，享有从前期准入、项目投融资、建设、运营管理维护、中期评估、移交等全过程、全环节的监管权利，同时其作为PPP项目协议的一方签约主体，还享有基于契约的相关权利。

（6）实施方案批复情况。

在咨询机构的配合下，安庆市政府及市住建委重点研究确定了项目的建设和采购内容、PPP项目的运作模式和实施路径、交易结构、项目的关键边界条件和参数、合同主要条款、监管制度等，制定了合理可行的PPP项目运作实施方案。

实施方案编制完成后，由市住建委于2015年1月报安庆市政府审定，经安庆市政府审定后于2015年1月批复执行。

（7）项目前期工作进展情况。

①项目审批。

该项目于2014年完成了项目前期的各项重要批复，项目公司成立后这些批复变更至项目公司名下。

②配套支持。

安庆市政府对本项目非常重视，拆迁工作力度大、速度快。为确保社会资本方顺利进场、按时开工，2015年2月安庆市政府组织市国土局、相关城区政府部门开展用地范围内的征迁工作，保障了项目开工后的用地交付。

本项目签约后，安庆市政府用两个月左右的时间就完成了全线大面积的主要拆迁工作。安庆市政府各部门协调配合，较快地完成了划拨土地使用权证的办理。在此基础上，项目公司办理了工程建设许可证及相关配套证照。

5. PPP 项目协议要点

（1）合同结构。

第一层次为项目实施机构、政府方出资代表、中选社会资本方等主体之间签署的一揽子项目合同体系。以 PPP 项目协议作为主合同，合资合同、公司章程、可用性绩效指标相关运维绩效指标、各类保函及市人大决议等支撑性文件作为 PPP 项目协议的附件体系，和 PPP 项目协议共同构成了一个完整的合同体系。

第二层次为项目公司和项目推进过程中的各有关主体签署的协议体系。如由项目公司与金融机构签署的融资协议及担保合同、与施工总承包方（中选社会资本方）签署的施工总承包合同、与保险机构签署的保险合同等。

（2）权利义务关系。

市住建委的基本权利和义务主要包括协助项目公司及时获得相关的许可或批准，协调提供开工条件，按照 PPP 项目协议的约定对项目公司进行基于可用性的付费和基于绩效的付费。

项目公司的基本权利和义务主要包括按照 PPP 项目协议、安庆市城市道路发展规划和年度建设计划的约定投资、建设及运营维护本项目，并获得相应的基于可用性的付费及基于绩效的运维付费。

1.2.2 项目采购

1. 市场测试情况

考虑本项目作为国内推出的首个纯公益性市政道路 PPP 项目，市场的接受程度较为不确定，故于 2015 年 3 月 3 日在安庆市举行了市场测试会，共邀请 17 家社会资本、10 家金融机构参与。通过对项目进行讲解推介，市场各方反馈参与兴趣较大。

2. 资格审查情况

市住建委于 2015 年 2 月 12 日在安庆市公共资源交易中心网站、合肥公共资源交易中心网站及安徽省招投标网发布资格预审公告。2015 年 3 月 8 日，组织了资格审查，专家评委共计 5 名，由安庆市公共资源交易中心在专家库中随机抽取，共计 10 家社会资本方通过了资格条件审查。

参与本项目投资竞争的社会资本应同时具备下述条件。

● 依法成立并有效存续的境内外企业法人。

● 具有良好的银行资信、财务状况以及相应的投融资、偿债能力。截至 2013 年 12 月 31 日，经审计的企业净资产不低于人民币 5 亿元整。

● 截至资格预审申请文件递交截止日，企业注册资本不低于人民币 35 000 万元整。

● 截至资格预审申请文件递交截止日前 5 年内，在中国大陆地区至少有一个市政道路（含桥梁）投资或施工项目业绩。

● 具备市政公用工程施工总承包一级及以上资质。

● 本项目接受联合体投标，联合体成员不得超过 2 家，包括联合体牵头方和财务投资人；联合体牵头方应满足上述全部资格条件要求，并且在未来项目公司中的股权出资比例应不低于 40%（含）；财务投资人应满足上述第二条资格条件要求，负责为本项目提供股权或债权融资支持。

● 本项目至多允许 2 家具有关联关系的社会资本同时参与，同一联合体内具有关联关系的成员可作为一家社会资本参与本项目投标。

● 联合体投标特殊要求：联合体各方必须按资格预审请文件中规定的格式签订联合体协议，明确联合体牵头方和财务投资人的主要权利和义务；联合体各方不得再以自己的名义单独或加入其他联合体参加资格预审；联合体通过资格预审后，其各成员组成、股权比例、职责分工等主要条款不得改变。

本项目实行资格预审制度，资格预审采用合格制。

3. 预算安排

根据 2015 年 2 月 16 日安庆市政府第 25 次常务会议审议通过本项目实施方案的文件精神，安庆市政府向安庆市人大常委会提交了《关于安庆市外环北路 PPP 项目建设有关问题的议案》；同时，市财政局也向安庆市人大常委会提交了《关于将安庆市外环北路工程 PPP 项目可用性服务费和运维绩效服务费纳入跨年度财政的请示》。随后，安庆市人大常委会做出决议（庆人常〔2015〕7 号），同意安庆市政府的提议，将本项目的政府付费纳入安庆市跨年度财政预算，并对工程进展及资金使用情况进行监管。

4. 采购及评审情况

（1）采购方式及过程。

本项目于 2015 年 4 月 8 日进行招标评审工作，有效响应文件数量符合开标条件，评审专家共计 7 名（含财务、法律、投资专家等）。根据评审办法，评审小组评审出中标候选人 3 名。

本项目的采购结果确认谈判分别于 2015 年 4 月 15 日、2015 年 4 月 22 日举行，采购结果确认谈判工作组（由市住建委、市财政局、市城投公司、咨询公司、市法制办及相应监督检查人员组成）与第一名中标候选人（北京城建设计）进行确认结果谈判，最终在规定时间内与北京城建设计率先达成一致，签署谈判备忘录。中标结果公示期满后，市住建委向其发出中标通知书。

（2）评审内容。

本项目采用综合评审法，由评审委员会对通过资格审查的投标人递交的投标文件进行综合评审和打分。

本项目各项总分共计 100 分，分为投标报价（40 分）、建设运营方案（20 分）、财务方案（25 分）、法律方案（15 分），各部分得分之和为该评审委员会成员对该投标人的综合打分，评审委员会各成员综合打分的算术平均值为该投标人的最终得分。评审委员会按照得分从高到低的顺序向采购人推荐 3 名中标候选人。若投标人综合得分相同，按投标报价得分顺序排列；综合得分相同且投标报价得分相同的，则按建设运营方案优劣顺序排列。

本项目的竞价方式为在可用性服务费静态总额上限、各年可用性服务费支付比例上限、年运维绩效服务费上限内，投标人报出本项目可用性服务费总额、各年可用性服务费支付比例、年运维绩效服务费，经统一折现率（8%）折现至运营期初后，竞争政府购买服务付费金额的现值（由于各投标人的支付年度和支付比例不同，折现率的取值仅为标准化之目的，与投资人测算的投资回报率等无关）。具体数据如下。

本项目可用性服务费总额上限为：40 亿元人民币。

各年可用性服务费支付比例上限为：运营期第 1 ～ 第 6 年 15%，第 7 ～ 第 11 年 10%。

年运维绩效服务费上限为：1 000 万元人民币。

5. 合同谈判及签署

市住建委依据评审委员会的推荐顺序与排名第一的中标候选人就项目协议进行谈判，中标候选人可谈判的内容仅限于其投标文件第五分册法律方案中的协议偏差表内容，采购人依据采购文件的规定可谈判部分非核心条款。

最终谈判除协议偏差表外，双方就以下问题达成共识，并签署谈判备忘录（甲方指安庆市住建委，乙方指项目公司）。

●乙方职责：中标人在投标文件法律偏差表中提出的优化条款，增加乙方义务表述"承担融资职能"。

●项目前期工作成果的知识产权归属：增加"甲方确保乙方有权无偿使用该等工作成果"。

●项目公司环境信息公开。

●乙方开工、竣工延迟赔偿：将其具体细化至每逾期一日的违约赔金。

●商务技术信息保密。

●股权转让限制：增加"若属市城投对外转让其持有的项目公司全部股权的，市城投有权要求北京城建设计在不低于5%的股权比例范围内放弃相应的优先购买权"。主要考量是让市城投公司保留一项向原股东以外的人转让股权的权利（在5%的额度范围内），预留未来安庆市政府资产重组或转移平台的可能；同时也避免届时原股东利用同等条件下优先购买条款，以最终持有项目公司100%股权为目标，（于政府方而言）所可能造成的信息不对称或其他不利影响。

●监理招标事宜：为加快项目推进，增加在PPP项目协议签署后，"由北京城建设计和市城投公司共同准备本项目监理招标事宜，待未来项目公司设立后，由项目公司和中选的监理单位签署相应的监理合同"。

●国家专项资金使用：增加"该等资金可直接用来支付本项目的可用性服务费和运维绩效服务费"。

●应急预案制定：修改为"乙方应自项目商业运营日起算六个月前，将制订的应急预案提交给政府方，并根据政府方的合理建议进行修改完善，最终报经政府方同意后实施"。

●绩效考核指标参考。

●增补部分词条定义。

●税收优惠政策争取：由项目公司享有。

●关联交易确认：增加"在运营期内，如果项目公司与关联方之间的与本项目运营维护有关（含重置或更新，如有）的单项交易或单项合同超出一定数额的人民币或一个完整年度累计交易金额或累计合同金额超出一定数额的人民币，则该等事项应经市城投公司和北京城建设计共同协商且双方书面确认同意后，方可实施"。主要考量为防止单一股东转移项目公司利润，金额阈值主要根据项目公司的利润大小及双方谈判结果设置。

本项目的 PPP 合同及谈判备忘条款提交安庆市法制办审查，审查通过后，市住建委与北京城建设计于 2015 年 5 月 6 日签署 PPP 项目协议，市城投公司与北京城建设计签署合资协议并制定公司章程。在项目公司成立后，市住建委与项目公司于 2015 年 6 月 13 日签署了补充协议，由项目公司承继原 PPP 项目协议中已明确约定的应由项目公司承担的权利义务关系，但项目公司承继的权利义务不应影响本身应由项目公司股东方（指市城投公司和北京城建设计）应承担的权利义务。

1.2.3　项目执行

1. 项目公司设立情况

（1）公司概况。

公司名称：安徽京建投资建设有限公司。

地址：安庆市皖江大道雨润中央新城商务楼。

注册资本：人民币 5 亿元。

（2）股权结构。

北京城建设计出资 44 000 万元，占股 88%；市城投公司出资 6 000 万元，占股 12%。出资方式皆为货币，由股东各方根据项目建设进度及融资需要等分批次安排资金到位。其中，各股东方以各自的持股比例分配公司利润。

（3）管理层架构。

①股东会及议事机制。

公司股东会由全体股东组成。股东会是公司的最高权力机构，股东会会议由股东按出资比例行使表决权。股东会作出决议，必须经全体股东所持表决权的 2/3 以上通过；但增加或减少注册资本的决议，公司合并、分立、解散或变更公司形式等重要事项需由全体股东一致通过。

②董事会构成及议事机制。

公司设董事会，董事会为公司经营决策机构。董事会由 5 名董事组成，设董事长 1 名。4 名董事由社会资本方委派或推荐，1 名董事由政府方出资代表委派或推荐，董事长由社会资本方提名，董事会选举产生。由董事会拟定或决定的事项经全体董事 4/5（包括本数）以上的董事同意通过即生效。

③经营管理团队。

项目公司设总经理 1 名，副总经理 2 名（政府方出资代表和社会资本方各委派 1 名）。总经理由社会资本方提名，董事会聘任，其他高级管理人员按照相关的权限和程序报批后，由董事会聘任或解聘。

2. 项目融资落实情况

本项目的主要债权人为国家开发银行安徽省分行，贷款期限为 11 年，贷款利率为当期 5 年以上人民币贷款基准利率 4.9%。

3. 项目进度

本项目于 2015 年 6 月 6 日开工建设，于 2016 年 9 月 29 日进入运营期，提前 8 个月完工。项目运营团队展现了高质量、高标准、高效率履责的运维管理能力，运维考核及服务屡获政府好评，各期回款及时、足额到位。

4. 项目实施成效

本项目的建成和投入使用，为安庆市提供了一条城市主干道，打通了市区 5 个联络通道，疏解了城市北部交通压力，带动北部新城组团、杨桥组团、白泽湖组团及东部组团经济发展，具有加速安庆崛起和促进安庆长远发展的重大战略意义。

该项目获得包括中国建筑工程质量最高奖——鲁班奖在内的 4 个国家级奖项及多个省部级奖项，成为政府与社会资本优质履约、合作双赢的示范。项目具体实施流程见图 4-1-2。

项目发起	2014 年 12 月	·项目发起 ·安庆市成立 PPP 领导小组
物有所值评价和财政承受能力论证	2015 年 1 月	·咨询机构进场 ·开展尽职调查及项目识别论证
PPP 实施方案编制与财务测算	2015 年 1 月至 2015 年 2 月	·设计交易结构、回报机制 ·设置核心边界条件、构建财务测算模型

项目前期准备

资格预审公告发布	2015 年 2 月 12 日至 2015 年 3 月 8 日	·完成市场测试 ·发布资格预审公告
项目采购流程实施	2015 年 4 月 8 日	·项目开标评审
采购结果确认谈判	2015 年 4 月 15 日	·谈判备忘录签署 ·市法制办审查合同
PPP 项目协议签署	2015 年 5 月 6 日	·市住建委与北京城建设计签署 PPP 项目协议 ·市城投公司与北京城建设计签署合资协议、公司章程

项目采购

项目公司成立	2015 年 5 月 16 日	·安徽京建投资建设有限公司成立
融资交割	2015 年 8 月 26 日	·国家开发银行首笔贷款拨付

项目执行

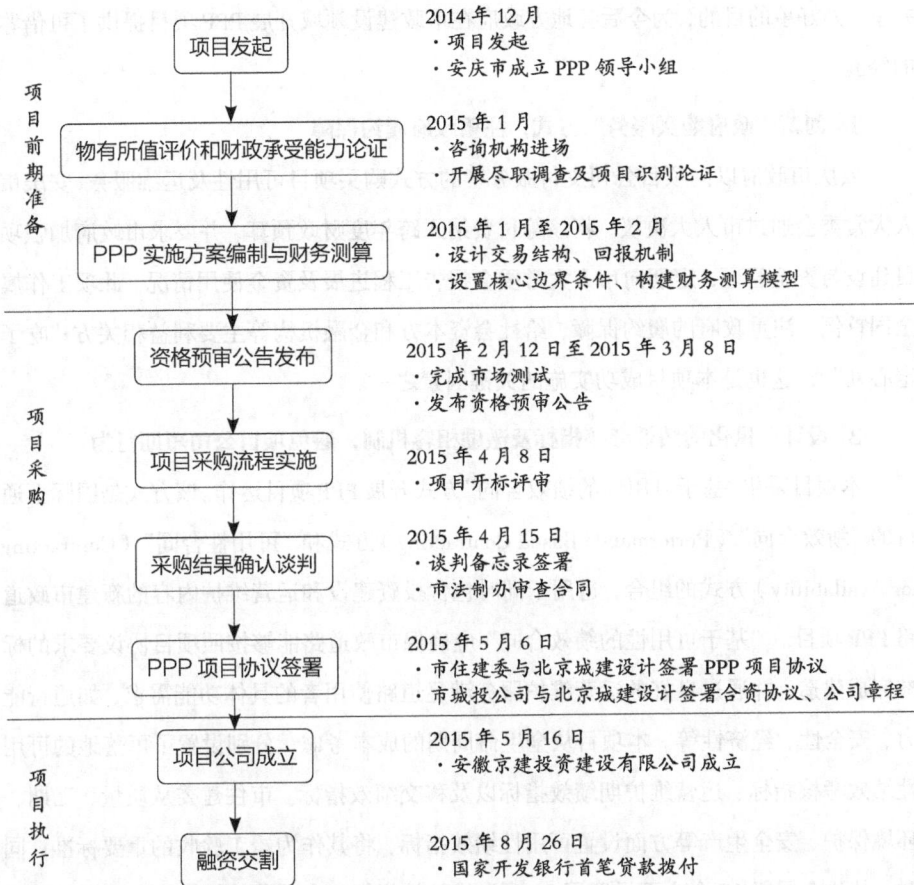

图 4-1-2 项目实施流程

1.3 项目特点及亮点

本项目是我国纯公益性市政道路建设采用 PPP 模式的破题之作，开创了国内市政道路以 PPP 模式运作的新路径。本项目通过政府职能和机制的转变，充分利用政府和市场两种资源，很好地兼顾了公共性与竞争性、效率与公平，既提高了公共产品的供给水平和质量，又发挥了财政资金"四两拨千斤"的作用，真正实现了少花钱、多办事、办好事的目的，为今后各地方政府在市政建设领域开展 PPP 项目提供了可借鉴的经验。

1. 创新"政府购买服务"方式，注重政府履约保障

安庆市政府以向项目公司支付服务费的方式购买项目可用性及运维服务，安庆市人大常委会通过市人大决议，将该等付费纳入跨年度财政预算，并要求市政府加强项目建设与资金管理，定期向市人大常委会报告工程进展及资金使用情况。此项工作属全国首例，注重政府的履约保障，给社会资本方和金融机构等主要利益相关方"吃了定心丸"，这也是本项目成功实施的关键因素之一。

2. 设计可量化的绩效考核指标及激励相容机制，避免项目公司短期行为

本项目采用"基于可用性的绩效合同"方式开展 PPP 项目运作。该方式是国际上通行的"绩效合同"（Performance Based Contracting）方式和"可用性合同"（Contracting for Availability）方式的组合，适用于同时包含投资建设和运营维护内容的新建市政道路 PPP 项目。"基于可用性的绩效合同"应确保市政道路能够按照项目协议要求的标准完成建造，并通过良好的运营维护服务满足道路使用者的具体功能需求，如通行能力、安全性、经济性等。本项目从全生命周期的成本考虑，分别设置了可落地的可用性绩效考核指标、运营维护期绩效指标以及移交绩效指标。市住建委从质量、工期、环境保护、安全生产等方面设置可用性绩效指标，将其作为竣工验收的重要标准；同时，从 4 个层级 17 个方面设置了 38 项运维绩效指标，在运营维护期内，项目实施机构对项目公司的服务绩效水平进行考核，并将考核结果与运维绩效付费支付挂钩。

此外，本项目通过设计激励相容机制，使社会资本利己的经济理性行为产生同时有利于政府和社会公众利益的结果。本项目中包含的激励相容机制主要体现在以下两个方面。

其一，由于项目公司需同时承担本项目的建设及运营维护工作，政府方通过设置可用性绩效考核指标和运营维护期绩效考核指标，将运维服务的优劣与运维绩效服务费的支付挂钩，同时建设期内项目建设质量的优劣将直接影响社会资本方在运营维护期的成本，从而有效激励社会资本方从项目全生命周期成本的角度统筹考虑本项目的建设及运营维护等。

其二，通过公开招标的竞争程序确定可用性付费和运维绩效付费的合理区间，并

鼓励社会资本方通过改善管理、提升效率等方式增加收益，有利于加强项目全生命周期的成本控制。

3. 创新项目竞价方式，引导社会资本方合理报价

于政府方而言，其主要诉求为政府付费在合理区间内最低，以及每年相对平滑的财政支出安排；于社会资本方而言，其主要诉求为政府购买服务在合理区间内相对较高，以及在尽可能短的年限内收回相应的成本并获得合理回报。

为平衡两方的利益诉求，本项目在设计竞价方式时给予了社会资本方一定的自主选择权，在可用性服务费支付年限方面，社会资本方可根据自身风险承受能力、回报要求等因素自主选择可用性服务费支付年限及年支付比例上限之内的支付比例。

本项目招标文件中规定政府付费年限的可选择范围为 7~11 年，第 1~第 6 年可选支付比例为 0~15%，第 7~第 11 年可选支付比例为 0~10%，根据评分细则引导社会资本方把支付比例尽量多地留在第八年及以后年度。同时，在价格方面，以各投标人的政府付费现值最低者为满分，其余有效报价对应现值比最低值每高出一定比例即扣除一定分数，扣完为止，因此社会资本方在此评分的引导下，会在平衡收益与成本的同时合理报价。

第二章

滇中新区空港大道中段（文林路至机场北高速）工程PPP项目

2.1 项目摘要

项目基本信息见表4-2-1，项目交易结构见图4-2-1。

表4-2-1 项目基本信息

项目名称	滇中新区空港大道中段（文林路至机场北高速）工程 PPP 项目（以下简称"本项目"）
项目类型	新建项目
所属行业	市政道路
入库情况	财政部全国 PPP 综合信息平台项目库
项目示范级别 / 批次	第三批次国家级示范
合作内容	本项目是滇中新区核心区路网主骨架。项目路线全长 9.36 千米，道路红线宽 65 米，为城市主干路，实行主辅分离，主路双向八车道，主路设计速度为 60 千米 / 时，辅路设计速度为 30 千米 / 时。实施工程内容包括：道路工程、排水工程、交通工程、道路照明工程、绿化景观工程及综合管线工程

合作期限	16.5 年，分为建设期和运营期，其中建设期不超过 1.5 年
运作方式	在合作期限内，项目公司负责本项目的设计优化、投资、融资、建设、运营维护
回报机制	政府付费，分为可用性服务费和运维绩效服务费
实施机构	云南滇中新区管理委员会（以下简称"新区管委会"）
采购方式	公开招标
中选社会资本方	北京城建设计发展集团股份有限公司（以下简称"北京城建设计"）
签约日期	2016 年 7 月 22 日
项目公司设立概况	公司名称：云南京建投资建设有限公司 设立时间：2016 年 7 月 28 日 股权结构：项目公司注册资本 38 698 万元，云南省滇中产业发展集团有限责任公司持股 10%，北京城建设计持股 90%

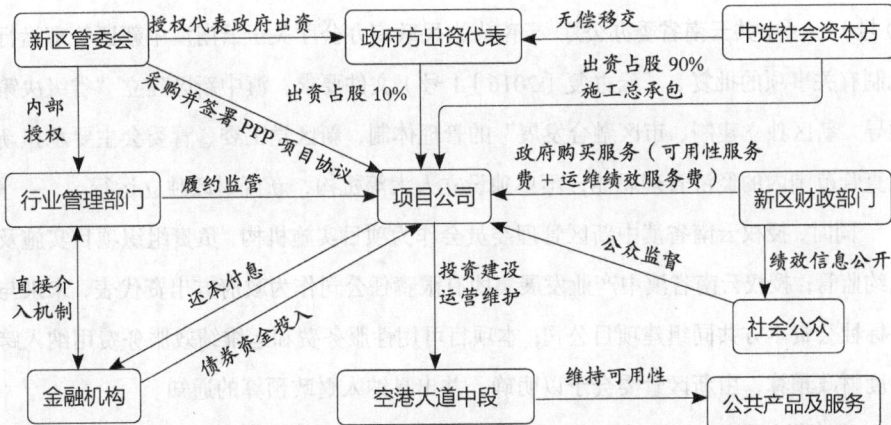

图4-2-1 项目交易结构

2.2 项目实施要点

2.2.1 项目前期准备

1. 项目背景

2015 年 9 月 7 日，国务院印发《国务院关于同意设立云南滇中新区的批复》（国函〔2015〕141 号），同意设立云南滇中新区，云南滇中新区由此成为全国第十五个国家级新区，标志着新区规划建设正式上升为国家战略。空港大道是滇中新区核心区的城市主干道，加快新区核心主干道建设，对于加快外联内通、完善基础设施建设、引导产业进入、促进片区开发具有重要意义。滇中新区东片区综合交通规划（骨架路网）经过了充分的调查研究和多番论证，具有可操作性，符合新区实际，可满足近期建设和远期发展需要。

在此背景下，滇中新区管理委员会牵头有关部门组织研究本项目的运作模式。市政府经研究决定采用 PPP 模式推进本项目，切实提高工程建设管理水平和公共服务效率。

2. 组织保障

云南滇中新区是国务院 2015 年 9 月批复设立的国家级新区。根据《中共云南省委办公厅 云南省人民政府办公厅关于云南滇中新区管理体制的意见》（云办发〔2015〕30 号）、《中共云南省委办公厅 云南省人民政府办公厅关于云南滇中新区管理运行机制有关事项的批复》（云办复〔2016〕1 号）文件要求，滇中新区建立"省级决策领导、新区独立建制、市区融合发展"的管理体制，新区党工委、管委会主要承担新区直管范围内的经济管理职能，不单独设立人大等机构，新区财政独立运行。

同时，授权云南省滇中新区管理委员会作为项目实施机构，负责组织项目实施及履约监管；授权云南省滇中产业发展集团有限责任公司作为政府方出资代表，未来与中标社会资本方同组建项目公司；本项目可用性服务费和运维绩效服务费用纳入跨年度财政预算，由新区管委会予以明确，并出具纳入财政预算的通知。

为确保新区交通基础设施建设"一年有起色"，各级各部门加强联运，形成合力，协同做好项目建设服务、配合和保障工作。新区管理委员会负责监督项目招标，保证各项工作公平、公开、公正，确保招标及确认性谈判程序规范；新区建管部门合理安排道路建设时序，统筹项目建设；新区财政部门负责 PPP 项目的研究和指导，研究并建立新区基础设施建设基金；新区规划部门负责核心区专项规划编制；新区行政审批部门建立绿色通道，加快项目审批；新区土储部门负责同步开展相关道路两侧土地收储和一级开发工作。

3. 物有所值评价

（1）物有所值定性分析。

本项目根据《PPP 物有所值评价指引（试行）》（财金〔2015〕167 号附件）要求开展物有所值评价。鉴于滇中新区为 2015 年新设的国家级新区，成立时间较短，原始数据较少，专家打分出于谨慎考虑，最后本项目物有所值定性评价结果为 78 分，通过物有所值定性评价，认为该项目可以采用 PPP 模式实施。本项目采用 PPP 模式对滇中新区的发展起到了重要的带动与示范作用，其影响包括但不限于物有所值评价中的定性评价指标所展示的部分。

（2）物有所值定量分析。

物有所值定量评价是在项目个案基础上，比较 PPP 模式的总收益和总成本与传统公共采购模式的总收益和总成本，看哪种采购模式总成本低而总效益高。实践中，在进行物有所值定量评价时，一般假设不管采用何种采购模式，都将得到相同的产出、结果和影响（如社会经济效益和财务效益），即定量评价建立在产出规格相同的基础上。基于这一假设，只需要比较不同采购模式的净成本现值，净成本现值小的采购模式即物有所值。

具体而言，即是在假定采用 PPP 模式与政府传统采购模式产出的绩效相同的前提下，通过对 PPP 项目全生命周期内政府方收支相抵余额的净现值（PPP 值）与公共部门比较值（PSC 值）进行比较，判断 PPP 模式能否降低项目全生命周期的成本。PPP 值小于或等于 PSC 值的，认定通过定量评价；PPP 值大于 PSC 值的，认定未通过定量评价。

根据对 PSC 值和 PPP 值的分析，计算得到项目全生命周期的 PSC 值和 PPP 值，并进行分析比较，计算过程详见《云南滇中新区空港大道中段（文林路至机场北高速）工程 PPP 项目物有所值评价报告》。具体计算结果见表 4-2-2。

表4-2-2　定量分析结论

指标	单位	数值
PSC	万元	302 101.42
PPP	万元	258 252.25
物有所值量值	万元	43 849.17
物有所值指数	%	14.51

根据物有所值评价要求，当物有所值量值和指数为正的，说明项目适宜采用PPP模式，否则不宜采用PPP模式。物有所值量值和指数越大，说明PPP模式替代传统采购模式实现的价值越大。

通过以上定量分析可以看出，本项目物有所值量值为43 849.17万元，物有所值指数约为14.51%，两项指标均为正值，从物有所值定量分析角度判断本项目适宜采用PPP模式。

（3）物有所值分析结论。

具体而言，本项目的建设规划符合滇中新区的长期规划目标，有利于市内经济、文化的优良发展。

如果选择政府传统采购模式，政府预期将花费更多人力、物力、财力对项目进行运维管理，无法实现公共产品和服务提供效率的提升以及项目全生命周期成本的下降。PPP模式则实现了"专业的人做专业的事"。对政府而言，不仅能极大缓解短期财政支出压力，更能使政府抽身于烦琐事务，专心于监管者的角色；对社会资本而言，充分利用专业技能与行业经验，可以节约项目的全生命周期成本、提高公共产品与服务质量，并获取合理的投资运营回报。PPP模式可以实现政府与社会资本的"共赢"。

本项目运用PPP模式的主要优势及主要物有所值评价指标如下。

①效益放大，成本节约。

●项目投资规模较大，PPP模式的交易成本占总投资比例小。

●项目资产寿命较长，采用PPP模式可以获得长期收益。

●本项目包括城市道路、桥梁等多种类型，道路、排水、电力、绿化、环卫工程等均有一定专业性要求，采用PPP模式可以很好地体现物有所值原则。

●通过调研和市场研究，项目可以获得较为可靠的建造成本和运营维护成本数据，并通过设计动态调整机制及激励相容机制，使全生命周期成本预测更加合理。

②满足运维要求。

●项目复杂程度和专业性要求较高，可以发挥社会资本的专业优势，激发创新潜力。

●市政道路设施用途特定，维护要求稳定，可以较好地预测长期运营维护要求，适宜采用 PPP 模式。

●本项目可以构建包含项目资产维护质量、绿化、卫生以及公共安全等在内的具体化绩效指标。

③项目具有经济性。

●本项目以非经营业务为主，无使用者付费，但其建成开发后可带动周边土地和物业增值，间接反哺项目。

●本项目为政府付费项目，但存在可经营资源，如广告、停车位、充电桩、综合管廊等，预计将产生部分收益。

●本项目在经营期内年政府购买服务费静态总额预计约为 2.6 亿元（暂按运营期 15 年计算），该付费义务处于滇中新区财政可承受范围内。

④风险管理和分配有效。

●项目建设、融资和运维等风险主要由社会资本方承担，市场需求风险由政府方和社会资本方共担，可建立有效的风险分配机制。

●在公共基础设施项目中应用 PPP 模式，具有一定创新性。政府或政府授权部门作为项目实施机构，其 PPP 管理能力、专业经验有望在实践中进一步提升。

⑤外部环境良好。

●我国市政道路建设运营发展较为成熟，业内有大量央企、国企、民营企业，市政道路项目市场竞争条件良好。

●市政道路建设项目在我国已进行了诸多市场化改革，部分成功经验可供借鉴。

●项目当前不存在显著法律障碍，未来法律变更的风险将在 PPP 合同中通过机制设计予以合理分担。

4. 财政承受能力论证

基于项目规划、可行性研究等工程资料，在识别阶段对本项目进行了财政承受能力论证，论证结果为"通过论证"，总体情况如下。

根据《政府和社会资本合作项目财政承受能力论证指引》（财金〔2015〕21号附件）的要求，基于本项目现有工程可行性研究文件、相关数据支持等，建立项目财政承受能力测算模型，分析本项目的实施对滇中新区管委会当前及今后年度财政支出的影响。本PPP项目实施期间，滇中新区对本项目支出占一般预算公共支出的比例，若以11年运营期测算，最高为2.55%，出现在付费义务发生的第一年，在项目生命期的绝大部分时间内（共计12.5年），此比例都控制在2%以内；若以15年运营期测算，支出比例最高为2.1%，出现在付费义务发生的第一年，且在项目生命期的绝大部分时间内（共计16.5年），此比例都控制在1.5%以内。

本项目是滇中新区实施的首个从项目初期开始以PPP模式运作的市政道路类项目，其行业和领域平衡性评估完全符合国家规定。

综上所述，本项目运营期设计在11～15年，滇中新区财政完全有能力满足本项目采用PPP模式后对财政支付能力的需求。

5. 实施方案要点

（1）风险分配方案。

按照风险分配的基本原则以及财政部推广应用PPP模式的政策导向，本项目的核心风险分配框架如下。

● 投资、融资、建设及运营维护等商业风险主要由项目公司承担。

● 政策、法律变更等风险主要由政府承担。

● 设计（社会资本设计变更部分）、市场需求风险（如市场需求过量或超出设计标准导致的维养成本上升，甚至提前损毁）、不可抗力风险等由政府和项目公司合理共担。

（2）PPP运作方式。

本项目采用DBFOT的运作方式，在合作期限（根据财政支付能力、还款计划和初步市场测试，拟设期限为12.5～16.5年，包含建设期1.5年、运营期11～15年）内，新区管委会指定的政府方出资代表——云南省滇中产业发展集团有限责任公司将与中选社会资本方合资设立项目公司（其中政府方出资代表拟占股10%），政府将项目设计、投资、融资、建设、运营及维护等工作全部交给项目公司，由政府通过向项目公司支付可用性服务费的方式购买项目可用性（符合验收标准的公共资产）以及支付运维绩效服务费的方式购买项目公司为维持项目可用性所需的运营维护服务（符合绩效要求的公共服务）。该等服务费将纳入跨年度的财政预算，并提请滇中新区管委会审批通过。

（3）交易结构。

PPP 项目交易结构由投融资结构、回报机制以及相关配套安排组成。

①投资结构。

本项目投资估算总金额 196 960.55 万元（206 316.18 万元扣除 PPP 项目费用 9 355.63 万元）。项目公司股东需按照项目建设的要求，以自有资金作为项目资本金，剩余项目建设所需资金须由项目公司通过融资方式解决，融资风险由项目公司中的社会资本方股东承担。

滇中新区管委会授权本项目政府方出资代表与社会资本方共同新设项目公司，其中社会资本方占 90% 的股权比例，政府出资代表占 10% 的股权比例，项目公司注册资本方均以货币形式出资，由各自根据项目建设进度和金融机构要求及时、足额缴纳资金。

②融资结构。

本项目投资总额由自有资金与债权资金构成。自有资金部分，政府方出资代表以新区财政拨款资金或自有资金投入，社会资本方以自有资金投入；债权资金部分，由社会资本方根据自身情况灵活采用股东借款、金融机构贷款、基金、信托等方式择优筹措，相关融资合同须经新区管委会或其授权部门认可。

为保障项目融资方的利益，当项目出现重大经营或财务风险等直接介入触发情形威胁或侵害债权人利益时，债权人可依据 PPP 项目协议中的直接介入条款代位行使项目公司股东权利和经营管理权利，要求项目公司改善管理、增加投入，或由政府或政府授权机构指定认可的合格机构接管本项目。

在规定时间内，若上述情形改善，债权人解除直接介入；没有改善的，债权人可要求政府方介入，即新区管委会或新区管委会授权机构临时接管并转入提前终止程序。

③回报机制。

PPP 项目的回报机制包括项目自身投资回报机制及项目公司股东投资回报机制两个层面。

●项目回报机制。本项目属于不具有向最终用户收费机制的市政道路项目，社会资本方在项目中投入的资本性支出和运营维护成本采用"政府付费"的回报机制，即社会资本方通过"政府购买服务"获得合理投资运营回报，按照"基于可用性的绩效合同"模式，由政府向项目公司购买项目可用性（符合验收标准的公共资产）以及为维持项目可用性所需的运营维护服务（符合绩效要求的公共服务）；相应地，政府需向社会资本方支付可用性服务费和运维绩效服务费。

●股东回报机制。政府方出资代表对项目公司的资本性投入主要通过项目公司的利润分红收回。但在无外部社会资本方参与的情况下，可以约定政府方出资代表获得的利润分配比例低于其在项目公司所占股权比例或不参与利润分配，此举相较于政府方出资代表按照股权比例分红的做法，可以少量降低政府购买服务的付费总额。

社会资本方股东一方面将按项目公司章程约定获得作为项目公司股东的分红；另一方面，项目公司如有面向股东的相关外包服务，其则为社会资本方股东提供了另外一条回报途径（除工程施工之外，外包服务还包括技术咨询、设备采购、运营维护等）。

本项目中，政府拟通过公开招标选择的本项目社会资本方同时具备相应施工总承包资质、能力及经验的，则社会资本方股东可以直接作为本项目的工程施工方，无须进行二次招标。此时，社会资本方股东通过与项目公司签署施工总承包合同的方式获得相应施工利润。

（4）边界条件设置。

①业务范围。

项目公司是由政府方出资代表和中标社会资本方合资设立的独立法人，其业务范围（PPP项目经营范围）包括：空港大道中段工程项目的投资、建设、运营维护；广告设计、制作、发布；停车场运营及服务。

项目公司运营维护范围包括道路、园林绿化、供排水设施，如涉及交通信号灯、道路划线、路灯等，届时由政府协调相关部门帮助项目运行。

未来如政府计划将本项目红线范围内的公共资源（如广告、停车位、充电桩等）纳入本项目经营范围，则由政府授权后与项目公司另行协商。

鉴于综合管廊暂未建设成网且运营收费机制尚未建立，经营收益难以取得，因此采取以下操作思路：由项目公司负责随道路统一建设、运营综合管廊以降低建设运营成本，但政府方保留综合管廊总体规划以及要求收回综合管廊运营权的权利。

其中，综合管廊的建设费用通过可用性服务费的形式获取；运营费用不纳入项目运维绩效服务费中考虑，社会资本方的运维绩效服务费报价亦不包含综合管廊的运维费用。待项目进入运营期后，由政府和项目公司共同进行成本监审，对综合管廊运维工作发生的费用采取据实结算的方式支付给项目公司。如未来综合管廊收费定价机制确定并产生收益，收益应归政府所有。

②土地使用方式。

本项目采用划拨土地使用权方式。

③调价机制。

可用性服务费在对应的服务购买期内不做调整，按照 PPP 项目协议约定的额度（或比例）、进度等按时、足额支付。

运维绩效服务费将根据运营维护期间的居民消费物价指数情况，设定相应的调价周期及触发机制。考虑如下两种机制：一种是常规调价，即在运营期内以每两年为一个周期，项目公司可向新区管委会或其指定机构申请启动调价程序，由新区管委会或其指定机构组织相关政府部门审核通过后调价；另一种是临时调价，即在每个调价周期内因前述调整因素中的一项或多项成本变动幅度超过 10% 的，则项目公司可以向新区管委会或其指定机构申请启动临时调价程序，临时调价后下个常规调价启动年份顺延至该次临时调价的两年后。新区管委会或其指定机构亦可在符合调价程序启动条件的情况下自行启动调价程序。

此外，如法律变更造成大额税费变化，政府将以恢复相同经济地位的原则补偿或调整运维绩效服务费。

运维绩效服务费的调价周期为两年，本项目进入商业运营日所在的当年不予计算，自第一个完整财务年度（指自商业运营期所在年度的下一年的 1 月 1 日至 12 月 31 日）起算，每两个财务年度调整一次。具体调价公式如下。

运维绩效服务费在第 $2n$ 个财务年度的 12 月 31 日进行第 n 次调价时：

$$P_{2n}=P_{2(n-1)} \times CPI_{2n-1} \times CPI_{2n-2} \times 10^{-4} \quad (n=1, 2, 3, \cdots)$$

P_0 为中标人在投标文件中报出的年运维绩效服务费，计万元整（人民币）；

P_{2n} 为第 $2n+1$ 个财务年度起适用的年运维绩效服务费（每两年调价一次）；

CPI_{2n-1} 为第 $2n$ 个财务年度由滇中新区（或参考同期昆明市）统计局公布的第 $2n-1$

个财务年度滇中新区（或参考同期昆明市）居民消费物价指数。

④绩效考核机制。

●建设期绩效考核。本项目可用性付费的支付前提为项目竣工验收通过，最终确定的可用性付费金额需根据PPP项目协议中对包干价和审计价的相关机制约定计算。

●运营维护期考核。运营维护期考核指标分为4个层级。

第一级（80%）：考核车道、人行道、路基、排水和其他设施（如桥梁）的维护，需符合《城镇道路养护技术规范》（CJJ36-2006）、《公路桥涵养护规范》（JTGH11-2004）。

第二级（10%）：考核安全管理和突发事件管理，需符合《公路工程安全7402施工技术规程》（JTJ076-95）、《公路养护安全作业规程》（JTGH30-2004）和《城市道路养护维修作业安全技术规程》（SZ-51-2006）。（注：市政道路没有安全相关规程，故参考公路规程。）

第三级（10%）：考核环境保护，需符合《公路建设项目环境影响评价规范》（JTGB03-2006）和《公路环境保护设计规范》JTGB04-2010。（注：市政道路没有环境影响评价规范，故参考公路规范。）

第四级（10%）：考核利益相关者满意度，新区管委会或其指定机构聘请第三方机构对道路使用者及道路周边居民、企业进行公共调查，满意度需在80%以上。

运营维护期内，新区管委会或其指定机构主要通过常规考核和临时考核的方式对项目公司的服务绩效水平进行考核，并将考核结果与运维绩效付费的支付挂钩。

常规考核每半年进行一次，在项目公司向新区管委会或其指定机构提交半年度运维情况报告后5日内进行，并应在7日内完成。新区管委会或其指定机构需提前48小时通知项目公司开始考核的时间，项目公司在新区管委会或其指定机构的监督下，在规定的考核现场对道路、桥梁、绿化、照明、排水设施的表面状况进行物理检查。

常规考核的最小里程单位为1千米路段，每半年需变换考核路段范围，年度累计考核里程需达到整个路段长度的50%。

常规考核结果应与运维绩效付费的支付挂钩，前3级为基本考核指标，全部达标方能获得100%的基准运维绩效付费，不达标的按照考核办法减少基准运维绩效付费；第四级为奖励考核指标，达标的按考核办法增加奖励运维绩效付费（至多增付10%）。滇中新区财政局按得分支付运维绩效服务费的机制如下。

得分：（100，110］，实际付费 =110%× 半年度基准运维绩效付费金额。

得分：（90，100］，实际付费 =100%× 半年度基准运维绩效付费金额。

得分：（80，90］，实际付费 =95%× 半年度基准运维绩效付费金额。

得分：（70，80］，实际付费 =85%× 半年度基准运维绩效付费金额。

得分小于 70 分的，项目公司在新区管委会或其指定机构规定的时间内修补完毕后，新区管委会或其指定机构再根据考核得分进行支付。

对于项目公司怠于或延误修复缺陷的，新区管委会或其指定机构可根据 PPP 项目协议的相关约定提取项目公司提交的运营维护保函中的相应金额。

新区管委会或其指定机构可以随时自行考核项目公司的运维服务绩效，如发现缺陷，则需在 3 个工作日内以书面形式通知项目公司。项目公司在接到新区管委会或其指定机构的书面通知后，应根据缺陷情况在新区管委会或其指定机构要求的时间内修复缺陷。

临时考核结果一般不作为项目公司违约情形处理，除非临时考核发现的缺陷会导致道路可用性被破坏、交通秩序受到严重影响或存在重大交通安全隐患。

无论何种情况，项目公司都应及时修复缺陷，否则新区管委会或其指定机构可根据 PPP 项目协议的相关约定提取项目公司提交的运营维护保函中的相应金额。

⑤股权转让限制。

项目公司的股东应确保在 PPP 项目协议生效之日起至竣工验收备案日后 3 年之内（含），除政府方股东外，任何原始股东都不得转让（包括项目公司其他股东、任何股东的关联公司和 / 或任何第三方）其在项目公司中的全部或部分股权（当然，如属联合体中标的，则允许联合体财务投资人向联合体牵头方转让），除非应法律要求或报经政府预先批准。

若由于滇中新区国有资产整合调整，属于云南省滇中产业发展集团有限责任公司向滇中新区其他国有企业转让其持有的合资公司全部或部分股权的，社会资本方应同意并确认放弃相应的优先购买权。

自项目竣工验收备案日起 3 年之后，经滇中新区管委会事先书面同意，项目公司的股东可以转让其在项目公司中的全部或部分股权，但受让方应获得政府认可且满足 PPP 协议约定的技术能力、财务信用、运营经验等基本条件，并以书面形式明确承继原股东方在项目公司项下的权利及义务。

⑥调整衔接机制。

此处主要考虑本项目在发生应急事件及临时接管情形时的处理方式。

●应急预案。项目公司应针对自然灾害、重特大事故、环境公害及人为破坏等各类可能发生的事故和所有危险源制定应急预案和现场处置方案，明确事前、事中、事后的各个过程中相关部门和有关人员的职责。项目公司制定的应急预案应征求政府方的意见并报经新区管委会或其指定机构同意后实施。

●临时接管。项目公司严重违约事件发生并持续时，项目公司应继续履行项目合同的规定，若项目公司不继续履行项目合同或该等事项对项目公司建设、运营和维护项目设施的能力产生严重不利影响，则政府方有权，但在任何情况下无义务临时接管本项目，替代项目公司接管项目设施的建设和运营。在此情况下，项目公司应承诺与政府方或其指定机构合作。

在政府方或其指定机构接管项目期间，政府方及其指定机构临时接管所产生的一切费用和风险由项目公司承担。政府方有权在向项目公司提供详细的费用和支出记录后，从履约保函项下提取该款项。政府方无义务向项目公司支付任何服务费，直至项目公司按照合同接替或承担项目设施的运营。

政府方有权在提前通知项目公司后的任何时候退出项目设施的运营，在此情况下，项目公司应全面负责项目设施的运营，直到任何一方发出终止通知。

（5）监管机制设置。

本项目的监管方式主要有履约管理、行政监管及公众监督。

履约管理主要由项目实施机构或政府指定机构履行，在项目合作期内其享有作为PPP项目协议一方签约主体的权利，同时享有从前期准入、项目投融资、建设、运营管理维护、中期评估、移交等全过程全环节的监管职责。

行政监管主要由政府相关主管部门履行，项目的规划、可行性研究、立项、选定投资人、建设、运营维护等一系列工作均需要行业主管部门、职能监管部门（规划、发改、环保等）等相关部门的审批，即政府部门履行PPP项目的准入监管和执行监管职责。

公众监督的主体主要为社会公众，项目公司需要加强信息化平台建设，定期公布服务质量考核结果、成本监审报告等，同时进一步完善公众咨询、投诉、处理机制，实现全社会共同监督。

（6）实施方案批复情况。

本项目的相关文件——《云南滇中新区空港大道中段（文林路至机场北高速）工程 PPP 项目实施方案》《云南滇中新区空港大道中段（文林路至机场北高速）工程 PPP 项目物有所值评价报告》《云南滇中新区空港大道中段（文林路至机场北高速）工程 PPP 项目财政承受能力论证报告》于 2016 年 2 月 29 日经滇中新区财政局批复同意。

（7）项目前期工作进展情况。

本项目工程可行性研究报告于 2016 年 2 月 16 日经滇中新区行政审批局批复同意，初步设计报告于 2016 年 5 月 26 日经滇中新区行政审批局批复同意。

6. PPP 项目协议要点

（1）合同结构。

第一层次为由项目实施机构、政府方出资代表、中选社会资本方等主体之间签署的一揽子项目合同体系。其以 PPP 项目协议作为主合同，以合资协议、公司章程、绩效指标、各类保函及其他支撑性文件等作为 PPP 项目协议的附件体系，和 PPP 项目协议共同构成了一个完整的合同体系。

第二层次为项目公司和本项目推进过程中的各有关主体签署的协议体系。如由项目公司与金融机构签署的融资协议及担保合同、与施工总承包方签署的施工总承包合同、与保险机构签署的保险合同等。

（2）权利义务关系。

滇中新区管委会作为本项目的实施机构，授权承担行业管理职责的部门负责本项目的前期准备、项目采购、履约管理、项目移交等工作，授权的政府方出资代表负责与社会资本共同组建项目公司。

滇中新区管委会与项目公司签署 PPP 项目协议，授权项目公司负责本项目的设计优化、建设、运营、维护等工作。

2.2.2 项目采购

1. 市场测试情况

本项目于 2016 年 3 月 10 日进行了线上实名制市场测试。

2. 资格审查情况

本项目采取 DBFOT 运行模式，主要从投融资能力、施工资质及业绩等方面确定社会资本的资格条件。考虑到本项目投资规模较大，接受社会资本方以联合体的形式参与本项目投标竞争。

参与本项目投标竞争的社会资本方应同时具备下述资格条件。

（1）合规性。

●依法成立并有效存续的境内外企业法人。

●不得存在法律规定的禁止同时参加投标的情形。

●具备《中华人民共和国政府采购法》第二十二条第一款规定的条件。

（2）净资产。

截至 2014 年 12 月 31 日，经审计的企业净资产不低于人民币 7.5 亿元整（或等值外币，下同）。

（3）资质业绩。

●具备市政公用工程施工总承包一级或以上资质。

●截至资格预审申请文件递交截止日前 5 年内，在中国大陆地区拥有至少一个总投资 10 亿元及以上的市政道路（含桥梁）投资项目业绩或建安费 5 亿元及以上的市政道路（含桥梁）施工项目业绩。

（4）联合体。

●本项目接受联合体投标，联合体成员不得超过 2 家，联合体各成员方不得再以自身名义单独或加入其他联合体参加资格预审。

●联合体各成员必须按资格预审申请文件中规定的格式签订联合体协议，明确联合体中的施工方和财务投资人以及各成员方的主要权利和义务（财务投资人不得参与项目施工），其成员构成、股权出资比例、职责分工等主要条款在联合体通过资格预审后不得改变。

●联合体资格认定：联合体各成员方均应符合上述合规性条件；联合体施工方应符合上述净资产和资质业绩条件，并且未来在项目公司中的股权出资比例不得低于40%（含）。

（5）外商投资限制。

根据《外商投资产业指导目录（2015 年修订）》，城市人口在 50 万以上的城市的燃气、热力和供排水管网的建设、经营属于"限制外商投资产业目录"，要求中方控股。本项目中，非中方股东（如有）未来在项目公司中拥有的股权比例不得高于或等于 50%。

3. 预算安排

2016 年 5 月 4 日，新区管委会同意将空港大道中段（文林路至机场北高速）工程 PPP 项目的可用性服务费和运维绩效服务费用纳入跨年度财政预算。

4. 采购及评审情况

（1）采购方式及过程。

本项目采用公开招标的方式甄选社会资本方。

首先，根据《招标投标法实施条例》的规定，已通过招标方式选定的特许经营项目投资人依法能够自行建设、生产或者提供，可不再进行招标选定设计、施工单位或设备提供商等。因此，若采取公开招标方式选定社会资本方，能大大提高项目吸引力，加快项目的实施与落地。

其次，相较于邀请招标，公开招标方式能够吸引更广泛的投资人参与竞争，在合理制定资格条件和评审办法的基础上，公开招标有利于提高竞争度、争取更优的招标结果（更优的技术水平与更低的政府付费），同时提高采购效率。

再次，本项目主要技术参数及施工规格都较为清晰，可与投资人协商谈判的内容较少，符合采取公开招标方式选择投资人的基础条件。

综上，考虑本项目为涉及公共利益及公共安全的基础设施，边界清晰、技术成熟，符合公开招标的适用情形；同时公开招标所适用的综合评审不仅考虑了商务报价，还考虑了专业能力、履约能力等综合实力，利于政府方"好中选优"，选择最合适的中标社会资本方，故以公开招标方式进行。

本项目于 2016 年 6 月 27 日在昆明市公共资源交易中心进行公开招标，经项目评审委员会评定，并经公示 7 个工作日无异议后，确定北京城建设计为中标单位。

（2）评审内容。

本项目采用综合评审法，由评审委员会对通过资格审查的投标人递交的投标文件进行综合评审和打分。

本项目各项总分共计 100 分，分为投标报价（35 分）、建设运营方案（34 分）、财务方案（26分）、法律方案（5分）。评标委员会对满足招标文件实质性要求的投标文件，按照评审标准规定的详细评分标准进行打分，当评委有效评分份数为7份以上（含7份）时，去掉最高和最低评分后计算平均分值作为投标人的最终得分；当评委有效评分份数少于7份时，计算算术平均值作为投标人的详细评审得分，并按得分由高到低的顺序推荐3名中标候选人。

本项目的竞价方式为投标人报出本项目可用性服务费总额、可用性服务费支付年限、年运维绩效服务费，经统一折现率（7%）折现至运营期初后，竞争政府购买服务付费金额的现值（由于各投标人的支付年度和支付比例不尽相同，折现率的取值仅为标准化之目的，与投资人测算的投资回报率等无关）。具体数据如下。

●各投标人的政府购买服务付费现值（废标和无效报价者除外，以评委根据报价计算值为准）最低者得满分。

●可用性服务费支付年限：15年。

2.2.3 项目执行

1. 项目公司设立情况

（1）公司概况。

公司名称：云南京建投资建设有限公司。

地址：云南省滇中新区大板桥街道办事处1号办公室1-109室。

注册资本：人民币38 698万元整。

（2）股权结构。

北京城建设计出资34 828.2万元，占股90%；云南省滇中产业发展集团有限责任公司出资3 869.8万元，占股10%。出资方式皆为货币，由各方股东根据项目建设进度及融资需要等分批次安排资金到位。各方股东以各自的持股比例分配公司利润。

（3）管理层架构。

①股东会及议事机制。

公司股东会由全体股东组成。股东会是公司的最高权力机构，股东会会议由股东按出资比例行使表决权。股东会作出决议，必须经全体股东所持表决权的50%以上通过；但增加或减少注册资本的决议，公司合并、分立、解散或变更公司形式等重要事项需经全体股东一致通过。

②董事会构成及议事机制。

公司设董事会，董事会为公司经营决策机构。董事会成员为 5 人，其中云南省滇中产业发展集团有限责任公司提名 1 名，北京城建设计提名 3 名，由股东会选举产生；1 名职工董事由公司职工民主选举产生。董事任期 3 年，任期届满，可连选连任。

董事会设董事长 1 人，由北京城建设计提名，并经董事会选举产生。董事长任期 3 年，任期届满，可连选连任。由董事会拟定或决定的事项经过全体董事人数的 50%（含）以上的董事同意通过即生效。

③经营管理团队。

项目公司设总经理 1 名，由北京城建设计提名，由董事会决定聘任或解聘。公司实行董事会领导下的总经理负责制，由总经理负责公司的日常经营管理。

2. 项目融资落实情况

本项目的主要债权人为中国农业银行昆明市官渡区支行，贷款期限为 16.5 年，贷款利率为当期 5 年以上人民币贷款基准利率（4.9%）下浮 5%。

3. 项目建设进度

本项目于 2016 年 8 月 26 日正式开工，并于 2018 年 2 月 23 日竣工通车，项目进入运营期。

4. 项目实施成效

滇东新区开发初期的主要任务是"筑巢引凤"，其中基础设施建设是"筑巢"的重点，路网建设更是重中之重。交通基础设施是滇东新区发展的重要支撑，加快滇东新区交通基础设施建设有利于提升土地价值、改善投资环境、增强招商引资吸附力、促进产业聚集发展、增强滇东新区辐射带动力。因此，相关部门要求构建具有快速通过性和高度可达性的路网体系，引导产业和城镇发展。空港大道的建设在引导城市土地开发、创造良好投资条件、完善路网构架、提升路网整体效益、解决核心区及沿线组团对外出行、引导旅游业发展等各个方面均具有重大意义。

2.3 项目特色及亮点

1. 项目回报保障性强

滇中新区财政状况良好，2014年常住人口约60万，地区生产总值为506.5亿元，地方财政收入为75.15亿元。云南省滇中新区为国务院于2015年同意设立的国家级新区，目的在于打造我国面向南亚、东南亚辐射中心的重要支点，云南桥头堡建设重要经济增长极，西部地区新型城镇化综合试验区和改革创新先行区。新区区位条件优越，生态环境较好，产业集聚优势明显，加快发展的空间较大。

本项目已通过新区财政局组织的项目物有所值评价和新区财政承受能力论证，取得了项目采用PPP模式实施的一揽子文件，并已按照财政部《关于规范政府和社会资本合作（PPP）综合信息平台运行的通知》（财金〔2015〕166号）的要求，将本项目信息录入全国PPP综合信息平台，正式进入了财政部全国PPP综合信息平台项目库。

本项目招标文件中已提供相关文件（滇中管发〔2016〕28号）明确了本项目的可用性服务费和运维绩效服务费将列入跨年度财政预算，因此该PPP项目的回报是有保障的。

2. 项目边界条件清晰、实施路径明确

本项目边界条件清晰，以初步设计概算为投资额度的依据，初步设计图纸文件作为参考资料，将项目资本金比例、项目公司股权比例、合作年限、可用性服务费及运维绩效服务费等关键因素作为投融资能力的考量依据，并将建设运营方案及法律方案等作为建设管理能力的考量依据，充分考验了社会资本方的综合能力。同时，本项目通过公开招标的采购方式以及综合评分法的评分办法，公开、公平、客观地进行市场化运作，选择社会资本合作方。

3. 综合管廊建设运营的意义

本项目中的综合管廊工程作为一个特殊部分（已算入投资概算总金额中），由项目公司负责随道路统一建设、管养和维护。

地下综合管廊是实现城市地下管线设施集约化、现代化建设的新模式。随着我国城镇化的快速发展，基础设施建设严重滞后，地上空间资源十分紧缺，管线建设杂乱无章，各类管线事故频发，安全隐患突出。而地下综合管廊是通过合理利用城市地下

空间，破解城市发展难题的有效手段，也是实现我国城市规划建设与城市可持续发展相适应的基础设施建设的发展方向。因此，我国目前正在加大地下综合管廊建设的力度，也出台了大量政府文件，促进、鼓励综合管廊的投资、建设。

4. 项目的示范性意义

本项目本身是滇中新区乃至云南省第一个市政道路类 PPP 项目，具有非常强的示范性意义。其特殊的"市政道路＋综合管廊"PPP 模式的成功实施也为以后市政类 PPP 项目探索了方向，指明了道路，提供了良好的参考，在 PPP 项目中具有里程碑式的意义。

同时，本项目由政府聘请专业咨询机构制定 PPP 项目方案，攻克了项目进度要求严格、设计文件尚未完成等诸多难题，大大加快了项目的实施进度。本项目的成功实施对昆明乃至云南省市政道路 PPP 项目领域甚至国内西南地区基础设施投融资市场具有极为重要的战略意义。同时，本项目也是适应市场需求，响应政府大力推广 PPP 合作模式号召的战略部署。

5. 滇中新区未来基础设施建设需求大

滇中新区的设立旨在将云南省的"点状发展"引导向"连片发展"。嵩明－空港片区作为滇中新区东区先行启动区，面积约 1 400 平方千米。先行启动区未来将形成一个城镇化水平高、产城融合的宜居宜业城市。未来，滇中新区计划将建成总长度超过 1 000 千米的基础设施，包括轨道交通、地下综合管廊以及市政道路等，因此，本 PPP 项目也为以后开拓滇中新区的基础设施市场起到了"筑巢引凤"的作用。

第三章
新机场轨道线社会化引资项目

3.1 项目摘要

项目基本信息见表4-3-1，项目交易结构见图4-3-1。

表4-3-1　项目基本信息

项目名称	新机场轨道线社会化引资项目（以下简称"本项目"）
项目类型	新建
所属行业	轨道交通
入库情况	财政部全国 PPP 综合信息平台项目管理库
项目示范级别/批次	第三批次国家级示范
合作内容	本项目总投资约 292.63 亿元，其中引入社会资本方部分总投资约 173.61 亿元。新机场轨道线位于北京南部三环以外区域，是北京市交通线网中连接中心城与新机场的轨道交通线路。本期工程南起新机场本期用地界地南侧，北至草桥站站后折返线。线路全长 41.36 千米（K2+500 ~ K43 + 860），其中地下线和 U 型槽长 23.65 千米，高架和路基段长 17.71 千米。局部线路与新机场高速采用共构方式布置。本期共设 3 座车站、1 座车辆段
合作期限	合作期限包含建设期和特许经营期，其中建设期约 35 个月（2016 年 11 月 1 日—2019 年 9 月 19 日）；特许经营期从全线贯通试运营日起，期限为 30 年
运作方式	本项目采用 BOT 模式，由北京市基础设施投资有限公司（政府方出资代表）与社会资本方共同组建项目公司（以下简称"项目公司"）进行特许经营

续表

回报机制	使用者付费＋可行性缺口补助
实施机构	北京市交通委员会（以下简称"市交通委"）
采购方式	公开招标
中选社会资本方	由北京市轨道交通建设管理有限公司、北京市轨道交通运营管理有限公司、北京城建集团有限责任公司、北京市政路桥股份有限公司、北京市政建设集团有限责任公司、中国铁建股份有限公司、中铁十二局集团有限公司和中铁十四局集团有限公司组成的投标联合体参加新机场轨道线社会化引资项目投标。以下简称该联合体为"城市铁建联合体"
签约日期	2016 年 9 月 29 日
项目公司设立概况	公司名称：北京城市铁建轨道交通投资发展有限公司 设立时间：2017 年 3 月 2 日 股权结构：项目公司注册资本 59.97 亿元，北京市基础设施投资有限公司（以下简称"京投公司"）持股 2%，社会资本方、城市铁建联合体持股 98%

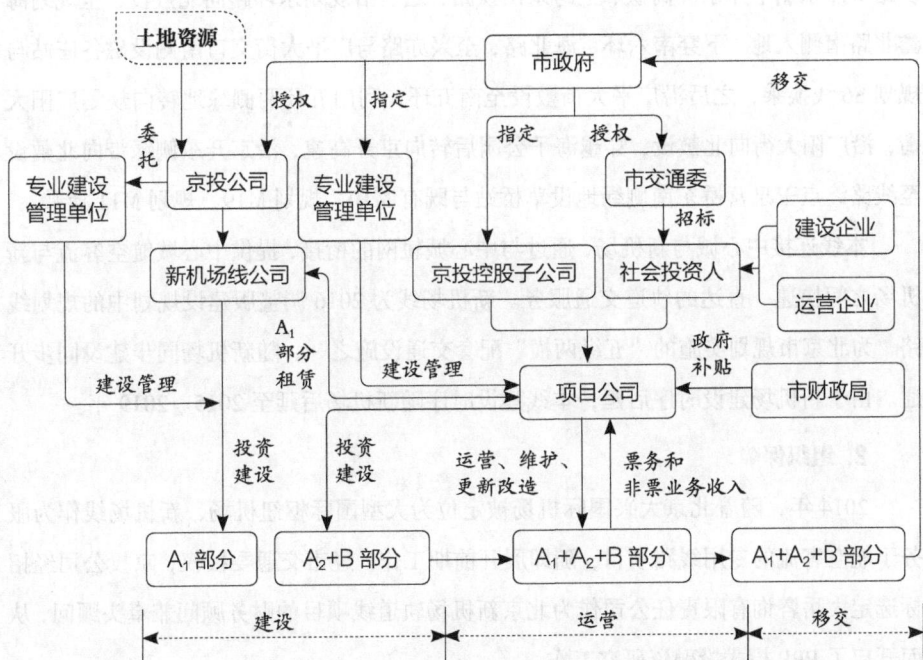

图4-3-1 项目交易结构

3.2　项目实施要点

3.2.1　项目前期准备

1. 项目背景

为吸引社会资本方建设北京市轨道交通项目，提高轨道交通建设和运营水平，北京市政府决定以特许经营方式建设、运营和维护北京市新机场轨道线项目。

实施方案由北京市政府批准，根据市政府批准文件，本项目采用政府和社会资本合作方式实施，市交通委为实施机构，京投公司为该项目政府方出资代表。该项目由市交通委作为招标人，北京逸群工程咨询有限公司为招标代理人，采用公开招标的方式选择该项目的社会投资人，并与投资人共同依法设立项目公司。

线路南起新机场北航站楼（远期随机场扩建延伸至南航站楼），在机场内设北航站楼站，出机场后与新机场高速、京霸城际共走廊高架敷设，上跨场前联络线、东南部过境通道、庞安路、房黄亦联络线、西青路、魏永路后在京九铁路过京沪-京山铁路节点东侧下穿京沪高铁、上跨京山铁路，之后沿规划东环路向北敷设，至规划海鑫北路南侧入地。下穿南六环、海北路，至兴亦路与广平大街交口南侧设磁各庄站与规划 S6 线换乘，之后沿广平大街敷设至南五环，利用五环两侧绿地转向规划广阳大街，沿广阳大街向北敷设，穿越海子公园后转向京开高速，沿京开东侧绿带向北敷设至线路终点玉泉营桥东南侧绿地设草桥站与既有 M10、规划 M19、规划 M11 换乘。

本线连接中心城与新机场，通过与中心城轨网的衔接，提供中心城航空客流与新机场之间快速、直达的轨道交通服务。新机场线为 2016 调整版建设规划中的规划线路，为北京市规划实施的"五纵两横"配套交通设施之一，随新机场同步建设同步开通。由于新机场建设时序后延，本线建设时序随新机场后延至 2015—2019 年。

2. 组织保障

2014 年，随着北京大兴国际机场被定位为大型国际枢纽机场，新机场线作为服务于航空客流的专用线路项目，随即展开前期工作。经市交通委授权，京投公司经招标选定大岳咨询有限责任公司作为北京新机场轨道线项目的财务顾问兼牵头顾问，从而开启了 PPP 模式投融资研究工作。

2015 年上半年，随着 PPP 模式在全国范围内的推广，为积极稳妥推进北京轨道交通类 PPP 项目工作，北京市政府要求将新机场线作为一条试验线，先行实施，为后续项目探索方向、积累经验。随后，针对新机场线开启了全方位的模式创新研究工作，涉及项目范围、合作方式、股权结构、收入分成原则、补贴回报方式和调价机制等各个方面。

2015 年 10 月底，京投公司向市交通委汇报北京市新机场轨道线项目实施方案，明确市交通委作为项目实施机构，负责组织项目实施及履约监管；京投公司作为政府方出资代表，未来与中标社会资本方共同组建项目公司；市政府各有关部门从本部门职能方面积极配合做好 PPP 项目实施工作。

在经市相关部门评审后，实施方案上报至北京市政府。2015 年 12 月底，项目可行性研究报名及实施方案获批。

在实施方案中，实施机构提出了 3 个方面的保障措施。

（1）票价及补贴政策。

●新机场线运营票价实行准市场化定价策略，批准特许公司根据相关法律法规、社会经济发展状况以及相关协议规定制定及调整运营票价。如国家相关法律法规、政策发生变更的，从其规定。

●在特许经营期内，根据相关法律法规和社会经济发展状况，制定并适时调整新机场线运营票价。

●根据特许协议规定的约定车千米服务费、服务费调整机制和财政补贴等条款按时与项目公司结算。

（2）交通支持政策。

●根据公共交通线网调整规划，按照新机场线沿线地区的客流情况，调整新机场线沿线地区公共汽车线路及运输能力，在新机场线和沿线其他公共交通方式之间建立协调的运营关系。

●改善地铁和其他公交工具的接驳措施。

（3）其他政策保障。

●市政府相关主管部门和沿线区政府应根据各自职责，对新机场线引资项目涉及的价格、财政、市政市容管理、国土、建设房管、税收、环境保护等管理和审批事项，为特许公司提供相应的支持和保障。

●如果实施方案在实际执行过程中受到政策性因素影响，导致项目实际收益出现重大偏离，可进行适当调整，并通过特许协议补充条款具体明确。

●在特许协议的实际执行过程中，市政府和项目公司建立定期的协商和评价制度，在公平合理、友好协商的基础上，解决协议实际执行中遇到的问题。双方达成一致的，将作为特许协议的补充条款。

3. 物有所值评价和财政承受能力论证要点

参照《财政部关于印发〈PPP物有所值评价指引（试行）〉的通知》（财金〔2015〕167号）及《财政部关于印发〈政府和社会资本合作项目财政承受能力论证指引〉的通知》（财金〔2105〕21号，以下简称"21号文"）中的规定，2016年7月18日在北京市财政局举行了新机场轨道线PPP项目物有所值专家论证会，对项目进行了物有所值评价和财政承受能力论证，并形成了评价论证结果和专家组意见。

（1）物有所值评价要点及结论。

基本指标包括全生命周期整合程度、风险识别与分配、绩效导向与鼓励创新、潜在竞争程度、政府机构能力、可融资性6个项目，对应权重分别为10%、20%、10%、20%、10%、10%，合计权重为80%。同时，根据本项目实际情况，选择全生命周期成本测算准确性、运营收入增长潜力2个指标作为补充指标，每个指标权重均为10%，合计权重为20%。总计为100%。

通过物有所值专家论证会议，本项目物有所值定性分析最终评分结果为69.50分，评分结果在60分以上，专家小组一致认为新机场轨道线社会化引资项目的实施方案基本满足《PPP物有所值评价指引（试行）》中的全生命周期整合程度、风险识别与分配、绩效导向与鼓励创新、潜在竞争程度、政府机构能力、可融资性以及全生命周期成本测算准确性和运营收入增长潜力等方面的要求，结论为通过。

（2）财政承受能力论证要点及结论。

项目在运营期内，政府每年对项目的投入占当年一般公共预算支出的比例为0.03%~0.224%，考虑存量项目占比为0.56%~0.87%，政府每年对PPP项目的财政预算支出总额远低于一般公共预算的10%，满足21号文的要求。可见，本项目对北京市财政预算支出的影响较小，在财政预算支出能力范围内。因此财政承受能力论证结果为"通过论证"，项目适宜采用PPP模式。

4. 实施方案要点

（1）风险分配方案。

根据《北京轨道交通新机场线引入社会资本方项目实施方案》，项目建设、财务、运营维护等风险原则上由社会资本方承担，政策和法律风险等由政府承担，市场风险和不可抗力风险由政府与社会资本方共担。项目具体风险分担见表4-3-2。

表4-3-2　项目具体风险分担

风险类别		政府方	社会投资方	项目公司	保险商
设计/建设风险	设计不当	√			
	地质条件			√	√
	工程技术缺陷			√	
	劳资/设备的获取			√	
	土地交付	√			
	水电等配套安排	√			
	施工准备			√	
	自行提出工程变更			√	
	建造/采购成本超支		√	√	
	完工风险		√	√	
	工地安全/环境保护			√	√
	考古文物保护	√			
运营风险	运营维护成本超支			√	
	服务质量不达标			√	
	运营商违约/提前终止			√	
	恢复性大修			√	
	安全管理			√	√
	环境保护			√	√

风险类别		政府方	社会投资方	项目公司	保险商
财务风险	融资失败		√	√	
	融资成本过高		√	√	
	利率变化		√	√	
	外汇风险		√	√	
	偿债风险/流动性风险		√	√	
	项目公司破产	√	√	√	√
收入风险	通货膨胀	√		√	
	财政补贴	√			
法律风险	合同文件冲突	√	√	√	
	劳工争端			√	
	第三方违约			√	
政府行为	政府违约/提前终止	√			
	征收/征用	√			
	审批延误	√			
	政府提出的工程变更	√			
	税费/行业标准变更	√			
其他风险	不可抗力	√	√	√	√

（2）PPP 运作方式。

本项目采取 BOT 方式进行运作。

（3）交易结构。

①投融资结构。

北京市政府授权京投公司作为本项目的政府方出资代表，与社会资本方共同出资新设项目公司。项目实施方案中，京投公司持股比例为 2%，中选社会资本方持股比例为 98%。

项目B部分的资本金占总投资的40%，债务融资占总投资的60%。项目公司注册资本在符合相关法律规定及金融机构融资要求的情况下，由京投公司和中选社会资本方根据项目建设进度和融资机构要求，按照各自认缴的持股比例同步、足额缴纳到位。投资总额和注册资本的差额由项目公司通过银行贷款等方式予以解决，如项目公司不能顺利完成项目融资，则由社会资本方自行通过股东贷款、补充提供担保等方式解决，以确保项目公司的融资足额、及时到位。

②回报机制。

社会资本方负责B部分投资，以及新机场线全线的运营管理、A和B两部分的维护、更新改造和追加投资等。在特许经营期内，项目公司通过获得票务收入、非票业务收入和可行性缺口补助来收回投资并获得合理投资收益。特许经营期内，项目公司的支出主要为追加投资、更新改造和运营支出，收入主要为票务收入和非票业务收益。若各运营年度项目公司实际获得的客运票务收入和约定非票业务收益不能满足约定收益水平，其差额部分由市政府给予补偿；反之，其差额部分由市政府收回。考虑到客流预测的不确定性，本项目采用协议车千米数和车千米服务费的方式计算可行性缺口补助。

●票务收入机制。票务收入机制包括超额票务收入分成机制和票务收入风险分担机制。

超额票务收入分成机制：从运营期的第一个运营年开始，在任何运营年，如果当年实际票务收入超过了当年票务收入基准值，则超出部分由政府和项目公司按照下表规定的超额累进奖励比例分享。票务超额的收入分成比例见表4-3-3（本表中的X以中标人在投标文件中所报数值为准）。

表4-3-3 票务超额的收入分成比例

任一运营年超额收入中的相应金额	适用于市政府分成比例	适用于项目公司分成比例
不超过该运营年度票务收入基准值20%（含）的金额	（80+X）%	（20-X）%
超过该运营年度票务收入基准值20%至不超过35%（含）的金额	（70+X）%	（30+X）%

任一运营年超额收入中的相应金额	适用于市政府分成比例	适用于项目公司分成比例
超过该运营年度票务收入基准值 35% 至不超过 50%（含）的金额	（60+X）%	（40+X）%
超过该运营年度票务收入基准值 50% 的金额	（50+X）%	（50+X）%

票务收入风险分担机制：在特许经营期的任意运营年内，若实际票务收入低于票务收入基准值，则在实际票务收入低于票务收入基准值 X% 以内的部分，全部由项目公司承担。具体计算公式如下。

如果当年实际票务收入低于当年票务收入基准值的［100%］，但不低于当年票务收入基准值的［100%–X%］（含［100%–X%］），则由项目公司承担的票务收入损失＝票务收入基准值－实际票务收入。

如果当年实际票务收入低于当年票务收入基准值的［100%–X%］（不含［100%–X%］），则由项目公司承担的票务收入损失＝票务收入基准值×X%。

超额非票务收入分成机制：在任何运营年，如果非客运服务收益超过了本附件所述的相应年度的年度基准收益值，则就超出部分（"超额收益"）由政府和项目公司按照下表规定的超额累进奖励比例分享。非票务超额的收入分成比例见表4-3-4。

表4-3-4　非票务超额的收入分成比例

任一运营年超额收入中的相应金额	适用于市政府分成比例	适用于项目公司分成比例
不超过该年度收入基准值 10%（含）的金额	80%	20%
超过该年度收入基准值 10% 至不超过 20%（含）的金额	70%	30%
超过该年度收入基准值 20% 至不超过 30%（含）的金额	60%	40%
超过该年度收入基准值 30% 的金额	50%	50%

●运营期可行性缺口补助。

运营期各年度可行性缺口补助＝约定车千米服务费 × 协议车千米数－实际票务收入＋项目公司超额票务收入分成－项目公司票务收入风险分担额－非客运服务年度收入基准值－市政府非客运服务超额收益分成＋可变运营成本调整项

车千米服务费价格指初始车千米服务费价格，该价格以中标社会资本方报出的车千米服务费价格为基础，在运营阶段通过 PPP 项目合同约定的车千米服务费价格调整公式根据以下原则进行调整。

特许经营期内，约定车千米服务费的调价从第二个运营年（2020 年）期初开始，每 3 年调整根据下述调价公式调整一次，第一次调价为第五个运营年（2023 年）期初，最后一次调价为第二十九个运营年（2047 年）期初。

约定车千米服务费的调价公式如下。

约定车千米服务费＝初始运营年约定车千米服务费 × 调整系数

其中，调整系数＝（项目公司实际交付的电价变化幅度 ×10%＋在岗职工平均工资变化幅度 ×35%＋居民消费价格指数变化幅度 ×20%＋固定资产投资价格指数变化幅度 ×35%）×30%＋1

"项目公司实际交付的电价变化幅度"是指项目公司运营轨道交通新机场线在当年实际交付的平均电价与初始运营年实际交付的平均电价的变化幅度。

"在岗职工平均工资变化幅度"是指北京市统计局统计的当年北京市在岗职工平均工资与初始运营年北京市在岗职工平均工资的变化幅度。

"居民消费价格指数变化幅度"是指北京市统计局发布的当年居民消费价格指数与初始运营年居民消费价格指数的变化幅度。

"固定资产投资价格指数变化幅度"是指北京市统计局统计的当年固定资产投资价格指数与初始运营年固定资产投资价格指数的变化幅度。

可变运营成本调整项的计算公式如下。

运营成本调整项＝约定车千米可变成本 ×（当年实际车千米数－当年协议车千米数）

约定车千米可变成本包括车千米牵引电费和车千米维护维修费。

特许经营期内，从第二个运营年（2020 年）期初开始，每 3 个运营年为一个调整周期（与上述约定车千米服务费同步调整），根据下述公式计算运营期的约定车千米可变成本。

调价后的约定车千米可变成本 = 运营期第一年约定车千米牵引电费 × C1+ 项目公司实际交付的电价变化幅度 + 运营期第一年约定车千米维护维修费用 × C1+ 居民消费价格指数变化幅度

"项目公司实际交付的电价变化幅度"是指项目公司运营轨道交通新机场线在当年实际交付的平均电价与初始运营年实际交付的平均电价的变化幅度。

"居民消费价格指数变化幅度"是指北京市统计局发布的当年居民消费价格指数与初始运营年居民消费价格指数的变化幅度。

（4）边界条件设置。

①业务范围。

项目公司与市交通委等项目相关主体签署项目特许协议等相关法律文件，负责 B 部分的投资、建设（包括施工图设计管理）和特许经营期内全线的运营。

项目公司与新机场线公司签订资产租赁协议，取得 A1 部分资产的使用权。由社会资本方联合体中的建筑企业依法负责 B 部分相应工程的建设施工，由监管单位负责 B 部分工程的监督管理。

项目公司负责新机场线全线的运营管理、维护维修、更新改造和追加投资。项目公司是运营的法人主体和责任主体，承担运营安全管理责任和社会责任，不得转包运营业务。

特许经营期结束时，项目公司将本项目（含 AB 部分）完好、无偿地移交给新机场线公司或市政府指定部门。

②土地使用方式。

根据项目特许协议，市政府有义务在特许经营期内向项目公司提供新机场线项目设施所需土地的使用权。具体而言，在建设期，提供新机场线项目 B 部分建设合理需要的规划红线范围内的临时用地使用权；就新机场线项目 B 部分建设合理需要的规划红线范围外的临时用地使用权的获取给予必要的协助，但项目公司应自行承担费用。

③股权转让限制。

项目协议中约定，项目公司应确保在生效日期之后至特许经营期届满，任何原始股东都不应转让（包括向项目公司其他股东、任何股东的关联公司和 / 或任何第三方）其在项目公司中的全部或部分股权，除非经市政府预先书面同意。

④调整衔接机制。

此处主要考虑本项目在发生应急事件及临时接管情形时的处理方式。

●应急预案。项目公司应针对自然灾害、重特大事故、环境公害及人为破坏等各类可能发生的事故和所有危险源制定应急预案和现场处置方案。项目公司制定的应急预案应先征求政府方的意见并报经政府同意后实施。

●临时接管。自项目协议生效后，项目公司在经营期内有适用法律规定的导致临时接管情形的，政府方有权依法终止项目协议，取消其经营权。

临时接管期间，项目公司须无条件服从政府方或其指定机构接收或接管本项目的所有指令、命令，项目公司应当在政府方接管前善意履行看守职责，并继续履行项目协议项下的义务。

（5）监管机制设置。

政府方或市交通委享有法律赋予的行政管理的职权，享有从前期准入、项目投融资、建设、运营管理维护、中期评估至移交等全过程全环节的监管职责，同时其作为PPP项目协议的一方签约主体，还享有基于契约的相关权利。

（6）实施方案批复情况。

在咨询机构的配合下，北京市政府及市交通委重点研究、确定项目的建设和采购内容、PPP运作模式和实施路径、交易结构、项目的关键边界条件和参数、合同主要条款、监管制度等，制定合理可行的PPP运作实施方案。

实施方案编制完成后，由市交通委报北京市政府，经北京市政府审定后批复执行。

5. PPP项目协议要点

（1）合同结构。

第一层次为项目实施机构、政府方出资代表、中选社会资本方等主体之间签署的一揽子协议体系。以PPP项目协议作为主合同，合资合同、公司章程、可用性绩效指标及相关、运维绩效指标及相关、各类保函及人大决议等支撑性文件作为PPP项目协议的附件体系，和PPP项目协议共同构成一个完整的合同体系。

第二层次为由项目公司和项目推进过程中的各有关主体签署的协议体系。如由项目公司与金融机构签署的融资协议及担保合同、与施工总承包方（中选社会资本方）签署的施工总承包合同、与保险机构之间签署的保险合同等。

（2）联合体协议要点。

①北京市轨道交通建设管理有限公司为北京市轨道交通建设管理有限公司、北京市轨道交通运营管理有限公司、北京城建集团有限责任公司、北京市政路桥股份有限公司、北京市政建设集团有限责任公司、中国铁建股份有限公司、中铁十四局集团有限公司、中铁十二局集团有限公司联合体牵头人，其他各方为成员方。

②各成员方同意，在本项目投标阶段，联合体牵头人将合法代表联合体各成员负责本项目投标文件编制活动，代表联合体提交和接收相关的资料、信息及指示，并处理与投标和中标有关的一切事务；联合体中标后，联合体牵头人负责合同签订阶段的主办、组织和协调工作。

③联合体将严格按照招标文件的各项要求，递交投标文件，履行投标义务和中标后的各项义务，共同承担本项目 B 部分的投资、建设义务和责任，以及特许经营期内全线的运营联合体各成员单位按照内部职责的划分，承担各自所负的责任和风险，并向招标人承担连带责任。

④联合体牵头人代表联合体签署投标文件，联合体牵头人的所有承诺均认为代表了联合体各成员方。

⑤如中标，联合体各成员方应共同与招标人签订项目投资协议，并向招标人承担连带责任。

⑥联合体各成员方与政府出资人代表共同组建项目公司（以下简称"项目公司"）。项目公司注册成立后应与招标人签订特许协议及其附件，对本项目的筹划、资金筹措、建设、运营管理、债务偿还和资产管理等全过程负责，对本项目自主经营、自负盈亏，并在合作项目合同规定的特许期满后，按照特许协议的规定移交项目。

⑦北京市轨道交通建设管理有限公司责任分工为项目投融资、建设管理、运营管理和项目移交工作；北京市轨道交通运营管理有限公司责任分工为项目投融资、运营管理和项目移交工作；北京城建集团有限责任公司、北京市政路桥股份有限公司、北京市政建设集团有限责任公司、中国铁建股份有限公司、中铁十四局集团有限公司和中铁十二局集团有限公司责任分工为项目投融资、建设施工和项目移交工作。各成员应于 2019 年 3 月 1 日前缴纳全部出资。

⑧投标工作和联合体在中标后项目实施过程中的有关费用按约定分摊。

⑨联合体中标后，本联合体协议书是投资协议的附件，对联合体各成员单位有合

同约束力。

⑩联合体成员单位可另行签订协议，就项目投资建设、项目公司设立及运营等事项进行具体约定。但是，非经招标人书面同意，联合体各成员方另行签订的协议不得做出与本协议实质性内容不同的约定；联合体各成员方确认，与本协议实质性内容不同的约定无效。

（3）权利义务关系。

①市政府的义务主要包括以下几个方面。

●遵守法律：始终遵守并促使项目公司遵守所有适用法律及PPP项目协议规定的相关义务。

●批准：给予（仅限于市政府根据适用法律和PPP项目协议有行政管理审批权或有权批准的事项）或尽力协助项目公司获得所需的批准，并在适用法律允许的情况下加快批准进度。

●不干预：尽最大努力防止和减少可能产生的第三方对新机场线项目建设、运营和维护的干预、干扰、影响和破坏。

●税收优惠：市政府在不违反适用法律的前提下依法给予项目公司能决定的税收优惠。

●公用设施：促使相关方及时地以公平价格且不差于与项目公司提供的服务大致相同的其他轨道交通运营企业一般可以得到的条件，向项目公司提供建设新机场线项目设施以及运营和维护新机场线项目设施所需的所有公用设施，包括水、电和通信设施。

●安全保障：除项目公司根据适用法律和PPP项目协议规定采取安全保障措施外，在新机场线项目设施的建设及全线运营期间，如项目公司发现任何危害新机场线安全运营的任何行为，包括《北京市城市轨道交通安全运营管理办法》（2009年修改）第三十五条所列行为，以及其他适用法律所列的禁止行为或任何可能影响新机场线安全运营的作业，项目公司应及时向市政府进行汇报，市政府应根据适用法律的规定采取有效措施，以防止危害新机场线的安全运营。

②项目公司的义务主要包括以下几个方面。

●股权转让限制：确保在生效日期之后至特许经营期届满，任何原始股东都不应转让（包括向项目公司其他股东、任何股东的关联公司和 / 或任何第三方）其在项目公司中的全部或部分股权，除非经市政府预先书面同意。

●对股东协议及公司章程条款的要求：项目公司的股东协议及公司章程必须包括政府方出资代表股权比例、股东会及董事会召开法定人数、否决权等条款。

●事先征询市政府同意：项目公司拟签署有效期超过特许经营期的任何合同、协议或具有法律约束力的文件前，应事先征得市政府的同意；未获得市政府的同意，不得签署该等合同、协议或具有法律约束力的文件。

●遵守适用法律及获得相关批准。协调融资协议、股东间的任何协议等相关文件、协议或具有法律约束力的文件，保证其与项目协议不冲突。

●环境保护：项目公司不得因 B 部分项目设施的建设和新机场线项目设施的运营和维护而造成新机场线场地或周围环境污染（适用法律允许范围内的情况除外），并且项目公司应遵守适用法律的各项标准及要求；同时，应根据适用法律，采取适用法律要求的合理措施来避免或尽量减少对设施、建筑物和居民区的干扰。

●获取票务及非票务收入，同时缴纳收费、税费等。

●配合机场线高速公路的建设运营，并协助机场线上盖开发等事宜。

③双方共有的权利义务包括对文件的权利、遵守保密协议等相关规定、合作及预先警告义务等。

3.2.2 项目采购

1. 资格审查情况

本项目实行资格后审，市交通委于 2016 年 8 月 11 日在中国采购与招标网、中国政府采购网、北京建设工程信息交易网、北京市招投标公共服务平台、北京市财政局及北京市交通委网站上发布了本项目的招标公告。

参与本项目投资竞争的社会资本应同时具备下述条件。

（1）依法注册且合法存续的企业法人，未处于被吊销营业执照、责令关闭或被撤销等不良状态（以联合体形式投标的，联合体各方均需要满足此要求）。

（2）资质要求。

●同时具有建设行政主管部门核发的下列资质。

Ⅰ.市政公用工程施工总承包Ⅰ级及以上资质。

Ⅱ.公路工程施工总承包Ⅰ级及以上资质。

Ⅲ.建筑工程施工总承包Ⅰ级及以上资质。

（以联合体形式投标的，联合体成员中承担相应专业建设施工任务的，需要具备相应资质要求。）

●具有建设行政主管部门核发的安全生产许可证。（以联合体形式投标的，联合体承担建设施工任务方均需要满足此要求。）

●能力和业绩要求。

Ⅰ.具有良好的财务状况、较强的融资能力，截至2015年年底净资产不低于80亿元人民币。（以联合体形式投标的，以联合体成员出资比例加权总和计算。）

Ⅱ.近3年（2013—2015年）每年均为盈利，且年度财务报告应当经具有法定资格的中介机构审计；财务状况良好，未处于财产被接管、冻结、破产或其他不良状态、无重大不良资产或不良投资项目。（以联合体形式投标的，联合体所有成员均需满足。新成立的公司，需提供其成立年度前对应年度的近3年，即2013—2015年控股母公司的年度财务报告，控股母公司需满足上述条件。）

Ⅲ.具有不低于200亿元人民币（或等值货币）的投融资能力。（以联合体形式投标的，按联合体各成员单位之和确定。）

●近5年（2011年1月至投标截止日期）内财务会计资料无虚假记载，商业信誉良好，在经济活动中无重大违法违规行为。（以联合体形式投标的，联合体所有成员均需满足此要求。）

●近10年（2006年1月至投标截止日期）作为投资人累计投资的城市轨道交通项目合同金额不少于150亿元人民币。（以联合体形式投标的，按联合体各成员单位之和确定。）

●近10年（2006年1月至投标截止日期）累计完成40千米及以上的新建城市轨道交通工程土建施工任务。（以联合体形式投标的，按联合体各成员单位之和确定。）

●营业范围中含有地铁（城市轨道交通）运营或相应表述。（以联合体形式投标的，联合体成员单位之一需满足此要求。）

●具有超大城市（《国务院关于调整城市规模划分标准的通知》（国发〔2014〕

51号文）规定：城区常住人口1 000万以上的为超大城市）城市轨道交通运营业绩或试运行业绩。（以联合体形式投标的，联合体成员单位之一需满足此要求。）

（3）单位负责人为同一人或存在控股、管理关系的不同单位，不得同时单独以自己名义投标或参加不同联合体投标。（以联合体形式投标的，联合体各方均需要满足此要求。）

（4）联合体投标要求。

本次招标接受联合体投标。联合体投标的，必须满足如下内容。

●联合体成员总数不能超过8家。

●联合体必须指定牵头人，接受委托并代表所有联合体成员负责投标和合同实施签订阶段的主办、协调工作，并应当向招标人提交由所有联合体成员的法定代表人签署的授权书。

●联合体各方应签订联合体协议书，明确联合体各方拟承担的工作和责任，明确联合体牵头人和联合体其他成员的权利义务。

●联合体成员均应承担项目公司的出资义务。

●联合体成员在本项目中不得再以自己名义单独投标或参加其他联合体投标。

2. 采购及评审情况

（1）采购方式及过程。

本项目于2016年9月28日进行招标评审工作，有效响应文件数量符合开标条件，评审专家共计17名（包括财务、法律、投资专家等）。根据评审办法，评审小组评审出中标候选人3名。

本项目的采购结果确认谈判工作组（由市交通委、市财政局、咨询公司、法制办及相应监督检查人员组成）与第一名中标候选人（城市铁建联合体）进行确认结果谈判，最终在规定时间内与城市铁建联合体率先达成一致，签署谈判备忘录。中标结果公示期满后，市交通委向中标方城市铁建联合体发出中标通知书。

（2）评审内容。

本项目采用综合评审法，由评审委员会对通过资格审查的投标人递交的投标文件进行综合评审和打分。

本项目的打分项目分为两部分，其中：商务与技术部分满分为100分，分为建设部分（40分）、运营部分（40分）、投融资能力及财务能力部分（20分）；投标报价部分满分为 100 分。商务与技术部分和投标报价部分各占 50% 权重，分数合计为 100 分。

本项目的竞价方式为在车千米服务费单价上限、项目总投资上限内，投标人报出本项目车千米服务费单价、项目总投资、项目全投资内部收益率。具体数据如下。

本项目车千米服务费单价控制价为：84 元 / 车千米；

本项目总投资上限为：173.61 亿元人民币。

3. 合同谈判及签署

市交通委依据评审委员会的推荐顺序与排名第一的中标候选人就项目协议进行谈判，本项目的 PPP 合同及谈判备忘条款提交有关部门审查，审查通过后，市交通委与城市铁建联合体签署 PPP 项目协议与合资协议。

3.2.3 项目执行

1. 项目公司设立情况

（1）公司概况。

公司名称：北京城市铁建轨道交通投资发展有限公司。

地址：北京市丰台区南四环西路 188 号七区 3 号楼 301。

注册资本：人民币 59.77 亿元。

（2）股权结构。

城市铁建联合体出资 587 782.22 万元，占股 98%；京投公司出资 11 995.56 万元，占股 2%。出资方式皆为货币，由各方股东根据项目建设进度及融资需要等分批次安排资金到位。其中，各方股东以各自的持股比例分配公司利润。

（3）管理层架构。

①股东会及议事机制。

公司股东会由全体股东组成。股东会是公司的最高权力机构，股东会会议由股东按出资比例行使表决权。股东会作出决议，必须经全体股东一致通过。

②董事会构成及议事机制。

公司设董事会，董事会为公司经营决策机构。董事会由 5 名董事组成，设董事长 1 名。4 名董事由社会资本方委派或推荐，1 名董事由政府方出资代表委派或推荐，董事长由社会资本方提名、董事会选举产生。由董事会拟定或决定的事项经过全体董事

4/5（包括本数）以上的董事同意通过即生效。

③经营管理团队。

项目公司设总经理 1 名，副总经理 2 名（政府方出资代表和社会资本方各委派 1 名）。总经理由社会资本方提名、董事会聘任，其他高级管理人员按照相关的权限和程序报批后，由董事会聘任或解聘。

④项目公司组织架构。

综合考虑到工程建设运营技术水平复杂、管理工作精细化要求较高、项目公司业务种类相对单一等企业所处内外环境特点及集约化管理的原则，拟采用"直线职能制"结构类型，对项目公司组织结构进行设计，充分发挥职能机构的专业管理作用，减轻直线领导人员的工作负担，设置专业的职能结构，以保证职有专司、责任确定，利于建立有效的工作秩序，提高管理水平。项目公司组织结构如图 4-3-2 所示。

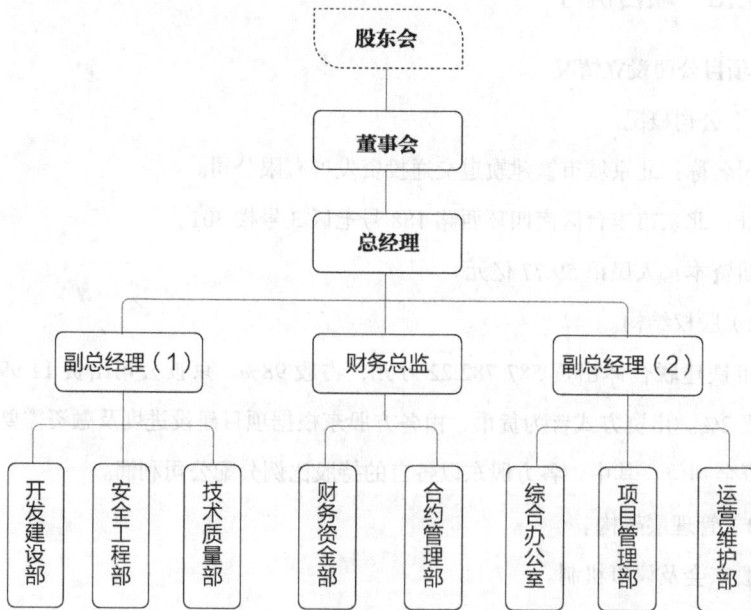

图4-3-2 项目公司组织结构

2. 项目融资落实情况

本项目的融资分为初始长期借款、更新改造及追加投资借款和短期借款。

初始长期借款的贷款期限为 17 年（其中宽限期或建设期为 2016 年 9 月—2019

年 9 月；还款期为 2019 年 9 月—2032 年年底），初始投资长期借款在建设期内不还本、只偿还建设期利息，特许经营期内（2019 年 9 月起至借款偿还完成之日止）偿还本息，按年计息，采用自由现金还款法（根据项目公司现金流确定还款计划，总体还款前少后多）。主要债权人为中国农业银行北京市分行。

更新改造及追加投资部分的贷款期限为 5 年，按年计息，采用等额本金还款法，但本项目更新改造及追加投资优先考虑项目公司盈余资金，本测算更新改造及追加投资全部资金来源为盈余资金，无追加投资借款。

短期借款中的流动资金借款期限为 1 年，即每年年初借款、年末偿还，按年计息；搭桥资金借款期限为 3 年，采用等额本金还款法，按年计息。

3. 项目建设进度

本项目西红门、黄村、航站楼北段三大标段于 2016 年 12 月 26 日实现同步进场开工。截至 2018 年 12 月底，新机场线全线 3 座车站均已实现封顶并于 2019 年 9 月与北京大兴国际机场同步开通试运营。

4. 项目实施成效

本项目的建成和投入使用，将为北京大兴国际机场提供一条快速交通线路，可以有效疏解航空客流，进而与新机场一道分担北部的首都国际机场交通压力，具有如下重大战略意义。

（1）本项目是新机场顺利运营的必要条件。

北京新机场与既有的首都国际机场在国家相关远期规划中均定义为"大型国际航空枢纽"，北京新机场肩负着满足北京地区航空运输量不断增长的需要的长期任务，将与首都国际机场分工协作，全面覆盖北京地区航空市场。北京新机场凭借自身航空航线网络对旅客的吸引，加之地理位置、建设条件及周边铁路、公路密集网络对航空运输形成的客源支持，将会辐射包括京津冀在内的中国北方大部分区域。

在新机场功能稳定、与首都国际机场相对独立的运行阶段，新机场线能为新机场提供安全、舒适、高速、准时的客运服务，满足市区航空乘客的出行需求，能够有效地加强对中心城区航空客流的吸引，弥补新机场在一市两场中明显的区位弱势。

（2）本项目是缓解新机场外部交通压力的重要途径。

根据首都国际机场交通现状调查，目前到北京首都国际机场的交通方式中，选择轨道交通方式出行的比例很小，仅占 14%。出租车和小汽车占出行比例较高，分别为

37%和28%。随着人口和航空出行量的进一步增加，有限的道路资源将难以维系这种持续增长的需求。

根据北京新机场提出的"构建以大容量公共交通为主导的可持续发展模式，建立多交通方式整合协调并具有强大区域辐射能力的陆侧综合交通体系"这一总体战略目标，到新机场建成年（年旅客吞吐量为1亿人次），轨道交通的出行比例将达到约40%（根据新机场外部综合交通规划提出），小汽车和出租车的出行比例要控制在50%以内。综上所述，为了响应"公交优先"理念，发展公共交通方式为主导的综合交通体系，扩大公共交通辐射范围，增加公共交通在航空旅客出行方式中的比例，北京轨道交通新机场线的建设势在必行，通过专线高品质的服务和高效的运行提高公共交通的服务水平。

（3）本项目具有极为广泛的经济社会效益。

除上述战略意义外，该项目投入使用后，还有很多无法量化的效益，如节约土地、有效利用地下空间、节约土地成本等。

首先，随着该项目顺利投入运营，线路周边及附近延伸区域的土地综合开发利用价值将得到极大提升，进而在极大程度上进一步带动首都南部区域的经济效益提升以及城市化发展。同时，该项目属于绿色清洁的城市轨道交通工程，能够在一定程度上改变城市居民和游客的出行方式，减少城市汽车尾气排放等环境污染问题。

其次，该项目通过改善交通结构，也可促进城市合理布局的发展。例如，改善新旧城区及北京不同环线之间因出行时间不一而导致的城市布局问题，同时增强客流出行的便捷性。

最后，该项目使得北京市区到机场的乘车时间缩短且交通更加舒适便捷，北京与其他城市、地区的连接也更便捷、紧密；结合新机场的建设，国家在新机场周边规划了北京新机场临空经济区，未来将形成以新机场为核心、以航空服务为基础，以创新驱动、绿色低碳高端产业为引领的国家对外交往中心功能承载区、国家航空科技创新引领区、京津冀协同发展示范区。新机场线与上述规划区域直接联通或与其他线路共同实现联通，这对于日后将会如火如荼开展的京津冀一体化、雄安新区建设以及非首都功能疏解等也将起到充分的保障和推动作用。

3.3 项目点评

3.3.1 项目特点及亮点

本项目作为北京市第一个"土建+机电设备车辆+运营一体化"的"大PPP"项目，为未来政府与社会资本方合作轨道交通类PPP项目的实施进行了良好的探索，同时本项目的投融资模式、回报机制等交易架构也为未来PPP项目运作提供了良好的借鉴和参照。本项目的运营成本也会为北京市政府日后采取ABO模式开展项目时对运营商成本的把控提供基准参照。

本项目通过政府职能和机制的转变，充分利用政府和市场两种资源，很好地兼顾了公共性与竞争性、效率与公平，既提高了公共产品的供给水平和质量，又发挥了财政资金"四两拨千斤"的作用，真正实现了少花钱、多办事、办好事的目的。

从实施结果来看，科学合理的投资回报机制和绩效考核方式，消除了"明股实债"、固定收益、保底承诺等潜在问题，"建设集团+运营企业"的社会资本方组合，避免了仅由金融类企业中标的情况，充分体现了PPP模式的理念与精神，有助于实现建设和运营工作的平稳推进、有序衔接。

第四章
绍兴市城市轨道交通1号线PPP项目

4.1 项目摘要

项目基本信息见表 4-4-1，项目交易结构见图 4-4-1。

表4-4-1 项目基本信息

项目名称	绍兴市城市轨道交通 1 号线 PPP 项目（以下简称"本项目"）
项目类型	新建
所属行业	轨道交通
入库情况	财政部全国 PPP 综合信息平台项目管理库
合作内容	项目需建设的设备设施包括：车站、区间、轨道、通信设备、信号设备、供电设备、综合监控系统（ISCS）、火灾自动报警、环境与设备监控、安防与门禁、通风设施、空调与供暖设施、给水与排水设施、消防设施、自动售检票（AFC）系统、站内客运设备、站台门、运营控制中心、车辆基地、人防等。PPP 项目合作总投资约为 197.03 亿元。合作期内项目公司承担绍兴市城市轨道交通 1 号线工程的投资、建设、运营维护的职责；项目合作期满后，项目公司须将本项目下的机电设备资产及项目的经营收益权和运营维护权无偿交还给政府方
合作期限	合作期限共 30 年，包含建设期和特许经营期，其中：建设期 4 年；特许经营期从全线贯通试运营日起算，期限为 26 年
运作方式	本项目采用 BOT 模式，由绍兴市轨道交通集团有限公司（政府方出资代表）与中选社会资本方共同组建项目公司（以下简称"项目公司"）进行特许经营

续表

回报机制	可行性缺口补助
实施机构	绍兴市轨道交通建设指挥部办公室
采购方式	公开招标
中选社会资本方	社会资本方由北京市基础设施投资有限公司（以下简称"京投公司"）、北京地铁车辆装备有限公司、北京市政路桥股份有限公司、北京城建基础设施投资管理有限公司自愿组成投标联合体参加绍兴市城市轨道交通 1 号线 PPP 项目，由京投公司作为联合体牵头人，以下简称该联合体为"京投公司联合体"
签约日期	2019 年 3 月 31 日
项目公司设立概况	公司名称：绍兴京越地铁有限公司 设立时间：2019 年 5 月 15 日 股权结构：项目公司注册资本为 50 亿元，政府方出资代表占股 49%，社会资本方占股 51%

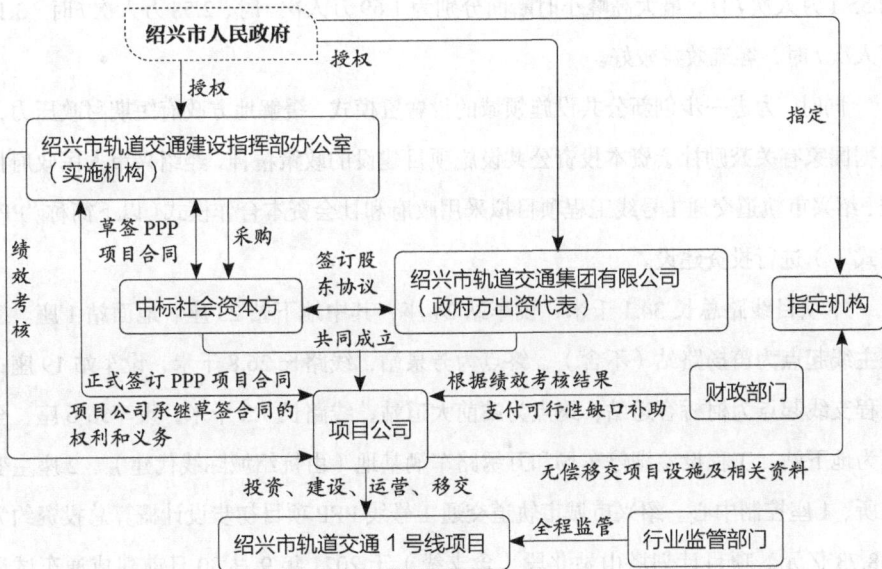

图 4-4-1　项目交易结构

4.2 项目实施要点

4.2.1 项目前期准备

1. 项目背景

绍兴市城市轨道交通 1 号线作为连接越城区和柯桥区的骨干线路，以及衔接杭州与绍兴的重要对外通道，对于完善绍兴主城片区内外便捷的交通条件，缩短越城区与柯桥区的交通通行时间，加强城市内外联系，促进主城片区的发展有着重要的作用。1 号线位于主城区最主要的客流走廊上，有利于老城人口、就业岗位和服务职能向外疏解，能有效引导城市空间格局的形成，缓解主城区的交通压力。同时，1 号线衔接绍兴火车站、绍兴北站等绍兴市区内的交通枢纽，衔接杭州地铁 5 号线，有利于增强绍兴北站作为交通枢纽的辐射力，促进杭绍一体化发展。

根据测算，1 号线初、近、远期客运量分别为 26.4 万人次 / 日、41.7 万人次 / 日和 55.1 万人次 / 日，最大高峰小时断面分别为 1.69 万人次 / 时、2.58 万人次 / 时、3.17 万人次 / 时，客流效益较好。

同时，为进一步创新公共设施领域的投融资模式，缓解地方政府短期财政压力，根据国家有关鼓励社会资本投资公共设施项目建设的政策精神，经绍兴市人民政府批准，绍兴市轨道交通 1 号线工程项目拟采用政府和社会资本合作模式（以下简称"PPP 模式"）进行投资建设。

本项目线路总长 34.1 千米，设车站 24 座，其中地下站 23 座、地面站 1 座。工程主线起点为笛扬路站（不含），终点为芳泉站，线路长 26.8 千米，设车站 19 座；工程支线起点为柯桥客运站，终点为站前大道站，线路长 7.3 千米，设车站 6 座，全部为地下站。工程设鉴湖停车场和万绣路车辆基地（由杭绍城际线代建）、2 座主变电所、1 座控制中心。绍兴市城市轨道交通 1 号线 PPP 项目初步设计概算总投资约为 238.73 亿元。项目计划塔山站北段（含支线）于 2021 年 9 月 30 日前建成通车试运行，塔山站南段于 2022 年 12 月 31 日前建成通车试运行。

2. 物有所值评价和财政承受能力论证要点

参照财政部《PPP 物有所值评价指引（试行）》（财金〔2015〕167 号附件）及《政府和社会资本合作项目财政承受能力论证指引》（财金〔2105〕21 号附件）的规

定，专家组对绍兴市城市轨道交通 1 号线 PPP 项目进行了物有所值评价和财政承受能力论证，并形成了评价论证结果和专家组意见。

（1）物有所值评价要点及结论。

基本指标包括全生命周期整合程度、风险识别与分配、绩效导向与鼓励创新、潜在竞争程度、政府机构能力、可融资性 6 个项目，对应权重分别为 15%、15%、15%、10%、10%、15%，合计权重为 80%。同时，根据本项目实际情况，选择项目规模、行业示范性、全生命周期成本估算准确性、主要固定资产种类等 4 个指标作为补充指标，每个指标权重均为 5%，合计权重为 20%。总计权重为 100%。

●全生命周期整合程度。主要考核在项目全生命周期内，项目设计、投融资、建造、运营和维护等环节能否实现长期、充分整合。采用引入社会资本的合作模式，将项目的设计、建造、融资、运营和维护等全生命周期的各环节整合起来，通过一个长期合同全部交由社会资本合作方实施，是实现物有所值的重要机理。

本项目是超大型基础设施项目，由中标社会资本方和政府方出资代表共同出资，从而建立政府与社会资本风险共担、利益共享的合作机制。合作期 30 年（计划建设期 4 年，计划运营期 26 年）内，通过采用 PPP 模式，政府方参股项目公司，参与本项目全生命周期的融资、运营、维护、更新的管理，达到项目全生命周期的整合，合作期结束后项目资产和设施无偿移交给政府，满足全生命周期风险分配及管理的要求。同时，本项目根据相关法律法规政策，对交易结构进行合理设计和优化，搭建项目合同体系，并对合同体系进行动态管理，实现对项目全生命周期内各项风险的有效把控。

●风险识别与分配。主要考核在项目全生命周期内，各风险因素是否得到充分识别并在政府和社会资本之间进行合理分配。清晰识别风险和优化风险分配，是开展物有所值评价的一个主要驱动因素。在项目识别阶段的物有所值评价工作开始前，着手开展风险识别工作，有利于在后续工作中实现风险分配的优化。

本项目已进行了较为深入的风险识别工作，绝大部分风险可被清晰、完整地识别，并能够按照风险分配优化、风险收益对等和风险可控等原则，综合考虑风险管理能力、市场风险管理能力等要素，在政府方与社会资本方之间合理分配项目风险，充分保障交易双方的利益。

●绩效导向与鼓励创新。本指标主要考核是否建立以基础设施及公共服务供给数量、质量和效率为导向的绩效标准和监管机制，是否落实节能环保、支持本国产业等政府采购政策，能否鼓励社会资本创新。绩效指标，特别是关键绩效指标，主要确定了对项目运营维护和产出进行检测的要求和标准，如针对公共产品和服务的数量和质量（或可用性）等。绩效指标越符合项目具体情况，越全面合理、清晰明确，则绩效导向程度越高。

本项目在项目合同中明确了绩效考核标准，政府方根据绩效考核结果向项目公司支付可行性缺口补助。当考核结果不满足标准时，政府方有权扣减相关费用，以此来约束社会资本方的建设及运营维护水平，提高整个项目的效率。同时，为鼓励项目创新，本项目主要明确了社会资本合作方应交付产出的规格要求，尽可能不对项目的投入和社会资本合作方具体实施等问题提出要求，从而为社会资本方提供创新机会。

●潜在竞争程度。主要考核项目将引起社会资本之间竞争的潜力，以及在随后的项目准备、采购等阶段是否能够采取促进竞争的措施等。

根据前期市场测试情况及同类项目市场情况，预计有资格、意愿和能力参与本项目的社会资本至少达到3家（最终为3家），潜在竞争程度较高。

●政府机构能力。主要考核政府转变职能、优化服务、依法履约、行政监管和项目执行管理等能力。

推广运用PPP模式，是促进经济转型升级、支持新型城镇化建设的必然要求；是加快转变政府职能、提升国家治理能力的一次体制机制变革；是深化财税体制改革、构建现代财政制度的重要内容。绍兴市政府授权绍兴市轨道交通建设指挥部办公室作为本项目的实施机构，在本项目所有阶段与绍兴市交通、财政等有关部门协同，以上部门对相关项目具有丰富的操作、管理经验，有能力确保PPP项目最终顺利落地。

●可融资性。主要考核项目的市场融资能力。项目对金融机构（贷款和债券市场）的吸引力越大，项目越具有融资可行性，越能够顺利完成融资交割且能较快进入建设、运营阶段，实现较快增加基础设施及公共服务供给的可能性也就越大。

本项目采用"可行性缺口补助"的回报机制，绍兴市人民政府明确将该补助纳入财政预算，对社会资本融资具有较强的保障性。同时，本项目采购时要求社会资本方具备较强的资金实力及融资能力，可以间接保证社会资本方从银行等金融机构获得融资。

●项目规模。项目规模指标主要依据项目的投资额或资产价值来评价。PPP项目的准备、论证、采购等前期环节的费用较高，只有项目规模足够大，才能使这些前期费用占项目全生命周期成本的比例处于合理或较低水平。一般情况下，基础设施及公共服务项目的规模越大，越有利于采用 PPP 模式吸引社会资本参与。

根据本项目可行性研究报告给出的总估算表，本项目估算总投资约为 238.23 亿元。通过 PPP 模式实施本项目，引入社会资本，在财政可承受的范围内安排财政支出，有利于缓解政府财政压力，合理安排其他各项财政支出，保障基础设施建设，提高公共交通服务的质量。

●行业示范性。主要考核项目的自身特点与实施方案设计在行业内是否具有示范效应。本项目的合作方式、交易结构、回报机制、绩效考核等均针对项目特点进行了一定的创新，对同行业的类似项目有推广价值和参考价值，具有较好的行业示范性。

●全生命周期成本估计准确性。主要考核项目对采用合作模式的全生命周期成本的理解和认识程度，以及全生命周期成本被准确预估的可能性。全生命周期成本是确定合作期长短、付费多少、政府补贴额等的重要依据。对轨道交通项目而言，除了估算项目建设费用，还应合理预测合作期内的客流量、车千米数和车千米服务费价格等。

本项目全生命周期成本可分为项目建设期成本、运营期运营维护成本和由风险造成的成本增加。其中，建设期和运营期成本可根据项目设计文件，结合项目的具体情况进行分析测算后得出。由于行车组织计划、票价政策等对经营成本与收入起决定作用的关键指标主要取决于政府方，项目很可能出现由不确定性风险带来的成本增加，但是通过项目实施方案等设置合理的风险分担机制，明确合作主体双方的权责，增加的风险成本将得到有效控制。

●主要固定资产种类。主要固定资产种类这一指标主要依据 PPP 项目包含的资产种类多少来评价。一般而言，项目包含的资产种类越多，由社会资产实施的效率越高、效果越好。

绍兴市城市轨道交通 1 号线 PPP 项目的主要固定资产种类包括车站、轨道、通信、信号、供电、站内客运设备、运营控制中心、车辆基地等，资产种类丰富、复杂程度高，具有较高的吸引力和竞争力，有利于促进社会资本的运营创新。

通过物有所值专家论证会议，本项目的物有所值定性分析最终评分结果为 76.56分，评分结果在 60 分以上，专家小组一致认为绍兴市城市轨道交通 1 号线 PPP 项目方案符合《PPP 物有所值评价指引（试行）》中的全生命周期整合程度风险识别与分配、绩效导向与鼓励创新、潜在竞争程度、政府机构能力、可融资性以及全生命周期成本测算准确性和运营收入增长潜力等方面的要求，适宜采用 PPP 模式，结论为通过。

（2）财政承受能力论证要点及结论。

在财政支出能力评估方面，本项目合作期内绍兴市每年度为全部 PPP 项目（包含本项目在内）安排的支出占其一般公共预算支出的比例均未超过 10%，满足 21 号文的要求。

在行业和领域均衡性方面，本项目属于 PPP 模式适用的行业和领域范围，有利于满足经济社会发展需要和公众对公共服务的需求，不存在某一行业和领域内 PPP 项目过于集中的问题，并且具有较强的行业示范性。综上所述，财政承受能力论证通过，本项目适宜采用 PPP 模式。

3. 实施方案要点

（1）风险分配方案。

根据绍兴市城市轨道交通 1 号线 PPP 项目实施方案（以下简称"实施方案"），项目建设、财务、运营维护等风险原则上由社会资本方承担，政策和法律风险等由政府方承担。市场风险和不可抗力风险由政府方与社会资本方共担。

通常由政府方承担的法律风险、政策风险、最低需求风险以及因政府方原因导致项目合同终止等突发情况，会产生财政或有支出责任。因此，风险承担支出应充分考虑各类风险出现的概率和可能带来的支出责任，可采用比例法、情景分析法及概率法进行测算。如果 PPP 合同约定保险赔款的第一受益人为政府，则风险承担支出应为扣除该等风险赔款金额的净额。本项目实施过程中，政府部门需要承担一些宏观方面的风险，如政策风险、法律风险，部分的市场风险和不可抗力风险，以及受到政策、法律影响比较大的诸如规划变更等风险。

（2）PPP 运作方式。

本项目的运作方式为 BOT 方式，是指由社会资本方或项目公司承担新建项目设计、融资、建造、运营、维护和用户服务职责，合同期满后将项目资产及相关权利等移交给政府的项目运作方式。

本项目合作期内，项目公司承担绍兴市轨道交通 1 号线工程的投资、建设、运营维护的职责；项目合作期满后，项目公司须将本项目下的机电设备资产及项目的经营收益权和运营维护权无偿交还给政府方。

（3）交易结构。

①投融资结构。

根据《国家发展改革委关于印发绍兴市城市轨道交通第一期建设规划（2016—2021年）的通知》（发改基础〔2016〕1145号附件）规定，本项目资本金为中标总投资的40%。根据实施机构与联合体签署的绍兴市城市轨道交通1号线PPP项目合同（以下简称"PPP项目合同"），在项目建设期4年中，项目资本金按照由各方股东按照股权比例逐年同步投入，如投入进度调整，须由股东会2/3以上表决权的股东通过。项目资本金与项目公司注册资本之间的差额计入"资本公积"。

项目公司注册资本为50亿元，其中政府方出资代表绍兴市轨道交通集团有限公司占股比例为49%，社会资本方京投公司联合体占股比例为51%，首期10亿元在项目公司成立30日内实缴到位，剩余部分在项目公司成立后3年内由各股东按照股权比例同步实缴到位。

项目资本金以外的债务资金部分由项目公司作为融资主体负责解决，政府方及其出资代表不承担融资担保责任。具体融资方式由项目公司自主决定，但须符合相关法律规定并经政府方审核通过。项目公司可以为实现本项目融资之目的，依法依约将其在PPP项目合同下的各项权益设置抵押、质押或以其他方式设置担保，以进行融资。特别地，社会资本方不得以债务资金充当项目资本金，项目公司所有股东应采取有效措施确保项目资本金按合同约定实缴到位，不得以任何方式通过项目公司筹措应由股东出资的项目资本金。

②回报机制。

本项目下，项目公司作为运营责任主体，在运营期内可获得票务收入和非票业务收益等，但仍难以覆盖投资成本并获得合理回报，因此，本项目采用"可行性缺口补助"的项目回报机制。

项目公司享有权益的收入组成包括：票务收入、非票业务收益以及政府提供的可行性缺口补助。

票务收入指项目公司从事客运服务业务所获得的收入。本项目的PPP项目合同中约定了项目公司应实现的基准客运收入，当项目实际客运收入与基准客运收入不同时，通过设置人均票价水平风险分担机制、客流量不足风险分担机制和超额客运收入分成机制，保证政府和项目公司按照风险共担、收益共享的原则合理共担、共享。

非票业务收益指在PPP项目合同中约定项目公司应实现的基准非票业务收益水平。项目实际非票业务收益未达到约定的基准水平时，由项目公司自行负责（实际非票业务收益不足的风险由项目公司承担）；当项目实际非票业务收益超过约定的基准水平时，项目公司和政府就超额部分享有分成权益。

政府提供的可行性缺口补助按照下述公式计算：年度可行性缺口补助＝约定车千米数 × 车千米服务费价格 – 年度基准客运收入 – 年度基准非票业务收益 + 专项调整额。

其中，约定车千米数指项目采购阶段按行车组织计划确定的车千米数；车千米服务费价格指初始车千米服务费价格，该价格以中标社会资本方报出的车千米服务费价格为基础，在运营阶段通过PPP项目合同约定的车千米服务费价格调整公式予以调整，项目调价拟从项目运营期首年开始，每3年针对人工成本水平变化、电价水平变化、物价水平变化以及与更新改造及追加投资密切相关的投资价格指数变化等因素进行一次价格调整，首次调整为运营期第一年；专项调整额＝车千米变化调整额 + 基准利率变动调整额 + 投资变动调整额 + 更新改造和追加投资调整额 + 额外补偿调整额 – 收入调整额。

（4）边界条件设置。

①权利义务边界。

其包括政府方、项目公司方和社会资本方的主要权利及义务。具体见后文"PPP项目协议要点"中的"权利义务关系"部分。

②交易条件边界。

●土地使用方式。目前，实践中关于PPP项目用地的方式主要有3种：划拨土地使用权、出让土地使用权和政府将土地无偿提供给项目公司使用。

本项目所需使用的土地主要包括项目建设用地和项目临时用地。

项目建设用地使用权的主体为政府方指定的实施机构（绍兴市轨道交通建设指挥部办公室），政府方负责项目建设用地及环评所涉及的控制保护区内的征地拆迁与补偿，并依照适用法律及规范履行相应职责。征地拆迁工作的实际费用发生额据实计入项目总投资成本，由政府方承担。

政府方需将土地按工程建设需求分批次提供给项目公司。该等土地仅为本项目建设和运营维护之用，项目公司不得将项目所用建设土地用于本项目合作范围之外的其他任何目的和用途。

项目临时用地是指因 1 号线项目施工需要，超出项目建设用地范围的土地。包括但不限于工程建设施工中设置的临时办公用房、预制场、搅拌场、拌和站、钢筋加工场、材料堆场、施工及运输便道、其他临时工棚用地；工程施工过程中临时性的取土、取石、弃土、弃渣用地；架设地上线路、铺设地下管线和进行其他地下工程临时需要使用的土地以及交通疏解用地等。

项目公司（或其委托的施工方）为项目临时用地的使用主体和责任主体，应依法向相关辖区政府部门申领项目临时用地许可，并与其签订临时使用土地合同，实施机构应协调政府主管部门给予积极支持与配合。项目公司（或其委托的施工方）在项目临时用地上修建的简易建筑物、构筑物应符合相关法律及规范的规定。临时用地期满，项目公司应将其恢复原状，及时拆除所有的构筑物、建筑物等，退还土地，恢复原状后，清场退出。

●项目资产权属。纳入 PPP 项目合作范围的投资形成的项目资产归属主要包括两部分，即土建工程和机电设备资产。其中，政府方拥有土建工程的所有权，包括车站、隧道、轨道、站房等建（构）筑物。该部分资产由项目公司无偿使用，并负责运营、维护且承担相关费用。项目公司享有机电设备资产的所有权以及绍兴市轨道交通 1 号线工程项目的经营收益权和运营维护权。项目合作期满后，项目公司须将本项目下的全部设施及相关权益无偿交还给政府方实施机构或其指定机构。

不纳入 PPP 项目合作范围的投资形成的资产权属归属政府方。该部分资产由项目公司无偿使用，并负责运营、维护且承担相关费用。相关项目资产更新（重置）投资与追加投资形成的资产权属归属政府方。该部分资产由项目公司无偿使用，并负责运营、维护且承担相关费用。依托本项目开展的课题研究，相关科研成果的所有权、知识产权等由双方共同享有。

●项目合作期限。本项目合作期为 30 年，其中建设期 4 年、运营期 26 年。无论实际建设期持续时间长短，运营期 26 年保持不变，实际合作期可相应调整。

除非依据合同约定提前终止，建设期应从 2019 年 1 月 1 日起至本项目全线开始初期运营日前 1 日止；运营期分为初期运营期和正式运营期，除非依据合同延长或提前终止，运营期从全线开始初期运营日起至全线开始初期运营日第二十六个周年结束之日。

本项目约定开始初期运营日如下。

塔山站以北段（含塔山站及支线）：2022 年 7 月 1 日。

塔山站以南段：2023 年 1 月 1 日（即约定全线开始初期运营日）。

距合作期正常终止日 36 个月时，项目公司可向实施机构发出书面申请，提请实施机构决定运营期终止后是否继续采取 PPP 模式进行 1 号线的运营养护。如果实施机构决定仍采取 PPP 模式进行 1 号线的运营养护，并且届时实施机构有意按相关法律法规的规定和程序选择适合的社会资本方，项目公司在同等条件下享有优先权。

③履约保障边界。

在 PPP 项目合同中明确了保险方案及建设履约保函、运营维护保函和移交保函等保障体系，以保障项目按期建设、按时投入运营，维护相关权益。

●保险方案。PPP 项目合同明确了项目全生命周期中需要投保的内容，给出了所需投保的险种并强调了投保原则，并要求项目公司在项目合作期内必须按照合同的规定自费购买保险。

建设期保险方面，根据 PPP 项目合同，政府方已为建设期投保建筑或安装工程一切险、第三者责任险及雇主责任险，政府方应向项目公司提供相关保险合同。除政府方已投保的建设期保险外，项目公司应自行投保其他必要的保险并承担费用。保险不能覆盖部分的项目设施损失或其他建设期风险仍由项目公司承担。

运营期保险方面，运营期内，项目公司应投保的运营期保险包括财产一切险、公众责任险以及其他通常的、合理的或者我国法律法规要求所必需的保险。

如果项目公司不购买或维持合同中所要求的保险，则政府方有权购买该保险，并且有权根据 PPP 项目合同的约定从履约保函或维护保函款中提取需支付的保险费金额。

●建设期履约保函。自项目公司成立之日起 30 个工作日内，项目公司应向实施机构提供金融机构出具的见索即付的建设期履约保函，担保的有效期为自项目公司成立之日起至项目公司提交运营维护保函之日满 5 日止。

●运营维护保函。在按照本项目 PPP 项目合同约定的建设期履约保函到期或解除之前，项目公司应向实施机构提交金融机构出具的见索即付的运营维护保函，担保的有效期为自建设期履约保函解除之日起至移交保函生效之日满 20 日止。

●移交保函。在移交日期前 1 年的前 10 日内，项目公司应按照 PPP 项目合同规定向实施机构递交本项目的见索即付的移交保函,以防止项目公司移交前停止对项目设施的有效维修。移交保函的有效期自其签发之日起至移交日期后 24 个月后的 15 天内结束。如果本合同提前终止,运营维护保函或移交保函应在要求的期限内(视具体情况而定)保持有效。

上述保函均应为不可撤销且随时可以支付的银行保函,保函在担保有效期内必须始终连续有效。如果项目公司未履行或未全部履行本合同约定的其在运营期项下的义务,或者未能承担全部或部分支付义务(包括但不限于违约赔偿责任),则实施机构有权从运营维护保函中兑取项目公司应承担的支付金额。

各项保函的具体要求及作用等内容详见表 4-4-2。

表 4-4-2　保函体系表

条款	建设期履约保函	运营维护保函	移交保函
提交主体	项目公司	项目公司	项目公司
提交时间	项目公司成立之日起 30 个工作日内	初期运营开始之前	移交日期前 1 年的前 10 日内
退还时间	项目公司递交运营维护保函后	运营期届满且项目公司递交移交保函后	移交完毕,项目公司移交的资产中的主要设备能正常运营 24 个月后
受益人	实施机构	实施机构	实施机构
保证金额	人民币 3 亿元	人民币 1 亿元	人民币 5 亿元 × CPI 变化幅度
担保事项	项目建设资金到位、关键工期节点、试运行节点、竣工节点、验收节点、重大工程质量事故或安全责任事故、运营维护保函提交等	项目运维绩效、持续稳定运营服务义务、服务质量反馈情况、安全保障、移交保函提交等	项目设施恢复性大修,主要设备移交标准,全套项目文档及知识产权移交,人员培训,项目设施存在隐蔽性缺陷,经证明是项目公司运营期内对设施的运营不善所造成的瑕疵,存在资产抵押、质押等任何形式的担保

④调整衔接边界。

此部分主要考虑本项目在提前或同步开通运营、发生应急事件及临时接管情形时的处理方式。

●分段提前开通。提前开通期不计入运营期，自提前开通之日至全线建成通车试运营之日内发生的补偿金额均在每个公历年结束的次年 3 月底之前，由项目公司根据 PPP 项目合同和绩效考核结果计算上一年度提前开通期补偿金额，并向政府方提出提前开通期补偿金额支付结算申请。政府方在当年 6 月 30 日之前完成复审并完成对项目公司的上年度的提前开通期补偿金额结算支付。

提前开通期补偿金额 = 当年实际车千米数 × 车千米运营成本单价

其中，车千米运营成本单价为中标社会资本方报出的车千米服务费价格中的运营成本部分。

本项目分段提前开通，项目公司按运营技术要求承担运营任务。如分段提前开通造成车辆、设备过度使用，从而造成额外的更新改造影响，政府方不予考虑，相关风险由社会资本方承担。

●应急处置。项目公司须在运营维护手册中制定应对突发事件的包括报告程序、应急指挥及处置措施等内容的应急预案。突发事件发生后，项目公司须按应急预案要求及时启动应急措施。

●临时接管。合作期内，出现如下情况时，项目实施机构有权实施临时接管。

发生紧急事件，包括但不限于：政治性紧急事件，如骚乱、动乱、叛乱、恐怖袭击等；社会性紧急事件，如重大自然灾害、重大事故灾难、重大公共安全事件等。

项目公司出现以下严重违约事件行为，包括但不限于：因管理不善，发生重大质量、生产安全事故的；严重影响社会公共利益和安全的；法律、法规禁止的其他行为。

●提前终止及补偿。发生以下情况时，PPP 项目合同可提前终止：

项目公司发生严重违约事件时，政府方指定机构有权发出终止合同的意向通知；

政府部门发生严重违约事件时，项目公司有权发出终止合同的意向通知；

发生不可抗力时，PPP 项目合同签订双方无法协商一致继续履行各自义务，双方有权向对方发出终止合同的意向通知；

如政府方因公共利益的需要终止 PPP 项目合同，政府方将以合理价格收购项目设施，并给予项目公司合理补偿；

政府方依据 PPP 项目合同的相关规定取消或收回经营权。

若 PPP 项目合同提前终止，绍兴市人民政府指定机构应按照 PPP 项目合同的规定接收项目公司的资产，并向项目公司支付相应补偿，具体的补偿原则和补偿标准应在 PPP 项目合同中明确。

●违约处理。项目建设及运营过程中，社会资本方或项目公司未按照 PPP 项目合同履行约定义务的，应承担相应的违约责任，包括停止侵害、消除影响、支付违约金、赔偿损失和解除合同等。当项目公司发生严重违约情形或危及社会安全和公共利益时，政府相关部门有权临时接管项目或提前终止合同。

●争议解决。合作期内，双方各自委派人员组成协调委员会，负责解决协议执行中的任何争议。PPP 项目合同执行过程中若出现争议，应尽力通过协商友好解决。协商不成的，提交协调委员会进行调解。经协调委员会调解不能解决的，可提起诉讼。

（5）监管机制设置。

政府方享有法律赋予的行政管理的职权，享有从前期准入、项目投融资、建设、运营管理维护、中期评估到移交等全过程全环节的监管职责，同时其作为 PPP 项目协议的一方签约主体，还享有基于契约的相关权利。

（6）项目前期工作进展情况。

①项目审批。

本项目前期工作进展见表 4-4-3。

表4-4-3　项目前期工作进展情况表

时间	进展事项
2018 年 3 月 8 日	浙江省住房和城乡建设厅出具项目选址意见书
2018 年 3 月 13 日	绍兴市国土资源局出具项目用地预审意见
2018 年 5 月 21 日	绍兴市人民政府批复项目实施方案
2018 年 7 月 28 日	绍兴市财政局批复项目物有所值评价报告及财政承受能力论证报告

②配套支持。

绍兴市对本项目非常重视，拆迁工作力度大、速度快。为确保社会资本方顺利进场、按时开工，绍兴市政府组织国土局、相关城区政府开展用地范围内的征迁工作，保障了开工后的用地交付。

4. PPP 项目协议要点

（1）合同结构。

社会资本方确定后，实施机构与社会资本方草签 PPP 项目合同。

政府方出资代表与社会资本方签署股东协议和公司章程，共同组建项目公司。

待项目公司成立后 10 日内，由项目公司与实施机构正式签署 PPP 项目合同，由项目公司全面承继草签合同项下的权利和义务。

（2）权利义务关系。

①政府方的主要权利。

按照相关法律政策的要求及 PPP 项目合同约定，政府方享有对本项目投资、建设、运营、更新改造和追加投资等全过程进行监督、指导和检查的权利。

享有制定本项目的建设标准（包括设计、施工和验收标准），以及在建设期内根据需要或法律变更情况对已确定的建设标准进行修改或变更的权利。

享有根据实际需要确定本项目试运营和正式运营开通的具体方式和开通时间的权利。

根据《城市轨道交通运营管理规定》（中华人民共和国交通运输部令 2018 年第 8 号）等法律法规，享有制定试运营期和正式运营期的运营标准，以及根据法律变更情况对运营标准进行变更的权利。

根据有关价格法律法规，享有制定和颁布本项目的运营票价以及监督项目公司执行情况的权利。

按照 PPP 项目合同约定的条件和程序，享有参与项目收益分配或调整政府可行性缺口补助的权利。

运营期内，享有对项目公司的运营状况进行现场检查，要求项目公司报告项目运营相关信息的权利。

依据 PPP 项目合同的约定，在社会资本方或项目公司不履行约定义务或发生紧急事件时，享有实施临时接管、暂代项目公司运营本项目的权利。

如果发生项目公司违约的情况，享有要求项目公司纠正违约、向项目公司收取违约金、提前终止合同（收回经营权）或采取 PPP 项目合同规定的其他措施的权利。

享有书面同意项目公司融资方案、股东协议、公司章程、股权变更的权利。

对项目公司签署的项目有关合同文件享有参与、监督、审核的权利。

享有制定本项目的绩效考核办法，并据此对项目运营和维护进行监督考核的权利。

项目合作期满，享有无偿获得本项目全部项目设施的权利。

行使法律、法规及 PPP 项目合同赋予的其他权利。

②政府方的主要义务。

根据 PPP 项目合同的约定，为项目公司投资、建设和运营本项目设施提供必要的支持条件。

协助推进项目各环节各项行政审批手续的申报和审批工作。

负责征地拆迁等相关工作。

按照 PPP 项目合同的约定，允许项目公司利用项目设施提供客运服务并获得客运收入，允许项目公司利用项目设施直接从事非票业务并取得相关收益。

将项目可行性缺口补助纳入相关政府财政预算。

按照 PPP 项目合同约定对项目公司进行绩效考核，根据考核结果及时支付相关补助费用。

履行法律、法规及 PPP 项目合同规定的其他义务。

③项目公司的主要权利。

按照 PPP 项目合同的约定，享有投资、建设、运营绍兴市轨道交通 1 号线 PPP 项目的权利，并在合作期内拥有该项目的经营收益权和运营维护权。

按照 PPP 项目合同的约定，享有机电设备资产的所有权。

按照 PPP 项目合同的约定，享有获得可行性缺口补助的权利。

根据 PPP 项目合同的约定，享有利用项目设施提供客运服务并获得客运收入的权利。

根据 PPP 项目合同的约定，享有利用项目设施（不包括地上部分）从事非票业务并获取相关收益的权利。

在政府方严重违约的情况下，享有要求提前终止合作并根据 PPP 项目合同的约定获得相应补偿的权利。

行使法律、法规及 PPP 项目合同赋予的其他权利。

④项目公司的主要义务。

按照 PPP 项目合同约定的进度、质量标准完成全部项目建设，自行承担建设相关费用、责任和风险，并购买建设期保险，及时向政府方报告建设进度和建设质量控制情况，接受绍兴市人民政府的监督。

承担本项目所需的申报事项，满足获得项目相关批准要求的条件。

按照 PPP 项目合同的约定支付前期费用。

遵守政府方制定的建设标准，根据 PPP 项目合同按照绍兴市人民政府的要求或法律变更情况进行设计变更。

有义务组织和完成本项目工程的试运营，确保试运营按期开始，并在试运营期内达到规定的运营标准。

在运营期（包括试运营期）内，保持充分的客运服务能力，保证按照 PPP 项目合同的约定、绍兴市人民政府有关部门制定的关于统一运营管理的规定，执行因绍兴市人民政府要求或法律变更导致的运营标准的变更，不间断地提供优质的客运服务，接受政府方对运营情况的现场监督，并按要求报告项目运营相关信息。

未经绍兴市轨道交通建设指挥部办公室同意，不得将绍兴市轨道交通 1 号线 PPP 项目的运营责任委托给第三方。

执行绍兴市人民政府颁布的票价政策，并接受政府方的监督。

配合政府方参与涉及政府方的项目收益分配或补助调整。

根据 PPP 项目合同的规定，在发生紧急事件或项目公司不履行约定义务的情况下，接受政府方实施的临时接管，并提供协助。

如果违约，向绍兴市人民政府缴纳约定的违约金并按规定改正。

按照国家、浙江省及绍兴市相关规定，通过建立安全管理系统、制订和实施安全演习计划、制定应急处理预案等措施，保证地铁的安全运营，在项目设施内从事其他商业经营时，符合相关的安全标准。

在合作期内，未经政府同意，不得在经营权上设定任何质押或其他形式的产权负担，亦不得放弃、无偿或以不合理的低价处置项目资产，如项目公司的股东转让其持有的项目公司股权，应取得绍兴市人民政府的同意。

在合作期结束后，按规定将项目设施移交给绍兴市人民政府或绍兴市人民政府指定机构。

履行法律、法规及 PPP 项目合同规定的其他义务。

⑤社会资本方的主要权利。

按照合同约定签署项目相关合同文件的权利。

制定符合法律和合同约定的融资方案，并根据项目进度的需要编制融资计划。

参与项目公司经营管理，选派代表任项目公司管理层的权利。

自项目建设期起至运营期第五年，项目公司股东持有的股权不得设质或转让；运营期满 5 年后，提前经政府方书面同意，社会资本方可对外转让其所持有的项目公司全部或部分股权（原则上如果社会资本方为联合体投标，其中运营方在整个合作期内均不得对外转让其所持有的项目公司全部或部分股权，政府方要求的除外）。

行使法律、法规及 PPP 项目合同赋予的其他权利。

⑥社会资本方的主要义务。

有义务按合同约定及时出资到位，满足投资和工程进度的需要。

按 PPP 项目合同的约定及时投入注册资本，并确保应投入的后续项目资本金按期、足额到位。

按 PPP 项目合同的约定，及时与政府方出资代表组建项目公司。

应按照股东协议约定的时间和持股比例及时出资到位，依照合同成立项目公司，有义务组织并完成项目融资，并督促项目公司完成建设、运营、移交工作。若为联合体中标的，联合体成员必须自始至终参加本项目的融资、建设、运营、移交（除非经甲方同意）等工作。

履行法律、法规及 PPP 项目合同规定的其他义务。

4.2.2　项目采购

1. 资格审查情况

本项目实行先资格预审、后公开招标的招标方式。实施机构于 2018 年 10 月 31 日在中国采购与招标网、中国政府采购网、绍兴市政府网等网站发布了本项目的资格预审公告。经过比选，包括京投公司联合体在内的 3 家社会资本符合资格要求，取得了参与本项目的投标资格。随后，实施机构于 2018 年 12 月 27 日发布了本项目的公开招标公告。

参与本项目公开招标的社会资本方需同时具备下述条件。

（1）依法注册且合法存续的企业法人，未处于被吊销营业执照、责令关闭或被撤销等不良状态（以联合体形式投标的，联合体各方均需要满足此要求）。

（2）资信方案评审要求。

资信方案评审包括施工业绩与机电设备业绩、运营业绩、信用评级、所有者权益净额、资产负债率等评审项目。

（3）技术方案评审要求。

技术方案评审包括对当地发展的支持举措、项目公司组建方案、投融资方案、建设管理方案、项目运营方案、非客运服务业务开发实施方案、项目移交方案等评审项目。

（4）法律方案评审要求。

投标人可在其法律方案中对合同中未涉及招标核心边界条件之内容的条款提出修改意见，评委根据投标人的修改对采购人利益的影响程度进行评判。

2．采购及评审情况

（1）采购方式及过程。

本项目于 2019 年 1 月 17 日进行招标评审工作，包括京投公司联合体在内的 3 家社会资本参与本次投标，有效响应文件份数符合开标条件。经过评审专家组近一天的慎重评选，最终由京投公司联合体获得投标评分第一名。

（2）评审内容。

本项目采用综合评审法，由评审委员会对通过资格审查的投标人递交的投标文件进行综合评审和打分。

本项目投标文件打分项目分为 4 部分，分别为资信方案（20 分）、技术方案（35 分）、法律方案（5 分）及车千米服务费单价报价（40 分）。

本项目的竞价方式为在车千米服务费单价上限、项目总投资上限内，投标人报出本项目车千米服务费单价。

3．合同谈判及签署

绍兴市轨道交通建设指挥部办公室作为本项目政府方指定的实施机构与排名第一的中标候选人京投公司联合体就项目协议进行谈判，本项目的 PPP 合同及谈判备忘条款提交有关部门审查。审查通过后，实施机构与京投公司联合体签署相关项目合同。

4.2.3　项目公司设立情况

（1）公司概况。

公司名称：绍兴京越地铁有限公司。

地址：浙江省绍兴市越城区北海街道越西路 833 号 11 楼。

注册资本：人民币 50 亿元。

（2）股权结构。

中标社会资本方（京投公司联合体）占股 51%，政府方出资代表（绍兴市轨道交通建设指挥部办公室）占股 49%。出资方式皆为货币，首期注册资本 10 亿元于项目公司成立后 30 日内由各方股东按照股权比例实缴到位，剩余注册资本及项目资本金由各方股东根据项目建设进度及融资需要等分批次安排资金到位。

（3）管理层架构。

①股东会及议事机制。

公司股东会由全体股东组成。股东会是公司的最高权力机构，股东会会议由股东按出资比例行使表决权。股东会作出决议，必须经全体股东一致通过。

②董事会构成及议事机制。

公司设董事会，董事会为公司经营决策机构。董事会由 7 名董事组成，设董事长 1 名。其中，3 名董事由社会资本方委派或推荐，3 名董事由政府方出资代表（绍兴市轨道交通集团有限公司）委派或推荐，1 名职工董事，由社会资本方推荐后，经职工代表大会、职工大会或其他民主形式选举产生。董事长由政府方出资代表提名、董事会选举产生。董事会对股东会负责，行使以下职权。

● 召集股东会会议，并向股东会报告工作。

● 执行股东会决议。

● 决定公司的经营计划和投资方案。

● 制订公司的年度财务预算方案、决算方案。

● 制订公司的利润分配方案和弥补亏损方案。

● 制订公司增加或减少注册资本以及发行公司债券的方案。

● 制订公司合并、分立、解散或变更公司形式的方案。

● 对公司的融资作出决议。

● 决定项目建设管理方式。

●决定公司内部管理机构的设置。

●决定聘任或解聘公司总经理、副总经理及财务负责人或以上级别的高级管理人员，并决定其薪酬和奖惩事项。

●制定公司的基本管理制度。

●聘用或解聘为公司进行审计的会计师事务所。

●法律、法规、公司章程规定的和股东会授予的其他职权。

董事会表决事项时，每一名董事享有一票表决权。董事会会议有过半数的董事出席方可举行。董事会作出决议，必须经全体董事过半数以上同意方能通过。但是，董事会就上述董事会职权中第四和第九项事宜作出表决时必须经 2/3 以上的董事通过。董事会临时会议在保障董事充分表达意见的前提下，可以通信方式进行表决，作出决议后由董事签字。

③经营管理团队。

项目公司经营管理机构设置总经理 1 名、财务总监 1 名及数名副总经理。总经理由中标社会资本方推荐，财务总监由政府方实施机构推荐，副总经理由各股东方根据需要推荐，由董事会聘任。总经理担任项目公司的法定代表人，代表项目公司签署有关文件。除项目公司章程明确规定由股东会和董事会行使的权利外，经营管理机构全权负责公司的日常经营管理工作。

4.3 项目特色及亮点

绍兴市城市轨道交通 1 号线 PPP 项目的成功落地对引导城市开发建设、推动城市级跨越等均具有十分重要的战略意义和先导作用。本项目将北京"规划设计、投融资、建设、装备制造、运营管理"等全产业链的优势资源通过特许经营公司输送至绍兴市，与各方共同致力将本项目建设成为一条惠民地铁、人文地铁、智慧地铁、安全地铁。在推动项目落成，助推地方城市经济发展的同时，通过各方沟通和协调，增进了两地政府和企业的了解和互信，最终实现合作共赢。

本项目通过政府职能和机制的转变，充分利用政府和市场两种资源，很好地兼顾了公共性与竞争性、效率与公平，既提高了公共产品的供给水平和质量，又发挥了财政资金"四两拨千斤"的作用，真正实现了少花钱、多办事、办好事的目的。

从实施结果来看，科学合理的投资回报机制和绩效考核方式，消除了"明股实债"、固定收益、保底承诺等潜在问题，"建设集团＋运营企业"的社会资本方组合，避免了仅由金融类企业中标的情况，充分体现了 PPP 模式的理念与精神，有助于实现建设和运营工作的平稳推进、有序衔接。

附录　重要政策法规

财政部关于推广运用政府和社会资本合作模式
有关问题的通知

财金〔2014〕76号

各省、自治区、直辖市、计划单列市财政厅（局），新疆生产建设兵团财务局：

为贯彻落实党的十八届三中全会关于"允许社会资本通过特许经营等方式参与城市基础设施投资和运营"精神，拓宽城镇化建设融资渠道，促进政府职能加快转变，完善财政投入及管理方式，尽快形成有利于促进政府和社会资本合作模式（Public-Private Partnership, PPP）发展的制度体系，现就有关问题通知如下：

一、充分认识推广运用政府和社会资本合作模式的重要意义

政府和社会资本合作模式是在基础设施及公共服务领域建立的一种长期合作关系。通常模式是由社会资本承担设计、建设、运营、维护基础设施的大部分工作，并通过"使用者付费"及必要的"政府付费"获得合理投资回报；政府部门负责基础设施及公共服务价格和质量监管，以保证公共利益最大化。当前，我国正在实施新型城镇化发展战略。城镇化是现代化的要求，也是稳增长、促改革、调结构、惠民生的重要抓手。立足国内实践，借鉴国际成功经验，推广运用政府和社会资本合作模式，是国家确定的重大经济改革任务，对于加快新型城镇化建设、提升国家治理能力、构建现代财政制度具有重要意义。

（一）推广运用政府和社会资本合作模式，是促进经济转型升级、支持新型城镇化建设的必然要求。政府通过政府和社会资本合作模式向社会资本开放基础设施和公

共服务项目，可以拓宽城镇化建设融资渠道，形成多元化、可持续的资金投入机制，有利于整合社会资源，盘活社会存量资本，激发民间投资活力，拓展企业发展空间，提升经济增长动力，促进经济结构调整和转型升级。

（二）推广运用政府和社会资本合作模式，是加快转变政府职能、提升国家治理能力的一次体制机制变革。规范的政府和社会资本合作模式能够将政府的发展规划、市场监管、公共服务职能，与社会资本的管理效率、技术创新动力有机结合，减少政府对微观事务的过度参与，提高公共服务的效率与质量。政府和社会资本合作模式要求平等参与、公开透明，政府和社会资本按照合同办事，有利于简政放权，更好地实现政府职能转变，弘扬契约文化，体现现代国家治理理念。

（三）推广运用政府和社会资本合作模式，是深化财税体制改革、构建现代财政制度的重要内容。根据财税体制改革要求，现代财政制度的重要内容之一是建立跨年度预算平衡机制、实行中期财政规划管理、编制完整体现政府资产负债状况的综合财务报告等。政府和社会资本合作模式的实质是政府购买服务，要求从以往单一年度的预算收支管理，逐步转向强化中长期财政规划，这与深化财税体制改革的方向和目标高度一致。

二、积极稳妥做好项目示范工作

当前推广运用政府和社会资本合作模式，首先要做好制度设计和政策安排，明确适用于政府和社会资本合作模式的项目类型、采购程序、融资管理、项目监管、绩效评价等事宜。

（一）开展项目示范。地方各级财政部门要向本级政府和相关行业主管部门大力宣传政府和社会资本合作模式的理念和方法，按照政府主导、社会参与、市场运作、平等协商、风险分担、互利共赢的原则，科学评估公共服务需求，探索运用规范的政府和社会资本合作模式新建或改造一批基础设施项目。财政部将统筹考虑项目成熟度、可示范程度等因素，在全国范围内选择一批以"使用者付费"为基础的项目进行示范，在实践的基础上不断总结、提炼、完善制度体系。

（二）确定示范项目范围。适宜采用政府和社会资本合作模式的项目，具有价格调整机制相对灵活、市场化程度相对较高、投资规模相对较大、需求长期稳定等特点。各级财政部门要重点关注城市基础设施及公共服务领域，如城市供水、供暖、供气、污水和垃圾处理、保障性安居工程、地下综合管廊、轨道交通、医疗和养老服务设施等，优先选择收费定价机制透明、有稳定现金流的项目。

（三）加强示范项目指导。财政部将通过建立政府和社会资本合作项目库为地方提供参考案例。对政府和社会资本合作示范项目，财政部将在项目论证、交易结构设计、采购和选择合作伙伴、融资安排、合同管理、运营监管、绩效评价等工作环节，为地方财政部门提供全方位的业务指导和技术支撑。

（四）完善项目支持政策。财政部将积极研究利用现有专项转移支付资金渠道，对示范项目提供资本投入支持。同时，积极引入信誉好、有实力的运营商参与示范项目建设和运营。鼓励和支持金融机构为示范项目提供融资、保险等金融服务。地方各级财政部门可以结合自身财力状况，因地制宜地给予示范项目前期费用补贴、资本补助等多种形式的资金支持。在与社会资本协商确定项目财政支出责任时，地方各级财政部门要对各种形式的资金支持给予统筹，综合考虑项目风险等因素合理确定资金支持方式和力度，切实考虑社会资本合理收益。

三、切实有效履行财政管理职能

政府和社会资本合作项目从明确投入方式、选择合作伙伴、确定运营补贴到提供公共服务，涉及预算管理、政府采购、政府性债务管理，以及财政支出绩效评价等财政职能。推广运用政府和社会资本合作模式对财政管理提出了更高要求。地方各级财政部门要提高认识，勇于担当，认真做好相关财政管理工作。

（一）着力提高财政管理能力。政府和社会资本合作项目建设周期长、涉及领域广、复杂程度高，不同行业的技术标准和管理要求差异大，专业性强。地方各级财政部门要根据财税体制改革总体方案要求，按照公开、公平、公正的原则，探索项目采购、预算管理、收费定价调整机制、绩效评价等有效管理方式，规范项目运作，实现中长期可持续发展，提升资金使用效益和公共服务水平。同时，注重体制机制创新，充分发挥市场在资源配置中的决定性作用，按照"风险由最适宜的一方来承担"的原则，合理分配项目风险，项目设计、建设、财务、运营维护等商业风险原则上由社会资本承担，政策、法律和最低需求风险等由政府承担。

（二）认真做好项目评估论证。地方各级财政部门要会同行业主管部门，根据有关政策法规要求，扎实做好项目前期论证工作。除传统的项目评估论证外，还要积极借鉴物有所值（Value for Money, VFM）评价理念和方法，对拟采用政府和社会资本合作模式的项目进行筛选，必要时可委托专业机构进行项目评估论证。评估论证时，要与传统政府采购模式进行比较分析，确保从项目全生命周期看，采用政府和社会资本合作模式后能够提高服务质量和运营效率，或者降低项目成本。项目评估时，要综合考虑公共服务需要、责任风险分担、产出标准、关键绩效指标、支付方式、融资方案和所需要的财政补贴等要素，平衡好项目财务效益和社会效益，确保实现激励相容。

（三）规范选择项目合作伙伴。地方各级财政部门要依托政府采购信息平台，加强政府和社会资本合作项目政府采购环节的规范与监督管理。财政部将围绕实现"物有所值"价值目标，探索创新适合政府和社会资本合作项目采购的政府采购方式。地方各级财政部门要会同行业主管部门，按照《政府采购法》及有关规定，依法选择项目合作伙伴。要综合评估项目合作伙伴的专业资质、技术能力、管理经验和财务实力等因素，择优选择诚实守信、安全可靠的合作伙伴，并按照平等协商原则明确政府和项目公司间的权利与义务。可邀请有意愿的金融机构及早进入项目磋商进程。

（四）细化完善项目合同文本。地方各级财政部门要会同行业主管部门协商订立合同，重点关注项目的功能和绩效要求、付款和调整机制、争议解决程序、退出安排等关键环节，积极探索明确合同条款内容。财政部将在结合国际经验、国内实践的基础上，制定政府和社会资本合作模式操作指南和标准化的政府和社会资本合作模式项目合同文本。在订立具体合同时，地方各级财政部门要会同行业主管部门、专业技术机构，因地制宜地研究完善合同条款，确保合同内容全面、规范、有效。

（五）完善项目财政补贴管理。对项目收入不能覆盖成本和收益，但社会效益较好的政府和社会资本合作项目，地方各级财政部门可给予适当补贴。财政补贴要以项目运维绩效评价结果为依据，综合考虑产品或服务价格、建造成本、运营费用、实际收益率、财政中长期承受能力等因素合理确定。地方各级财政部门要从"补建设"向"补运营"逐步转变，探索建立动态补贴机制，将财政补贴等支出分类纳入同级政府预算，并在中长期财政规划中予以统筹考虑。

（六）健全债务风险管理机制。地方各级财政部门要根据中长期财政规划和项目全生命周期内的财政支出，对政府付费或提供财政补贴等支持的项目进行财政承受能力论证。在明确项目收益与风险分担机制时，要综合考虑政府风险转移意向、支付方式和市场风险管理能力等要素，量力而行，减少政府不必要的财政负担。省级财政部门要建立统一的项目名录管理制度和财政补贴支出统计监测制度，按照政府性债务管理要求，指导下级财政部门合理确定补贴金额，依法严格控制政府或有债务，重点做好融资平台公司项目向政府和社会资本合作项目转型的风险控制工作，切实防范和控制财政风险。

（七）稳步开展项目绩效评价。省级财政部门要督促行业主管部门，加强对项目公共产品或服务质量和价格的监管，建立政府、服务使用者共同参与的综合性评价体系，对项目的绩效目标实现程度、运营管理、资金使用、公共服务质量、公众满意度等进行绩效评价。绩效评价结果应依法对外公开，接受社会监督。同时，要根据评价结果，依据合同约定对价格或补贴等进行调整，激励社会资本通过管理创新、技术创新提高公共服务质量。

四、加强组织和能力建设

（一）推动设立专门机构。省级财政部门要结合部门内部职能调整，积极研究设立专门机构，履行政府和社会资本合作政策制订、项目储备、业务指导、项目评估、信息管理、宣传培训等职责，强化组织保障。

（二）持续开展能力建设。地方各级财政部门要着力加强政府和社会资本合作模式实施能力建设，注重培育专业人才。同时，大力宣传培训政府和社会资本合作的工作理念和方法，增进政府、社会和市场主体共识，形成良好的社会氛围。

（三）强化工作组织领导。地方各级财政部门要进一步明确职责分工和工作目标要求。同时，要与有关部门建立高效、顺畅的工作协调机制，形成工作合力，确保顺利实施。对工作中出现的新情况、新问题，应及时报告财政部。

政府和社会资本合作模式操作指南（试行）

第一章　总则

第一条　为科学规范地推广运用政府和社会资本合作模式（Public-Private Partnership，PPP），根据《中华人民共和国预算法》《中华人民共和国政府采购法》《中华人民共和国合同法》《国务院关于加强地方政府性债务管理的意见》（国发〔2014〕43号）、《国务院关于深化预算管理制度改革的决定》（国发〔2014〕45号）和《财政部关于推广运用政府和社会资本合作模式有关问题的通知》（财金〔2014〕76号）等法律、法规、规章和规范性文件，制定本指南。

第二条　本指南所称社会资本是指已建立现代企业制度的境内外企业法人，但不包括本级政府所属融资平台公司及其他控股国有企业。

第三条　本指南适用于规范政府、社会资本和其他参与方开展政府和社会资本合作项目的识别、准备、采购、执行和移交等活动。

第四条　财政部门应本着社会主义市场经济基本原则，以制度创新、合作契约精神，加强与政府相关部门的协调，积极发挥第三方专业机构作用，全面统筹政府和社会资本合作管理工作。

各省、自治区、直辖市、计划单列市和新疆生产建设兵团财政部门应积极设立政府和社会资本合作中心或指定专门机构，履行规划指导、融资支持、识别评估、咨询服务、宣传培训、绩效评价、信息统计、专家库和项目库建设等职责。

第五条　各参与方应按照公平、公正、公开和诚实信用的原则，依法、规范、高效实施政府和社会资本合作项目。

第二章　项目识别

第六条　投资规模较大、需求长期稳定、价格调整机制灵活、市场化程度较高的基础设施及公共服务类项目，适宜采用政府和社会资本合作模式。

政府和社会资本合作项目由政府或社会资本发起，以政府发起为主。

（一）政府发起。

财政部门（政府和社会资本合作中心）应负责向交通、住建、环保、能源、教育、医疗、体育健身和文化设施等行业主管部门征集潜在政府和社会资本合作项目。行业主管部门可从国民经济和社会发展规划及行业专项规划中的新建、改建项目或存量公共资产中遴选潜在项目。

（二）社会资本发起。

社会资本应以项目建议书的方式向财政部门（政府和社会资本合作中心）推荐潜在政府和社会资本合作项目。

第七条　财政部门（政府和社会资本合作中心）会同行业主管部门，对潜在政府和社会资本合作项目进行评估筛选，确定备选项目。财政部门（政府和社会资本合作中心）应根据筛选结果制定项目年度和中期开发计划。

对于列入年度开发计划的项目，项目发起方应按财政部门（政府和社会资本合作中心）的要求提交相关资料。新建、改建项目应提交可行性研究报告、项目产出说明和初步实施方案；存量项目应提交存量公共资产的历史资料、项目产出说明和初步实施方案。

第八条　财政部门（政府和社会资本合作中心）会同行业主管部门，从定性和定量两方面开展物有所值评价工作。定量评价工作由各地根据实际情况开展。

定性评价重点关注项目采用政府和社会资本合作模式与采用政府传统采购模式相比能否增加供给、优化风险分配、提高运营效率、促进创新和公平竞争等。

定量评价主要通过对政府和社会资本合作项目全生命周期内政府支出成本现值与公共部门比较值进行比较，计算项目的物有所值量值，判断政府和社会资本合作模式是否降低项目全生命周期成本。

第九条　为确保财政中长期可持续性，财政部门应根据项目全生命周期内的财政支出、政府债务等因素，对部分政府付费或政府补贴的项目，开展财政承受能力论证，每年政府付费或政府补贴等财政支出不得超出当年财政收入的一定比例。

通过物有所值评价和财政承受能力论证的项目，可进行项目准备。

第三章　项目准备

第十条　县级（含）以上地方人民政府可建立专门协调机制，主要负责项目评审、组织协调和检查督导等工作，实现简化审批流程、提高工作效率的目的。政府或其指定的有关职能部门或事业单位可作为项目实施机构，负责项目准备、采购、监管和移交等工作。

第十一条　项目实施机构应组织编制项目实施方案，依次对以下内容进行介绍：

（一）项目概况。

项目概况主要包括基本情况、经济技术指标和项目公司股权情况等。

基本情况主要明确项目提供的公共产品和服务内容、项目采用政府和社会资本合作模式运作的必要性和可行性，以及项目运作的目标和意义。

经济技术指标主要明确项目区位、占地面积、建设内容或资产范围、投资规模或资产价值、主要产出说明和资金来源等。

项目公司股权情况主要明确是否要设立项目公司以及公司股权结构。

（二）风险分配基本框架。

按照风险分配优化、风险收益对等和风险可控等原则，综合考虑政府风险管理能力、项目回报机制和市场风险管理能力等要素，在政府和社会资本间合理分配项目风险。

原则上，项目设计、建造、财务和运营维护等商业风险由社会资本承担，法律、政策和最低需求等风险由政府承担，不可抗力等风险由政府和社会资本合理共担。

（三）项目运作方式。

项目运作方式主要包括委托运营、管理合同、建设－运营－移交、建设－拥有－运营、转让－运营－移交和改建－运营－移交等。

具体运作方式的选择主要由收费定价机制、项目投资收益水平、风险分配基本框架、融资需求、改扩建需求和期满处置等因素决定。

（四）交易结构。

交易结构主要包括项目投融资结构、回报机制和相关配套安排。

项目投融资结构主要说明项目资本性支出的资金来源、性质和用途，项目资产的形成和转移等。

项目回报机制主要说明社会资本取得投资回报的资金来源，包括使用者付费、可行性缺口补助和政府付费等支付方式。

相关配套安排主要说明由项目以外相关机构提供的土地、水、电、气和道路等配套设施和项目所需的上下游服务。

（五）合同体系。

合同体系主要包括项目合同、股东合同、融资合同、工程承包合同、运营服务合同、原料供应合同、产品采购合同和保险合同等。项目合同是其中最核心的法律文件。

项目边界条件是项目合同的核心内容，主要包括权利义务、交易条件、履约保障和调整衔接等边界。

权利义务边界主要明确项目资产权属、社会资本承担的公共责任、政府支付方式和风险分配结果等。

交易条件边界主要明确项目合同期限、项目回报机制、收费定价调整机制和产出说明等。

履约保障边界主要明确强制保险方案以及由投资竞争保函、建设履约保函、运营维护保函和移交维修保函组成的履约保函体系。

调整衔接边界主要明确应急处置、临时接管和提前终止、合同变更、合同展期、项目新增改扩建需求等应对措施。

（六）监管架构。

监管架构主要包括授权关系和监管方式。授权关系主要是政府对项目实施机构的授权，以及政府直接或通过项目实施机构对社会资本的授权；监管方式主要包括履约管理、行政监管和公众监督等。

（七）采购方式选择。

项目采购应根据《中华人民共和国政府采购法》及相关规章制度执行，采购方式包括公开招标、竞争性谈判、邀请招标、竞争性磋商和单一来源采购。项目实施机构应根据项目采购需求特点，依法选择适当采购方式。

公开招标主要适用于核心边界条件和技术经济参数明确、完整、符合国家法律法规和政府采购政策，且采购中不作更改的项目。

第十二条　财政部门（政府和社会资本合作中心）应对项目实施方案进行物有所值和财政承受能力验证，通过验证的，由项目实施机构报政府审核；未通过验证的，可在实施方案调整后重新验证；经重新验证仍不能通过的，不再采用政府和社会资本合作模式。

第四章　项目采购

第十三条　项目实施机构应根据项目需要准备资格预审文件，发布资格预审公告，邀请社会资本和与其合作的金融机构参与资格预审，验证项目能否获得社会资本响应和实现充分竞争，并将资格预审的评审报告提交财政部门（政府和社会资本合作中心）备案。

项目有3家以上社会资本通过资格预审的，项目实施机构可以继续开展采购文件准备工作；项目通过资格预审的社会资本不足3家的，项目实施机构应在实施方案调整后重新组织资格预审；项目经重新资格预审合格社会资本仍不够3家的，可依法调整实施方案选择的采购方式。

第十四条　资格预审公告应在省级以上人民政府财政部门指定的媒体上发布。资格预审合格的社会资本在签订项目合同前资格发生变化的，应及时通知项目实施机构。

资格预审公告应包括项目授权主体、项目实施机构和项目名称、采购需求、对社会资本的资格要求、是否允许联合体参与采购活动、拟确定参与竞争的合格社会资本的家数和确定方法，以及社会资本提交资格预审申请文件的时间和地点。提交资格预审申请文件的时间自公告发布之日起不得少于15个工作日。

第十五条　项目采购文件应包括采购邀请、竞争者须知（包括密封、签署、盖章要求等）、竞争者应提供的资格、资信及业绩证明文件、采购方式、政府对项目实施机构的授权、实施方案的批复和项目相关审批文件、采购程序、响应文件编制要求、提交响应文件截止时间、开启时间及地点、强制担保的保证金交纳数额和形式、评审方法、评审标准、政府采购政策要求、项目合同草案及其他法律文本等。

采用竞争性谈判或竞争性磋商采购方式的，项目采购文件除上款规定的内容外，还应明确评审小组根据与社会资本谈判情况可能实质性变动的内容，包括采购需求中的技术、服务要求以及合同草案条款。

第十六条　评审小组由项目实施机构代表和评审专家共 5 人以上单数组成，其中评审专家人数不得少于评审小组成员总数的 2/3。评审专家可以由项目实施机构自行选定，但评审专家中应至少包含 1 名财务专家和 1 名法律专家。项目实施机构代表不得以评审专家身份参加项目的评审。

第十七条　项目采用公开招标、邀请招标、竞争性谈判、单一来源采购方式开展采购的，按照政府采购法律法规及有关规定执行。

项目采用竞争性磋商采购方式开展采购的，按照下列基本程序进行：

（一）采购公告发布及报名。

竞争性磋商公告应在省级以上人民政府财政部门指定的媒体上发布。竞争性磋商公告应包括项目实施机构和项目名称、项目结构和核心边界条件、是否允许未进行资格预审的社会资本参与采购活动，以及审查原则、项目产出说明、对社会资本提供的响应文件要求、获取采购文件的时间、地点、方式及采购文件的售价、提交响应文件截止时间、开启时间及地点。提交响应文件的时间自公告发布之日起不得少于 10 日。

（二）资格审查及采购文件发售。

已进行资格预审的，评审小组在评审阶段不再对社会资本资格进行审查。允许进行资格后审的，由评审小组在响应文件评审环节对社会资本进行资格审查。项目实施机构可以视项目的具体情况，组织对符合条件的社会资本的资格条件，进行考察核实。

采购文件售价，应按照弥补采购文件印制成本费用的原则确定，不得以营利为目的，不得以项目采购金额作为确定采购文件售价依据。采购文件的发售期限自开始之日起不得少于 5 个工作日。

（三）采购文件的澄清或修改。

提交首次响应文件截止之日前，项目实施机构可以对已发出的采购文件进行必要的澄清或修改，澄清或修改的内容应作为采购文件的组成部分。澄清或修改的内容可能影响响应文件编制的，项目实施机构应在提交首次响应文件截止时间至少 5 日前，以书面形式通知所有获取采购文件的社会资本；不足 5 日的，项目实施机构应顺延提交响应文件的截止时间。

（四）响应文件评审。

项目实施机构应按照采购文件规定组织响应文件的接收和开启。

评审小组对响应文件进行两阶段评审：

第一阶段：确定最终采购需求方案。评审小组可以与社会资本进行多轮谈判，谈判过程中可实质性修订采购文件的技术、服务要求以及合同草案条款，但不得修订采购文件中规定的不可谈判核心条件。实质性变动的内容，须经项目实施机构确认，并通知所有参与谈判的社会资本。具体程序按照《政府采购非招标方式管理办法》及有关规定执行。

第二阶段：综合评分。最终采购需求方案确定后，由评审小组对社会资本提交的最终响应文件进行综合评分，编写评审报告并向项目实施机构提交候选社会资本的排序名单。具体程序按照《政府采购货物和服务招标投标管理办法》及有关规定执行。

第十八条 项目实施机构应在资格预审公告、采购公告、采购文件、采购合同中，列明对本国社会资本的优惠措施及幅度、外方社会资本采购我国生产的货物和服务要求等相关政府采购政策，以及对社会资本参与采购活动和履约保证的强制担保要求。社会资本应以支票、汇票、本票或金融机构、担保机构出具的保函等非现金形式缴纳保证金。参加采购活动的保证金的数额不得超过项目预算金额的2%。履约保证金的数额不得超过政府和社会资本合作项目初始投资总额或资产评估值的10%。无固定资产投资或投资额不大的服务型合作项目，履约保证金的数额不得超过平均6个月的服务收入额。

第十九条 项目实施机构应组织社会资本进行现场考察或召开采购前答疑会，但不得单独或分别组织只有一个社会资本参加的现场考察和答疑会。

第二十条 项目实施机构应成立专门的采购结果确认谈判工作组。按照候选社会资本的排名，依次与候选社会资本及与其合作的金融机构就合同中可变的细节问题进行合同签署前的确认谈判，率先达成一致的即为中选者。确认谈判不得涉及合同中不可谈判的核心条款，不得与排序在前但已终止谈判的社会资本进行再次谈判。

第二十一条 确认谈判完成后，项目实施机构应与中选社会资本签署确认谈判备忘录，并将采购结果和根据采购文件、响应文件、补遗文件和确认谈判备忘录拟定的合同文本进行公示，公示期不得少于5个工作日。合同文本应将中选社会资本响应文件中的重要承诺和技术文件等作为附件。合同文本中涉及国家秘密、商业秘密的内容可以不公示。

公示期满无异议的项目合同，应在政府审核同意后，由项目实施机构与中选社会资本签署。

需要为项目设立专门项目公司的，待项目公司成立后，由项目公司与项目实施机构重新签署项目合同，或签署关于承继项目合同的补充合同。

项目实施机构应在项目合同签订之日起2个工作日内，将项目合同在省级以上人民政府财政部门指定的媒体上公告，但合同中涉及国家秘密、商业秘密的内容除外。

第二十二条　各级人民政府财政部门应当加强对PPP项目采购活动的监督检查，及时处理采购活动中的违法违规行为。

第五章　项目执行

第二十三条　社会资本可依法设立项目公司。政府可指定相关机构依法参股项目公司。项目实施机构和财政部门（政府和社会资本合作中心）应监督社会资本按照采购文件和项目合同约定，按时足额出资设立项目公司。

第二十四条　项目融资由社会资本或项目公司负责。社会资本或项目公司应及时开展融资方案设计、机构接洽、合同签订和融资交割等工作。财政部门（政府和社会资本合作中心）和项目实施机构应做好监督管理工作，防止企业债务向政府转移。

社会资本或项目公司未按照项目合同约定完成融资的，政府可提取履约保函直至终止项目合同；遇系统性金融风险或不可抗力的，政府、社会资本或项目公司可根据项目合同约定协商修订合同中相关融资条款。

当项目出现重大经营或财务风险，威胁或侵害债权人利益时，债权人可依据与政府、社会资本或项目公司签订的直接介入协议或条款，要求社会资本或项目公司改善管理等。在直接介入协议或条款约定期限内，重大风险已解除的，债权人应停止介入。

第二十五条　项目合同中涉及的政府支付义务，财政部门应结合中长期财政规划统筹考虑，纳入同级政府预算，按照预算管理相关规定执行。财政部门（政府和社会资本合作中心）和项目实施机构应建立政府和社会资本合作项目政府支付台账，严格控制政府财政风险。在政府综合财务报告制度建立后，政府和社会资本合作项目中的政府支付义务应纳入政府综合财务报告。

第二十六条 项目实施机构应根据项目合同约定,监督社会资本或项目公司履行合同义务,定期监测项目产出绩效指标,编制季报和年报,并报财政部门(政府和社会资本合作中心)备案。

政府有支付义务的,项目实施机构应根据项目合同约定的产出说明,按照实际绩效直接或通知财政部门向社会资本或项目公司及时足额支付。设置超额收益分享机制的,社会资本或项目公司应根据项目合同约定向政府及时足额支付应享有的超额收益。

项目实际绩效优于约定标准的,项目实施机构应执行项目合同约定的奖励条款,并可将其作为项目期满合同能否展期的依据;未达到约定标准的,项目实施机构应执行项目合同约定的惩处条款或救济措施。

第二十七条 社会资本或项目公司违反项目合同约定,威胁公共产品和服务持续稳定安全供给,或危及国家安全和重大公共利益的,政府有权临时接管项目,直至启动项目提前终止程序。

政府可指定合格机构实施临时接管。临时接管项目所产生的一切费用,将根据项目合同约定,由违约方单独承担或由各责任方分担。社会资本或项目公司应承担的临时接管费用,可以从其应获终止补偿中扣减。

第二十八条 在项目合同执行和管理过程中,项目实施机构应重点关注合同修订、违约责任和争议解决等工作。

(一)合同修订。

按照项目合同约定的条件和程序,项目实施机构和社会资本或项目公司可根据社会经济环境、公共产品和服务的需求量及结构等条件的变化,提出修订项目合同申请,待政府审核同意后执行。

(二)违约责任。

项目实施机构、社会资本或项目公司未履行项目合同约定义务的,应承担相应违约责任,包括停止侵害、消除影响、支付违约金、赔偿损失以及解除项目合同等。

(三)争议解决。

在项目实施过程中,按照项目合同约定,项目实施机构、社会资本或项目公司可就发生争议且无法协商达成一致的事项,依法申请仲裁或提起民事诉讼。

第二十九条　项目实施机构应每3~5年对项目进行中期评估，重点分析项目运行状况和项目合同的合规性、适应性和合理性；及时评估已发现问题的风险，制订应对措施，并报财政部门（政府和社会资本合作中心）备案。

第三十条　政府相关职能部门应根据国家相关法律法规对项目履行行政监管职责，重点关注公共产品和服务质量、价格和收费机制、安全生产、环境保护和劳动者权益等。

社会资本或项目公司对政府职能部门的行政监管处理决定不服的，可依法申请行政复议或提起行政诉讼。

第三十一条　政府、社会资本或项目公司应依法公开披露项目相关信息，保障公众知情权，接受社会监督。

社会资本或项目公司应披露项目产出的数量和质量、项目经营状况等信息。政府应公开不涉及国家秘密、商业秘密的政府和社会资本合作项目合同条款、绩效监测报告、中期评估报告和项目重大变更或终止情况等。

社会公众及项目利益相关方发现项目存在违法、违约情形或公共产品和服务不达标准的，可向政府职能部门提请监督检查。

第六章　项目移交

第三十二条　项目移交时，项目实施机构或政府指定的其他机构代表政府收回项目合同约定的项目资产。

项目合同中应明确约定移交形式、补偿方式、移交内容和移交标准。移交形式包括期满终止移交和提前终止移交；补偿方式包括无偿移交和有偿移交；移交内容包括项目资产、人员、文档和知识产权等；移交标准包括设备完好率和最短可使用年限等指标。

采用有偿移交的，项目合同中应明确约定补偿方案；没有约定或约定不明的，项目实施机构应按照"恢复相同经济地位"原则拟定补偿方案，报政府审核同意后实施。

第三十三条　项目实施机构或政府指定的其他机构应组建项目移交工作组，根据项目合同约定与社会资本或项目公司确认移交情形和补偿方式，制定资产评估和性能测试方案。

项目移交工作组应委托具有相关资质的资产评估机构,按照项目合同约定的评估方式,对移交资产进行资产评估,作为确定补偿金额的依据。

项目移交工作组应严格按照性能测试方案和移交标准对移交资产进行性能测试。性能测试结果不达标的,移交工作组应要求社会资本或项目公司进行恢复性修理、更新重置或提取移交维修保函。

第三十四条 社会资本或项目公司应将满足性能测试要求的项目资产、知识产权和技术法律文件,连同资产清单移交项目实施机构或政府指定的其他机构,办妥法律过户和管理权移交手续。社会资本或项目公司应配合做好项目运营平稳过渡相关工作。

第三十五条 项目移交完成后,财政部门(政府和社会资本合作中心)应组织有关部门对项目产出、成本效益、监管成效、可持续性、政府和社会资本合作模式应用等进行绩效评价,并按相关规定公开评价结果。评价结果作为政府开展政府和社会资本合作管理工作决策参考依据。

第七章 附则

第三十六条 本操作指南自印发之日起施行,有效期3年。

第三十七条 本操作指南由财政部负责解释。

国家发展改革委关于开展政府和社会资本合作的指导意见

发改投资［2014］2724 号

各省、自治区、直辖市及计划单列市、新疆生产建设兵团发展改革委：

为贯彻落实《国务院关于创新重点领域投融资机制鼓励社会投资的指导意见》（国发〔2014〕60 号）有关要求，鼓励和引导社会投资，增强公共产品供给能力，促进调结构、补短板、惠民生，现就开展政府和社会资本合作提出如下指导意见。

一、充分认识政府和社会资本合作的重要意义

政府和社会资本合作（PPP）模式是指政府为增强公共产品和服务供给能力、提高供给效率，通过特许经营、购买服务、股权合作等方式，与社会资本建立的利益共享、风险分担及长期合作关系。开展政府和社会资本合作，有利于创新投融资机制，拓宽社会资本投资渠道，增强经济增长内生动力；有利于推动各类资本相互融合、优势互补，促进投资主体多元化，发展混合所有制经济；有利于理顺政府与市场关系，加快政府职能转变，充分发挥市场配置资源的决定性作用。

二、准确把握政府和社会资本合作的主要原则

（一）转变职能，合理界定政府的职责定位。开展政府和社会资本合作，对转变政府职能、提高管理水平提出了更高要求。政府要牢固树立平等意识及合作观念，集中力量做好政策制定、发展规划、市场监管和指导服务，从公共产品的直接"提供者"转变为社会资本的"合作者"以及 PPP 项目的"监管者"。

（二）因地制宜，建立合理的投资回报机制。根据各地实际，通过授予特许经营权、核定价费标准、给予财政补贴、明确排他性约定等，稳定社会资本收益预期。加强项目成本监测，既要充分调动社会资本积极性，又要防止不合理让利或利益输送。

（三）合理设计，构建有效的风险分担机制。按照风险收益对等原则，在政府和社会资本间合理分配项目风险。原则上，项目的建设、运营风险由社会资本承担，法律、政策调整风险由政府承担，自然灾害等不可抗力风险由双方共同承担。

（四）诚信守约，保证合作双方的合法权益。在平等协商、依法合规的基础上，按照权责明确、规范高效的原则订立项目合同。合同双方要牢固树立法律意识、契约意识和信用意识，项目合同一经签署必须严格执行，无故违约必须承担相应责任。

（五）完善机制，营造公开透明的政策环境。从项目选择、方案审查、伙伴确定、价格管理、退出机制、绩效评价等方面，完善制度设计，营造良好政策环境，确保项目实施决策科学、程序规范、过程公开、责任明确、稳妥推进。

三、合理确定政府和社会资本合作的项目范围及模式

（一）项目适用范围。PPP模式主要适用于政府负有提供责任又适宜市场化运作的公共服务、基础设施类项目。燃气、供电、供水、供热、污水及垃圾处理等市政设施，公路、铁路、机场、城市轨道交通等交通设施，医疗、旅游、教育培训、健康养老等公共服务项目，以及水利、资源环境和生态保护等项目均可推行PPP模式。各地的新建市政工程以及新型城镇化试点项目，应优先考虑采用PPP模式建设。

（二）操作模式选择。

1.经营性项目。对于具有明确的收费基础，并且经营收费能够完全覆盖投资成本的项目，可通过政府授予特许经营权，采用建设－运营－移交（BOT）、建设－拥有－运营－移交（BOOT）等模式推进。要依法放开相关项目的建设、运营市场，积极推动自然垄断行业逐步实行特许经营。

2.准经营性项目。对于经营收费不足以覆盖投资成本、需政府补贴部分资金或资源的项目，可通过政府授予特许经营权附加部分补贴或直接投资参股等措施，采用建设－运营－移交（BOT）、建设－拥有－运营（BOO）等模式推进。要建立投资、补贴与价格的协同机制，为投资者获得合理回报积极创造条件。

3.非经营性项目。对于缺乏"使用者付费"基础、主要依靠"政府付费"回收投资成本的项目，可通过政府购买服务，采用建设－拥有－运营（BOO）、委托运营等市场化模式推进。要合理确定购买内容，把有限的资金用在刀刃上，切实提高资金使用效益。

（三）积极开展创新。各地可以根据当地实际及项目特点，积极探索、大胆创新，通过建立合理的"使用者付费"机制等方式，增强吸引社会资本能力，并灵活运用多种 PPP 模式，切实提高项目运作效率。

四、建立健全政府和社会资本合作的工作机制

（一）健全协调机制。按照部门联动、分工明确、协同推进等要求，与有关部门建立协调推进机制，推动规划、投资、价格、土地、金融等部门密切配合、形成合力，保障政府和社会资本合作积极稳妥推进。

（二）明确实施主体。按照地方政府的相关要求，明确相应的行业管理部门、事业单位、行业运营公司或其他相关机构，作为政府授权的项目实施机构，在授权范围内负责 PPP 项目的前期评估论证、实施方案编制、合作伙伴选择、项目合同签订、项目组织实施以及合作期满移交等工作。

（三）建立联审机制。为提高工作效率，可会同相关部门建立 PPP 项目的联审机制，从项目建设的必要性及合规性、PPP 模式的适用性、财政承受能力以及价格的合理性等方面，对项目实施方案进行可行性评估，确保"物有所值"。审查结果作为项目决策的重要依据。

（四）规范价格管理。按照补偿成本、合理收益、节约资源以及社会可承受的原则，加强投资成本和服务成本监测，加快理顺价格水平。加强价格行为监管，既要防止项目法人随意提价损害公共利益、不合理获利，又要规范政府价格行为，提高政府定价、调价的科学性和透明度。

（五）提升专业能力。加强引导，积极发挥各类专业中介机构在 PPP 项目的资产评估、成本核算、经济补偿、决策论证、合同管理、项目融资等方面的积极作用，提高项目决策的科学性、项目管理的专业性以及项目实施效率。加强 PPP 相关业务培训，培养专业队伍和人才。

五、加强政府和社会资本合作项目的规范管理

（一）项目储备。根据经济社会发展需要，按照项目合理布局、政府投资有效配置等原则，切实做好 PPP 项目的总体规划、综合平衡和储备管理。从准备建设的公共服务、基础设施项目中，及时筛选 PPP 模式的适用项目，按照 PPP 模式进行培育开

发。各省区市发展改革委要建立 PPP 项目库，并从 2015 年 1 月起，于每月 5 日前将项目进展情况按月报送国家发展改革委。

（二）项目遴选。会同行业管理部门、项目实施机构，及时从项目储备库或社会资本提出申请的潜在项目中筛选条件成熟的建设项目，编制实施方案并提交联审机制审查，明确经济技术指标、经营服务标准、投资概算构成、投资回报方式、价格确定及调价方式、财政补贴及财政承诺等核心事项。

（三）伙伴选择。实施方案审查通过后，配合行业管理部门、项目实施机构，按照《招标投标法》《政府采购法》等法律法规，通过公开招标、邀请招标、竞争性谈判等多种方式，公平择优选择具有相应管理经验、专业能力、融资实力以及信用状况良好的社会资本作为合作伙伴。

（四）合同管理。项目实施机构和社会资本依法签订项目合同，明确服务标准、价格管理、回报方式、风险分担、信息披露、违约处罚、政府接管以及评估论证等内容。各地可参考《政府和社会资本合作项目通用合同指南》，细化完善合同文本，确保合同内容全面、规范、有效。

（五）绩效评价。项目实施过程中，加强工程质量、运营标准的全程监督，确保公共产品和服务的质量、效率和延续性。鼓励推进第三方评价，对公共产品和服务的数量、质量以及资金使用效率等方面进行综合评价，评价结果向社会公示，作为价费标准、财政补贴以及合作期限等调整的参考依据。项目实施结束后，可对项目的成本效益、公众满意度、可持续性等进行后评价，评价结果作为完善 PPP 模式制度体系的参考依据。

（六）退出机制。政府和社会资本合作过程中，如遇不可抗力或违约事件导致项目提前终止时，项目实施机构要及时做好接管，保障项目设施持续运行，保证公共利益不受侵害。政府和社会资本合作期满后，要按照合同约定的移交形式、移交内容和移交标准，及时组织开展项目验收、资产交割等工作，妥善做好项目移交。依托各类产权、股权交易市场，为社会资本提供多元化、规范化、市场化的退出渠道。

六、强化政府和社会资本合作的政策保障

（一）完善投资回报机制。深化价格管理体制改革，对于涉及中央定价的 PPP

项目，可适当向地方下放价格管理权限。依法依规为准经营性、非经营性项目配置土地、物业、广告等经营资源，为稳定投资回报、吸引社会投资创造条件。

（二）加强政府投资引导。优化政府投资方向，通过投资补助、基金注资、担保补贴、贷款贴息等多种方式，优先支持引入社会资本的项目。合理分配政府投资资金，优先保障配套投入，确保 PPP 项目如期、高效投产运营。

（三）加快项目前期工作。联合有关部门建立并联审批机制，在科学论证、遵守程序的基础上，加快推进规划选址、用地预审、环评审批、审批核准等前期工作。协助项目单位解决前期工作中的问题和困难，协调落实建设条件，加快项目建设进度。

（四）做好综合金融服务。鼓励金融机构提供财务顾问、融资顾问、银团贷款等综合金融服务，全程参与 PPP 项目的策划、融资、建设和运营。鼓励项目公司或合作伙伴通过成立私募基金、引入战略投资者、发行债券等多种方式拓宽融资渠道。

七、扎实有序开展政府和社会资本合作

（一）做好示范推进。各地可选取市场发育程度高、政府负债水平低、社会资本相对充裕的市县，以及具有稳定收益和社会效益的项目，积极推进政府和社会资本合作，并及时总结经验、大力宣传，发挥好示范带动作用。国家发展改革委将选取部分推广效果显著的省区市和重点项目，总结典型案例，组织交流推广。

（二）推进信用建设。按照诚信践诺的要求，加强全社会信用体系建设，保障政府和社会资本合作顺利推进。政府要科学决策，保持政策的连续性和稳定性；依法行政，防止不当干预和地方保护；认真履约，及时兑现各类承诺和合同约定。社会资本要守信自律，提高诚信经营意识。

（三）搭建信息平台。充分利用并切实发挥好信息平台的桥梁纽带作用。可以利用现代信息技术，搭建信息服务平台，公开 PPP 项目的工作流程、评审标准、项目信息、实施情况、咨询服务等相关信息，保障信息发布准确及时、审批过程公正透明、建设运营全程监管。

（四）加强宣传引导。大力宣传政府和社会资本合作的重大意义，做好政策解读，总结典型案例，回应社会关切，通过舆论引导，培育积极的合作理念，建立规范的合作机制，营造良好的合作氛围，充分发挥政府、市场和社会资本的合力作用。

开展政府和社会资本合作是创新投融资机制的重要举措，各地要高度重视，切实加强组织领导，抓紧制定具体的政策措施和实施办法。各级发展改革部门要按照当地政府的统一部署，认真做好 PPP 项目的统筹规划、综合协调等工作，会同有关部门积极推动政府和社会资本合作顺利实施。

国家发展改革委

2014 年 12 月 2 日

政府和社会资本合作项目政府采购管理办法

第一章　总则

第一条　为了规范政府和社会资本合作项目政府采购（以下简称PPP项目采购）行为，维护国家利益、社会公共利益和政府采购当事人的合法权益，依据《中华人民共和国政府采购法》（以下简称政府采购法）和有关法律、行政法规、部门规章，制定本办法。

第二条　本办法所称PPP项目采购，是指政府为达成权利义务平衡、物有所值的PPP项目合同，遵循公开、公平、公正和诚实信用原则，按照相关法规要求完成PPP项目识别和准备等前期工作后，依法选择社会资本合作者的过程。PPP项目实施机构（采购人）在项目实施过程中选择合作社会资本（供应商），适用本办法。

第三条　PPP项目实施机构可以委托政府采购代理机构办理PPP项目采购事宜。PPP项目咨询服务机构从事PPP项目采购业务的，应当按照政府采购代理机构管理的有关要求及时进行网上登记。

第二章　采购程序

第四条　PPP项目采购方式包括公开招标、邀请招标、竞争性谈判、竞争性磋商和单一来源采购。项目实施机构应当根据PPP项目的采购需求特点，依法选择适当的采购方式。公开招标主要适用于采购需求中核心边界条件和技术经济参数明确、完整、符合国家法律法规及政府采购政策，且采购过程中不作更改的项目。

第五条　PPP项目采购应当实行资格预审。项目实施机构应当根据项目需要准备资格预审文件，发布资格预审公告，邀请社会资本和与其合作的金融机构参与资格预审，验证项目能否获得社会资本响应和实现充分竞争。

第六条　资格预审公告应当在省级以上人民政府财政部门指定的政府采购信息

发布媒体上发布。资格预审合格的社会资本在签订PPP项目合同前资格发生变化的，应当通知项目实施机构。

资格预审公告应当包括项目授权主体、项目实施机构和项目名称、采购需求、对社会资本的资格要求、是否允许联合体参与采购活动、是否限定参与竞争的合格社会资本的数量及限定的方法和标准，以及社会资本提交资格预审申请文件的时间和地点。提交资格预审申请文件的时间自公告发布之日起不得少于15个工作日。

第七条　项目实施机构、采购代理机构应当成立评审小组，负责PPP项目采购的资格预审和评审工作。评审小组由项目实施机构代表和评审专家共5人以上单数组成，其中评审专家人数不得少于评审小组成员总数的2/3。评审专家可以由项目实施机构自行选定，但评审专家中至少应当包含1名财务专家和1名法律专家。项目实施机构代表不得以评审专家身份参加项目的评审。

第八条　项目有3家以上社会资本通过资格预审的，项目实施机构可以继续开展采购文件准备工作；项目通过资格预审的社会资本不足3家的，项目实施机构应当在调整资格预审公告内容后重新组织资格预审；项目经重新资格预审后合格社会资本仍不够3家的，可以依法变更采购方式。

资格预审结果应当告知所有参与资格预审的社会资本，并将资格预审的评审报告提交财政部门（政府和社会资本合作中心）备案。

第九条　项目采购文件应当包括采购邀请、竞争者须知（包括密封、签署、盖章要求等）、竞争者应当提供的资格、资信及业绩证明文件、采购方式、政府对项目实施机构的授权、实施方案的批复和项目相关审批文件、采购程序、响应文件编制要求、提交响应文件截止时间、开启时间及地点、保证金交纳数额和形式、评审方法、评审标准、政府采购政策要求、PPP项目合同草案及其他法律文本、采购结果确认谈判中项目合同可变的细节，以及是否允许未参加资格预审的供应商参与竞争并进行资格后审等内容。项目采购文件中还应当明确项目合同必须报请本级人民政府审核同意，在获得同意前项目合同不得生效。

采用竞争性谈判或者竞争性磋商采购方式的，项目采购文件除上款规定的内容外，还应当明确评审小组根据与社会资本谈判情况可能实质性变动的内容，包括采购需求中的技术、服务要求以及项目合同草案条款。

第十条　项目实施机构应当在资格预审公告、采购公告、采购文件、项目合同中列明采购本国货物和服务、技术引进和转让等政策要求，以及对社会资本参与采购活动和履约保证的担保要求。

第十一条　项目实施机构应当组织社会资本进行现场考察或者召开采购前答疑会，但不得单独或者分别组织只有一个社会资本参加的现场考察和答疑会。项目实施机构可以视项目的具体情况，组织对符合条件的社会资本的资格条件进行考察核实。

第十二条　评审小组成员应当按照客观、公正、审慎的原则，根据资格预审公告和采购文件规定的程序、方法和标准进行资格预审和独立评审。已进行资格预审的，评审小组在评审阶段可以不再对社会资本进行资格审查。允许进行资格后审的，由评审小组在响应文件评审环节对社会资本进行资格审查。

评审小组成员应当在资格预审报告和评审报告上签字，对自己的评审意见承担法律责任。对资格预审报告或者评审报告有异议的，应当在报告上签署不同意见，并说明理由，否则视为同意资格预审报告和评审报告。

评审小组发现采购文件内容违反国家有关强制性规定的，应当停止评审并向项目实施机构说明情况。

第十三条　评审专家应当遵守评审工作纪律，不得泄露评审情况和评审中获悉的国家秘密、商业秘密。

评审小组在评审过程中发现社会资本有行贿、提供虚假材料或者串通等违法行为的，应当及时向财政部门报告。

评审专家在评审过程中受到非法干涉的，应当及时向财政、监察等部门举报。

第十四条　PPP项目采购评审结束后，项目实施机构应当成立专门的采购结果确认谈判工作组，负责采购结果确认前的谈判和最终的采购结果确认工作。

采购结果确认谈判工作组成员及数量由项目实施机构确定，但应当至少包括财政预算管理部门、行业主管部门代表，以及财务、法律等方面的专家。涉及价格管理、环境保护的PPP项目，谈判工作组还应当包括价格管理、环境保护行政执法机关代表。评审小组成员可以作为采购结果确认谈判工作组成员参与采购结果确认谈判。

第十五条　采购结果确认谈判工作组应当按照评审报告推荐的候选社会资本排名，依次与候选社会资本及与其合作的金融机构就项目合同中可变的细节问题进行项目合同签署前的确认谈判，率先达成一致的候选社会资本即为预中标、成交社会资本。

第十六条　确认谈判不得涉及项目合同中不可谈判的核心条款，不得与排序在前但已终止谈判的社会资本进行重复谈判。

第十七条　项目实施机构应当在预中标、成交社会资本确定后 10 个工作日内，与预中标、成交社会资本签署确认谈判备忘录，并将预中标、成交结果和根据采购文件、响应文件及有关补遗文件和确认谈判备忘录拟定的项目合同文本在省级以上人民政府财政部门指定的政府采购信息发布媒体上进行公示，公示期不得少于 5 个工作日。项目合同文本应当将预中标、成交社会资本响应文件中的重要承诺和技术文件等作为附件。项目合同文本涉及国家秘密、商业秘密的内容可以不公示。

第十八条　项目实施机构应当在公示期满无异议后 2 个工作日内，将中标、成交结果在省级以上人民政府财政部门指定的政府采购信息发布媒体上进行公告，同时发出中标、成交通知书。

中标、成交结果公告内容应当包括：项目实施机构和采购代理机构的名称、地址和联系方式；项目名称和项目编号；中标或者成交社会资本的名称、地址、法人代表；中标或者成交标的名称、主要中标或者成交条件（包括但不限于合作期限、服务要求、项目概算、回报机制）等；评审小组和采购结果确认谈判工作组成员名单。

第十九条　项目实施机构应当在中标、成交通知书发出后 30 日内，与中标、成交社会资本签订经本级人民政府审核同意的 PPP 项目合同。

需要为 PPP 项目设立专门项目公司的，待项目公司成立后，由项目公司与项目实施机构重新签署 PPP 项目合同，或者签署关于继承 PPP 项目合同的补充合同。

第二十条　项目实施机构应当在 PPP 项目合同签订之日起 2 个工作日内，将 PPP 项目合同在省级以上人民政府财政部门指定的政府采购信息发布媒体上公告，但 PPP 项目合同中涉及国家秘密、商业秘密的内容除外。

第二十一条　项目实施机构应当在采购文件中要求社会资本交纳参加采购活动的保证金和履约保证金。社会资本应当以支票、汇票、本票或者金融机构、担保机构出具的保函等非现金形式交纳保证金。参加采购活动的保证金数额不得超过项目预算金额的 2%。履约保证金的数额不得超过 PPP 项目初始投资总额或者资产评估值的 10%，无固定资产投资或者投资额不大的服务型 PPP 项目，履约保证金的数额不得超过平均 6 个月服务收入额。

第三章 争议处理和监督检查

第二十二条 参加PPP项目采购活动的社会资本对采购活动的询问、质疑和投诉，依照有关政府采购法律制度规定执行。

项目实施机构和中标、成交社会资本在PPP项目合同履行中发生争议且无法协商一致的，可以依法申请仲裁或者提起民事诉讼。

第二十三条 各级人民政府财政部门应当加强对PPP项目采购活动的监督检查，依法处理采购活动中的违法违规行为。

第二十四条 PPP项目采购有关单位和人员在采购活动中出现违法违规行为的，依照政府采购法及有关法律法规追究法律责任。

第四章 附则

第二十五条 本办法自发布之日起施行。

关于规范政府和社会资本合作合同管理工作的通知

财金〔2014〕156号

各省、自治区、直辖市、计划单列市财政厅（局），新疆生产建设兵团财务局：

根据《关于推广运用政府和社会资本合作模式有关问题的通知》（财金〔2014〕76号）和《关于印发政府和社会资本合作模式操作指南（试行）的通知》（财金〔2014〕113号），为科学规范推广运用政府和社会资本合作（Public-Private Partnership，以下简称PPP）模式，现就规范PPP合同管理工作通知如下：

一、高度重视PPP合同管理工作

PPP模式是在基础设施和公共服务领域政府和社会资本基于合同建立的一种合作关系。"按合同办事"不仅是PPP模式的精神实质，也是依法治国、依法行政的内在要求。加强对PPP合同的起草、谈判、履行、变更、解除、转让、终止直至失效的全过程管理，通过合同正确表达意愿、合理分配风险、妥善履行义务、有效主张权利，是政府和社会资本长期友好合作的重要基础，也是PPP项目顺利实施的重要保障。地方财政部门在推进PPP中要高度重视、充分认识合同管理的重要意义，会同行业主管部门加强PPP合同管理工作。

二、切实遵循PPP合同管理的核心原则

为规范PPP合同管理工作，财政部制定了《PPP项目合同指南（试行）》，后续还将研究制定标准化合同文本等。各级财政部门在推进PPP工作中，要切实遵循以下原则：

（一）依法治理。在依法治国、依法行政的框架下，充分发挥市场在资源配置中的决定性作用，允许政府和社会资本依法自由选择合作伙伴，充分尊重双方在合同订

立和履行过程中的契约自由，依法保护 PPP 项目各参与方的合法权益，共同维护法律权威和公平正义。

（二）平等合作。在 PPP 模式下，政府与社会资本是基于 PPP 项目合同的平等法律主体，双方法律地位平等、权利义务对等，应在充分协商、互利互惠的基础上订立合同，并依法平等地主张合同权利、履行合同义务。

（三）维护公益。建立履约管理、行政监管和社会监督"三位一体"的监管架构，优先保障公共安全和公共利益。PPP 项目合同中除应规定社会资本方的绩效监测和质量控制等义务外，还应保证政府方合理的监督权和介入权，以加强对社会资本的履约管理。与此同时，政府还应依法严格履行行政管理职能，建立健全及时有效的项目信息公开和公众监督机制。

（四）诚实守信。政府和社会资本应在 PPP 项目合同中明确界定双方在项目融资、建设、运营、移交等全生命周期内的权利义务，并在合同管理的全过程中真实表达意思表示，认真恪守合同约定，妥善履行合同义务，依法承担违约责任。

（五）公平效率。在 PPP 项目合同中要始终贯彻物有所值原则，在风险分担和利益分配方面兼顾公平与效率：既要通过在政府和社会资本之间合理分配项目风险，实现公共服务供给效率和资金使用效益的提升，又要在设置合作期限、方式和投资回报机制时，统筹考虑社会资本方的合理收益预期、政府方的财政承受能力以及使用者的支付能力，防止任何一方因此过分受损或超额获益。

（六）兼顾灵活。鉴于 PPP 项目的生命周期通常较长，在合同订立时既要充分考虑项目全生命周期内的实际需求，保证合同内容的完整性和相对稳定性，也要合理设置一些关于期限变更（展期和提前终止）、内容变更（产出标准调整、价格调整等）、主体变更（合同转让）的灵活调整机制，为未来可能长达 20~30 年的合同执行期预留调整和变更空间。

三、有效推进 PPP 合同管理工作

（一）加强组织协调，保障合同效力。在推进 PPP 的过程中，各级财政部门要会同行业主管部门做好合同审核和履约管理工作，确保合同内容真实反映各方意愿、合理分配项目风险、明确划分各方义务、有效保障合法权益，为 PPP 项目的顺利实施和全生命周期管理提供合法有效的合同依据。

（二）加强能力建设，防控项目风险。各级财政部门要组织加强对当地政府及相关部门、社会资本以及PPP项目其他参与方的法律和合同管理培训，使各方牢固树立法律意识和契约观念，逐步提升各参与方对PPP项目合同的精神主旨、核心内容和谈判要点的理解把握能力。在合同管理全过程中，要充分借助、积极运用法律、投资、财务、保险等专业咨询顾问机构的力量，提升PPP项目合同的科学性、规范性和操作性，充分识别、合理防控项目风险。

（三）总结项目经验，规范合同条款。各级财政部门要会同行业主管部门结合PPP项目试点工作，抓好合同管理的贯彻落实，不断细化、完善合同条款，及时总结经验，逐步形成一批科学合理、全面规范、切实可行的合同文本，以供参考示范。财政部将在总结各地实践的基础上，逐步出台主要行业领域和主要运作方式的PPP项目合同标准示范文本，以进一步规范合同内容、统一合同共识、缩短合同准备和谈判周期，加快PPP模式推广应用。

财政部

2014 年 12 月 30 日

政府和社会资本合作项目财政承受能力论证指引

第一章　总则

第一条　根据《中华人民共和国预算法》《国务院关于加强地方政府性债务管理的意见》（国发〔2014〕43号）、《国务院关于深化预算管理制度改革的决定》（国发〔2014〕45号）、《国务院关于创新重点领域投融资机制 鼓励社会投资的指导意见》（国发〔2014〕60号）、《财政部关于推广运用政府和社会资本合作模式有关问题的通知》（财金〔2014〕76号）和《关于印发政府和社会资本合作模式操作指南（试行）的通知》（财金〔2014〕113号）等有关规定，制定本指引。

第二条　本指引所称财政承受能力论证是指识别、测算政府和社会资本合作（Public-Private Partnership，PPP）项目的各项财政支出责任，科学评估项目实施对当前及今后年度财政支出的影响，为PPP项目财政管理提供依据。

第三条　开展PPP项目财政承受能力论证，是政府履行合同义务的重要保障，有利于规范PPP项目财政支出管理，有序推进项目实施，有效防范和控制财政风险，实现PPP可持续发展。

第四条　财政承受能力论证采用定量和定性分析方法，坚持合理预测、公开透明、从严把关，统筹处理好当期与长远关系，严格控制PPP项目财政支出规模。

第五条　财政承受能力论证的结论分为"通过论证"和"未通过论证"。"通过论证"的项目，各级财政部门应当在编制年度预算和中期财政规划时，将项目财政支出责任纳入预算统筹安排。"未通过论证"的项目，则不宜采用PPP模式。

第六条　各级财政部门（或PPP中心）负责组织开展行政区域内PPP项目财政承受能力论证工作。省级财政部门负责汇总统计行政区域内的全部PPP项目财政支出责任，对财政预算编制、执行情况实施监督管理。

第七条　财政部门（或PPP中心）应当会同行业主管部门，共同开展PPP项目财政承受能力论证工作。必要时可通过政府采购方式聘请专业中介机构协助。

第八条　各级财政部门（或 PPP 中心）要以财政承受能力论证结论为依据，会同有关部门统筹做好项目规划、设计、采购、建设、运营、维护等全生命周期管理工作。

第二章　责任识别

第九条　PPP 项目全生命周期过程的财政支出责任，主要包括股权投资、运营补贴、风险承担、配套投入等。

第十条　股权投资支出责任是指在政府与社会资本共同组建项目公司的情况下，政府承担的股权投资支出责任。如果社会资本单独组建项目公司，政府不承担股权投资支出责任。

第十一条　运营补贴支出责任是指在项目运营期间，政府承担的直接付费责任。不同付费模式下，政府承担的运营补贴支出责任不同。政府付费模式下，政府承担全部运营补贴支出责任；可行性缺口补助模式下，政府承担部分运营补贴支出责任；使用者付费模式下，政府不承担运营补贴支出责任。

第十二条　风险承担支出责任是指项目实施方案中政府承担风险带来的财政或有支出责任。通常由政府承担的法律风险、政策风险、最低需求风险以及因政府方原因导致项目合同终止等突发情况，会产生财政或有支出责任。

第十三条　配套投入支出责任是指政府提供的项目配套工程等其他投入责任，通常包括土地征收和整理、建设部分项目配套措施、完成项目与现有相关基础设施和公用事业的对接、投资补助、贷款贴息等。配套投入支出应依据项目实施方案合理确定。

第三章　支出测算

第十四条　财政部门（或 PPP 中心）应当综合考虑各类支出责任的特点、情景和发生概率等因素，对项目全生命周期内财政支出责任分别进行测算。

第十五条　股权投资支出应当依据项目资本金要求以及项目公司股权结构合理确定。股权投资支出责任中的土地等实物投入或无形资产投入，应依法进行评估，合理确定价值。计算公式为：

股权投资支出 ＝ 项目资本金 × 政府占项目公司股权比例

第十六条　运营补贴支出应当根据项目建设成本、运营成本及利润水平合理确定，并按照不同付费模式分别测算。

对政府付费模式的项目，在项目运营补贴期间，政府承担全部直接付费责任。政府每年直接付费数额包括：社会资本方承担的年均建设成本（折算成各年度现值）、年度运营成本和合理利润。计算公式为：

$$当年运营补贴支出数额 = \frac{项目全部建设成本 \times (1+合理利润率) \times (1+年度折现率)^n}{财政运营补贴周期（年）} + 年度$$

运营成本 × （1+ 合格利润率）

对可行性缺口补助模式的项目，在项目运营补贴期间，政府承担部分直接付费责任。政府每年直接付费数额包括：社会资本方承担的年均建设成本（折算成各年度现值）、年度运营成本和合理利润，再减去每年使用者付费的数额。计算公式为：

$$当年运营补贴支出数额 = \frac{项目全部建设成本 \times (1+合理利润率) \times (1+年度折现率)^n}{财政运营补贴周期（年）} + 年度$$

运营成本 × （1+ 合格利润率）– 当年使用者付费数额

n 代表折现年数。财政运营补贴周期指财政提供运营补贴的年数。

第十七条　年度折现率应考虑财政补贴支出发生年份，并参照同期地方政府债券收益率合理确定。

第十八条　合理利润率应以商业银行中长期贷款利率水平为基准，充分考虑可用性付费、使用量付费、绩效付费的不同情景，结合风险等因素确定。

第十九条　在计算运营补贴支出时，应当充分考虑合理利润率变化对运营补贴支出的影响。

第二十条　PPP项目实施方案中的定价和调价机制通常与消费物价指数、劳动力市场指数等因素挂钩，会影响运营补贴支出责任。在可行性缺口补助模式下，运营补贴支出责任受到使用者付费数额的影响，而使用者付费的多少因定价和调价机制而变化。在计算运营补贴支出数额时，应当充分考虑定价和调价机制的影响。

第二十一条　风险承担支出应充分考虑各类风险出现的概率和带来的支出责任，可采用比例法、情景分析法及概率法进行测算。如果PPP合同约定保险赔款的第一受益人为政府，则风险承担支出应为扣除该等风险赔款金额的净额。

比例法。在各类风险支出数额和概率难以进行准确测算的情况下，可以按照项目的全部建设成本和一定时期内的运营成本的一定比例确定风险承担支出。

情景分析法。在各类风险支出数额可以进行测算、但出现概率难以确定的情况下，可针对影响风险的各类事件和变量进行"基本""不利"及"最坏"等情景假设，测算各类风险发生带来的风险承担支出。计算公式为：

风险承担支出数额 = 基本情景下财政支出数额 × 基本情景出现的概率 + 不利情景下财政支出数额 × 不利情景出现的概率 + 最坏情景下财政支出数额 × 最坏情景出现的概率

概率法。在各类风险支出数额和发生概率均可进行测算的情况下，可将所有可变风险参数作为变量，根据概率分布函数，计算各种风险发生带来的风险承担支出。

第二十二条　配套投入支出责任应综合考虑政府将提供的其他配套投入总成本和社会资本方为此支付的费用。配套投入支出责任中的土地等实物投入或无形资产投入，应依法进行评估，合理确定价值。计算公式为：

配套投入支出数额 = 政府拟提供的其他投入总成本 − 社会资本方支付的费用

第四章　能力评估

第二十三条　财政部门（或 PPP 中心）识别和测算单个项目的财政支出责任后，汇总年度全部已实施和拟实施的 PPP 项目，进行财政承受能力评估。

第二十四条　财政承受能力评估包括财政支出能力评估以及行业和领域平衡性评估。财政支出能力评估，是根据 PPP 项目预算支出责任，评估 PPP 项目实施对当前及今后年度财政支出的影响；行业和领域均衡性评估，是根据 PPP 模式适用的行业和领域范围，以及经济社会发展需要和公众对公共服务的需求，平衡不同行业和领域PPP 项目，防止某一行业和领域 PPP 项目过于集中。

第二十五条　每一年度全部 PPP 项目需要从预算中安排的支出责任，占一般公共预算支出比例应当不超过 10%。省级财政部门可根据本地实际情况，因地制宜确定具体比例，并报财政部备案，同时对外公布。

第二十六条　鼓励列入地方政府性债务风险预警名单的高风险地区，采取PPP 模式化解地方融资平台公司存量债务。同时，审慎控制新建 PPP 项目规模，防止因项目实施加剧财政收支矛盾。

第二十七条 在进行财政支出能力评估时，未来年度一般公共预算支出数额可参照前五年相关数额的平均值及平均增长率计算，并根据实际情况进行适当调整。

第二十八条 "通过论证"且经同级人民政府审核同意实施的 PPP 项目，各级财政部门应当将其列入 PPP 项目目录，并在编制中期财政规划时，将项目财政支出责任纳入预算统筹安排。

第二十九条 在 PPP 项目正式签订合同时，财政部门（或 PPP 中心）应当对合同进行审核，确保合同内容与财政承受能力论证保持一致，防止因合同内容调整导致财政支出责任出现重大变化。财政部门要严格按照合同执行，及时办理支付手续，切实维护地方政府信用，保障公共服务有效供给。

第五章 信息披露

第三十条 省级财政部门应当汇总区域内的项目目录，及时向财政部报告，财政部通过统一信息平台（PPP 中心网站）发布。

第三十一条 各级财政部门（或 PPP 中心）应当通过官方网站及报刊媒体，每年定期披露当地 PPP 项目目录、项目信息及财政支出责任情况。应披露的财政支出责任信息包括：PPP 项目的财政支出责任数额及年度预算安排情况、财政承受能力论证考虑的主要因素和指标等。

第三十二条 项目实施后，各级财政部门（或 PPP 中心）应跟踪了解项目运营情况，包括项目使用量、成本费用、考核指标等信息，定期对外发布。

第六章 附 则

第三十三条 财政部门按照权责发生制会计原则，对政府在 PPP 项目中的资产投入，以及与政府相关项目资产进行会计核算，并在政府财务统计、政府财务报告中反映；按照收付实现制会计原则，对 PPP 项目相关的预算收入与支出进行会计核算，并在政府决算报告中反映。

第三十四条 本指引自印发之日起施行。

附：

PPP项目财政承受能力论证工作流程

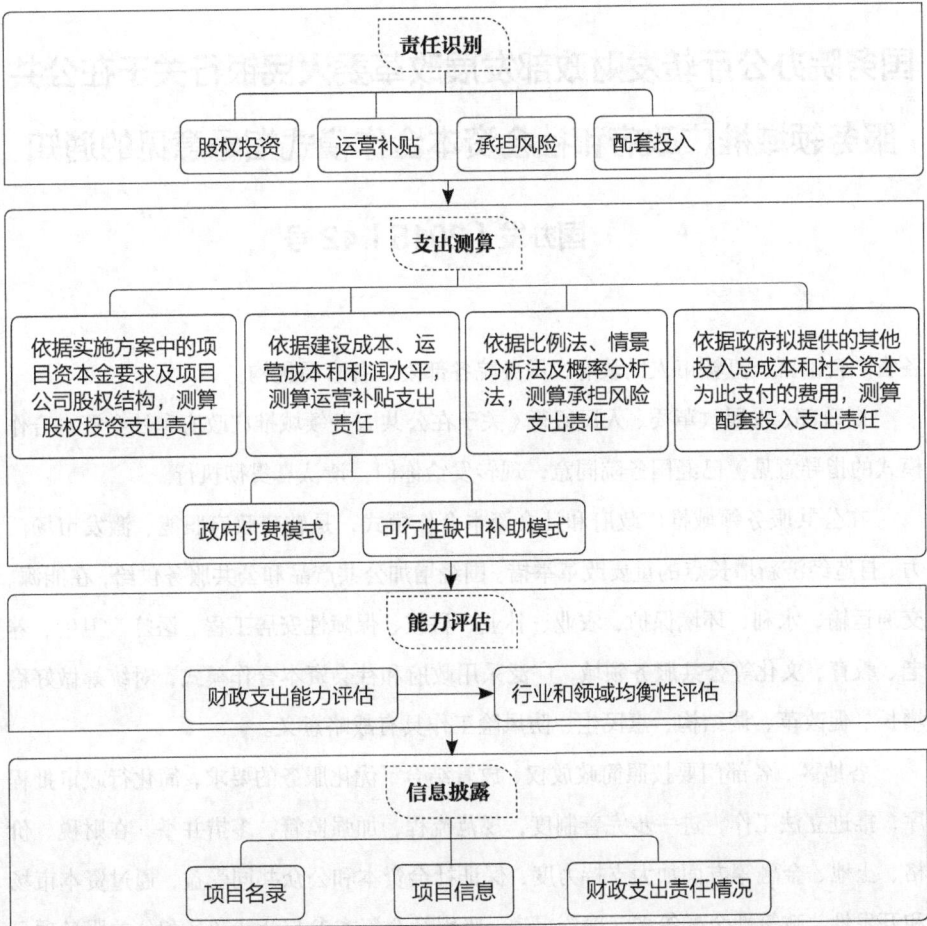

```
┌─────────────────────────────────────────────────────────────────────┐
│                          责任识别                                        │
│   ┌────────┐   ┌────────┐   ┌────────┐   ┌────────┐                   │
│   │ 股权投资 │   │ 运营补贴 │   │ 承担风险 │   │ 配套投入 │                   │
│   └────────┘   └────────┘   └────────┘   └────────┘                   │
└─────────────────────────────────────────────────────────────────────┘
                                  ↓
┌─────────────────────────────────────────────────────────────────────┐
│                          支出测算                                        │
│ ┌──────────────┐ ┌──────────────┐ ┌──────────────┐ ┌──────────────┐  │
│ │依据实施方案中的项 │ │依据建设成本、运 │ │依据比例法、情景 │ │依据政府拟提供的其他│  │
│ │目资本金要求及项目 │ │营成本和利润水平，│ │分析法及概率分析 │ │投入总成本和社会资本│  │
│ │公司股权结构，测算 │ │测算运营补贴支出 │ │法，测算承担风险 │ │为此支付的费用，测算│  │
│ │股权投资支出责任  │ │责任         │ │支出责任       │ │配套投入支出责任   │  │
│ └──────────────┘ └──────────────┘ └──────────────┘ └──────────────┘  │
│            ┌────────────┐ ┌────────────────┐                          │
│            │  政府付费模式 │ │ 可行性缺口补助模式 │                          │
│            └────────────┘ └────────────────┘                          │
└─────────────────────────────────────────────────────────────────────┘
                                  ↓
┌─────────────────────────────────────────────────────────────────────┐
│                          能力评估                                        │
│   ┌────────────────┐         ┌──────────────────┐                    │
│   │  财政支出能力评估  │ ──────→ │ 行业和领域均衡性评估 │                    │
│   └────────────────┘         └──────────────────┘                    │
└─────────────────────────────────────────────────────────────────────┘
                                  ↓
┌─────────────────────────────────────────────────────────────────────┐
│                          信息披露                                        │
│   ┌────────┐      ┌────────┐      ┌────────────────┐                 │
│   │ 项目名录 │      │ 项目信息 │      │  财政支出责任情况  │                 │
│   └────────┘      └────────┘      └────────────────┘                 │
└─────────────────────────────────────────────────────────────────────┘
```

国务院办公厅转发财政部发展改革委人民银行关于在公共服务领域推广政府和社会资本合作模式指导意见的通知

国办发〔2015〕42号

各省、自治区、直辖市人民政府，国务院各部委、各直属机构：

财政部、发展改革委、人民银行《关于在公共服务领域推广政府和社会资本合作模式的指导意见》已经国务院同意，现转发给你们，请认真贯彻执行。

在公共服务领域推广政府和社会资本合作模式，是转变政府职能、激发市场活力、打造经济新增长点的重要改革举措。围绕增加公共产品和公共服务供给，在能源、交通运输、水利、环境保护、农业、林业、科技、保障性安居工程、医疗、卫生、养老、教育、文化等公共服务领域，广泛采用政府和社会资本合作模式，对统筹做好稳增长、促改革、调结构、惠民生、防风险工作具有战略意义。

各地区、各部门要按照简政放权、放管结合、优化服务的要求，简化行政审批程序，推进立法工作，进一步完善制度，规范流程，加强监管，多措并举，在财税、价格、土地、金融等方面加大支持力度，保证社会资本和公众共同受益，通过资本市场和开发性、政策性金融等多元融资渠道，吸引社会资本参与公共产品和公共服务项目的投资、运营管理，提高公共产品和公共服务供给能力与效率。

各地区、各部门要高度重视，精心组织实施，加强协调配合，形成工作合力，切实履行职责，共同抓好落实。

（此件公开发布）

国务院办公厅

2015 年 5 月 19 日

关于在公共服务领域推广政府和社会资本
合作模式的指导意见

财政部　发展改革委　人民银行

为打造大众创业、万众创新和增加公共产品、公共服务"双引擎",让广大人民群众享受到优质高效的公共服务,在改善民生中培育经济增长新动力,现就改革创新公共服务供给机制,大力推广政府和社会资本合作(Public-Private Partnership,PPP)模式,提出以下意见:

一、充分认识推广政府和社会资本合作模式的重大意义

政府和社会资本合作模式是公共服务供给机制的重大创新,即政府采取竞争性方式择优选择具有投资、运营管理能力的社会资本,双方按照平等协商原则订立合同,明确责权利关系,由社会资本提供公共服务,政府依据公共服务绩效评价结果向社会资本支付相应对价,保证社会资本获得合理收益。政府和社会资本合作模式有利于充分发挥市场机制作用,提升公共服务的供给质量和效率,实现公共利益最大化。

(一)有利于加快转变政府职能,实现政企分开、政事分开。作为社会资本的境内外企业、社会组织和中介机构承担公共服务涉及的设计、建设、投资、融资、运营和维护等责任,政府作为监督者和合作者,减少对微观事务的直接参与,加强发展战略制定、社会管理、市场监管、绩效考核等职责,有助于解决政府职能错位、越位和缺位的问题,深化投融资体制改革,推进国家治理体系和治理能力现代化。

(二)有利于打破行业准入限制,激发经济活力和创造力。政府和社会资本合作模式可以有效打破社会资本进入公共服务领域的各种不合理限制,鼓励国有控股企业、民营企业、混合所有制企业等各类型企业积极参与提供公共服务,给予中小企业

更多参与机会，大幅拓展社会资本特别是民营资本的发展空间，激发市场主体活力和发展潜力，有利于盘活社会存量资本，形成多元化、可持续的公共服务资金投入渠道，打造新的经济增长点，增强经济增长动力。

（三）有利于完善财政投入和管理方式，提高财政资金使用效益。在政府和社会资本合作模式下，政府以运营补贴等作为社会资本提供公共服务的对价，以绩效评价结果作为对价支付依据，并纳入预算管理、财政中期规划和政府财务报告，能够在当代人和后代人之间公平地分担公共资金投入，符合代际公平原则，有效弥补当期财政投入不足，有利于减轻当期财政支出压力，平滑年度间财政支出波动，防范和化解政府性债务风险。

二、总体要求

（四）指导思想。贯彻落实党的十八大和十八届二中、三中、四中全会精神，按照党中央、国务院决策部署，借鉴国际成熟经验，立足国内实际情况，改革创新公共服务供给机制和投入方式，发挥市场在资源配置中的决定性作用，更好发挥政府作用，引导和鼓励社会资本积极参与公共服务供给，为广大人民群众提供优质高效的公共服务。

（五）基本原则。

依法合规。将政府和社会资本合作纳入法制化轨道，建立健全制度体系，保护参与各方的合法权益，明确全生命周期管理要求，确保项目规范实施。

重诺履约。政府和社会资本法律地位平等、权利义务对等，必须树立契约理念，坚持平等协商、互利互惠、诚实守信、严格履约。

公开透明。实行阳光化运作，依法充分披露政府和社会资本合作项目重要信息，保障公众知情权，对参与各方形成有效监督和约束。

公众受益。加强政府监管，将政府的政策目标、社会目标和社会资本的运营效率、技术进步有机结合，促进社会资本竞争和创新，确保公共利益最大化。

积极稳妥。鼓励地方各级人民政府和行业主管部门因地制宜，探索符合当地实际和行业特点的做法，总结提炼经验，形成适合我国国情的发展模式。坚持必要、合理、可持续的财政投入原则，有序推进项目实施，控制项目的政府支付责任，防止政府支付责任过重加剧财政收支矛盾，带来支出压力。

（六）发展目标。立足于加强和改善公共服务，形成有效促进政府和社会资本合作模式规范健康发展的制度体系，培育统一规范、公开透明、竞争有序、监管有力的政府和社会资本合作市场。着力化解地方政府性债务风险，积极引进社会资本参与地方融资平台公司存量项目改造，争取通过政府和社会资本合作模式减少地方政府性债务。在新建公共服务项目中，逐步增加使用政府和社会资本合作模式的比例。

三、构建保障政府和社会资本合作模式持续健康发展的制度体系

（七）明确项目实施的管理框架。建立健全制度规范体系，实施全生命周期管理，保证项目实施质量。进一步完善操作指南，规范项目识别、准备、采购、执行、移交各环节操作流程，明确操作要求，指导社会资本参与实施。制定合同指南，推动共性问题处理方式标准化。制定分行业、分领域的标准化合同文本，提高合同编制效率和谈判效率。按照预算法、合同法、政府采购法及其实施条例、《国务院办公厅关于政府向社会力量购买服务的指导意见》（国办发〔2013〕96号）等要求，建立完善管理细则，规范选择合作伙伴的程序和方法，维护国家利益、社会公共利益和社会资本的合法权益。

（八）健全财政管理制度。开展财政承受能力论证，统筹评估和控制项目的财政支出责任，促进中长期财政可持续发展。建立完善公共服务成本财政管理和会计制度，创新资源组合开发模式，针对政府付费、使用者付费、可行性缺口补助等不同支付机制，将项目涉及的运营补贴、经营收费权和其他支付对价等，按照国家统一的会计制度进行核算，纳入年度预算、中期财政规划，在政府财务报告中进行反映和管理，并向本级人大或其常委会报告。存量公共服务项目转型为政府和社会资本合作项目过程中，应依法进行资产评估，合理确定价值，防止公共资产流失和贱卖。项目实施过程中政府依法获得的国有资本收益、约定的超额收益分成等公共收入应上缴国库。

（九）建立多层次监督管理体系。行业主管部门根据经济社会发展规划及专项规划发起政府和社会资本合作项目，社会资本也可根据当地经济社会发展需求建议发起。行业主管部门应制定不同领域的行业技术标准、公共产品或服务技术规范，加强对公共服务质量和价格的监管。建立政府、公众共同参与的综合性评价体系，建立事前设定绩效目标、事中进行绩效跟踪、事后进行绩效评价的全生命周期绩效管理机

制，将政府付费、使用者付费与绩效评价挂钩，并将绩效评价结果作为调价的重要依据，确保实现公共利益最大化。依法充分披露项目实施相关信息，切实保障公众知情权，接受社会监督。

（十）完善公共服务价格调整机制。积极推进公共服务领域价格改革，按照补偿成本、合理收益、节约资源、优质优价、公平负担的原则，加快理顺公共服务价格。依据项目运行情况和绩效评价结果，健全公共服务价格调整机制，完善政府价格决策听证制度，广泛听取社会资本、公众和有关部门意见，确保定价调价的科学性。及时披露项目运行过程中的成本变化、公共服务质量等信息，提高定价调价的透明度。

（十一）完善法律法规体系。推进相关立法，填补政府和社会资本合作领域立法空白，着力解决政府和社会资本合作项目运作与现行法律之间的衔接协调问题，明确政府出资的法律依据和出资性质，规范政府和社会资本的责权利关系，明确政府相关部门的监督管理责任，为政府和社会资本合作模式健康发展提供良好的法律环境和稳定的政策预期。鼓励有条件的地方立足当地实际，依据立法法相关规定，出台地方性法规或规章，进一步有针对性地规范政府和社会资本合作模式的运用。

四、规范推进政府和社会资本合作项目实施

（十二）广泛采用政府和社会资本合作模式提供公共服务。在能源、交通运输、水利、环境保护、农业、林业、科技、保障性安居工程、医疗、卫生、养老、教育、文化等公共服务领域，鼓励采用政府和社会资本合作模式，吸引社会资本参与。其中，在能源、交通运输、水利、环境保护、市政工程等特定领域需要实施特许经营的，按《基础设施和公用事业特许经营管理办法》执行。

（十三）化解地方政府性债务风险。积极运用转让－运营－移交（TOT）、改建－运营－移交（ROT）等方式，将融资平台公司存量公共服务项目转型为政府和社会资本合作项目，引入社会资本参与改造和运营，在征得债权人同意的前提下，将政府性债务转换为非政府性债务，减轻地方政府的债务压力，腾出资金用于重点民生项目建设。大力推动融资平台公司与政府脱钩，进行市场化改制，健全完善公司治理结构，对已经建立现代企业制度、实现市场化运营的，在其承担的地方政府债务已纳入政府财政预算、得到妥善处置并明确公告今后不再承担地方政府举债融资职能的前提

下，可作为社会资本参与当地政府和社会资本合作项目，通过与政府签订合同方式，明确责权利关系。严禁融资平台公司通过保底承诺等方式参与政府和社会资本合作项目，进行变相融资。

（十四）提高新建项目决策的科学性。地方政府根据当地经济社会发展需要，结合财政收支平衡状况，统筹论证新建项目的经济效益和社会效益，并进行财政承受能力论证，保证决策质量。根据项目实施周期、收费定价机制、投资收益水平、风险分配基本框架和所需要的政府投入等因素，合理选择建设－运营－移交（BOT）、建设－拥有－运营（BOO）等运作方式。

（十五）择优选择项目合作伙伴。对使用财政性资金作为社会资本提供公共服务对价的项目，地方政府应当根据预算法、合同法、政府采购法及其实施条例等法律法规规定，选择项目合作伙伴。依托政府采购信息平台，及时、充分向社会公布项目采购信息。综合评估项目合作伙伴的专业资质、技术能力、管理经验、财务实力和信用状况等因素，依法择优选择诚实守信的合作伙伴。加强项目政府采购环节的监督管理，保证采购过程公平、公正、公开。

（十六）合理确定合作双方的权利与义务。树立平等协商的理念，按照权责对等原则合理分配项目风险，按照激励相容原则科学设计合同条款，明确项目的产出说明和绩效要求、收益回报机制、退出安排、应急和临时接管预案等关键环节，实现责权利对等。引入价格和补贴动态调整机制，充分考虑社会资本获得合理收益。如单方面构成违约的，违约方应当给予对方相应赔偿。建立投资、补贴与价格的协同机制，为社会资本获得合理回报创造条件。

（十七）增强责任意识和履约能力。社会资本要将自身经济利益诉求与政府政策目标、社会目标相结合，不断加强管理和创新，提升运营效率，在实现经济价值的同时，履行好企业社会责任，严格按照约定保质保量提供服务，维护公众利益；要积极进行业务转型和升级，从工程承包商、建设施工方向运营商转变，实现跨不同领域、多元化发展；要不断提升运营实力和管理经验，增强提供公共服务的能力。咨询、法律、会计等中介机构要提供质优价廉的服务，促进项目增效升级。

（十八）保障公共服务持续有效。按照合同约定，对项目建设情况和公共服务质量进行验收，逾期未完成或不符合标准的，社会资本要限期完工或整改，并采取补救措施或赔偿损失。健全合同争议解决机制，依法积极协调解决争议。确需变更合同内容、延长合同期限以及变更社会资本方的，由政府和社会资本方协商解决，但应当保持公共服务的持续性和稳定性。项目资产移交时，要对移交资产进行性能测试、资产评估和登记入账，并按照国家统一的会计制度进行核算，在政府财务报告中进行反映和管理。

五、政策保障

（十九）简化项目审核流程。进一步减少审批环节，建立项目实施方案联评联审机制，提高审查工作效率。项目合同签署后，可并行办理必要的审批手续，有关部门要简化办理手续，优化办理程序，主动加强服务，对实施方案中已经明确的内容不再作实质性审查。

（二十）多种方式保障项目用地。实行多样化土地供应，保障项目建设用地。对符合划拨用地目录的项目，可按划拨方式供地，划拨土地不得改变土地用途。建成的项目经依法批准可以抵押，土地使用权性质不变，待合同经营期满后，连同公共设施一并移交政府；实现抵押权后改变项目性质应该以有偿方式取得土地使用权的，应依法办理土地有偿使用手续。不符合划拨用地目录的项目，以租赁方式取得土地使用权的，租金收入参照土地出让收入纳入政府性基金预算管理。以作价出资或者入股方式取得土地使用权的，应当以市、县人民政府作为出资人，制定作价出资或者入股方案，经市、县人民政府批准后实施。

（二十一）完善财税支持政策。积极探索财政资金撬动社会资金和金融资本参与政府和社会资本合作项目的有效方式。中央财政出资引导设立中国政府和社会资本合作融资支持基金，作为社会资本方参与项目，提高项目融资的可获得性。探索通过以奖代补等措施，引导和鼓励地方融资平台存量项目转型为政府和社会资本合作项目。落实和完善国家支持公共服务事业的税收优惠政策，公共服务项目采取政府和社会资本合作模式的，可按规定享受相关税收优惠政策。鼓励地方政府在承担有限损失的前提下，与具有投资管理经验的金融机构共同发起设立基金，并通过引入结构化设计，吸引更多社会资本参与。

（二十二）做好金融服务。金融机构应创新符合政府和社会资本合作模式特点的金融服务，优化信贷评审方式，积极为政府和社会资本合作项目提供融资支持。鼓励开发性金融机构发挥中长期贷款优势，参与改造政府和社会资本合作项目，引导商业性金融机构拓宽项目融资渠道。鼓励符合条件的项目运营主体在资本市场通过发行公司债券、企业债券、中期票据、定向票据等市场化方式进行融资。鼓励项目公司发行项目收益债券、项目收益票据、资产支持票据等。鼓励社保资金和保险资金按照市场化原则，创新运用债权投资计划、股权投资计划、项目资产支持计划等多种方式参与项目。对符合条件的"走出去"项目，鼓励政策性金融机构给予中长期信贷支持。依托各类产权、股权交易市场，为社会资本提供多元化、规范化、市场化的退出渠道。金融监管部门应加强监督管理，引导金融机构正确识别、计量和控制风险，按照风险可控、商业可持续原则支持政府和社会资本合作项目融资。

六、组织实施

（二十三）加强组织领导。国务院各有关部门要按照职能分工，负责相关领域具体工作，加强对地方推广政府和社会资本合作模式的指导和监督。财政部要会同有关部门，加强政策沟通协调和信息交流，完善体制机制。教育、科技、民政、人力资源社会保障、国土资源、环境保护、住房城乡建设、交通运输、水利、农业、商务、文化、卫生计生等行业主管部门，要结合本行业特点，积极运用政府和社会资本合作模式提供公共服务，探索完善相关监管制度体系。地方各级人民政府要结合已有规划和各地实际，出台具体政策措施并抓好落实；可根据本地区实际情况，建立工作协调机制，推动政府和社会资本合作项目落地实施。

（二十四）加强人才培养。大力培养专业人才，加快形成政府部门、高校、企业、专业咨询机构联合培养人才的机制。鼓励各类市场主体加大人才培训力度，开展业务人员培训，建设一支高素质的专业人才队伍。鼓励有条件的地方政府统筹内部机构改革需要，进一步整合专门力量，承担政府和社会资本合作模式推广职责，提高专业水平和能力。

（二十五）搭建信息平台。地方各级人民政府要切实履行规划指导、识别评估、咨询服务、宣传培训、绩效评价、信息统计、专家库和项目库建设等职责，建立统一信息发布平台，及时向社会公开项目实施情况等相关信息，确保项目实施公开透明、有序推进。

在公共服务领域推广政府和社会资本合作模式，事关人民群众切身利益，是保障和改善民生的一项重要工作。各地区、各部门要充分认识推广政府和社会资本合作模式的重要意义，把思想和行动统一到党中央、国务院的决策部署上来，精心组织实施，加强协调配合，形成工作合力，切实履行职责，共同抓好落实。财政部要强化统筹协调，会同有关部门对本意见落实情况进行督促检查和跟踪分析，重大事项及时向国务院报告。

关于进一步做好政府和社会资本合作项目示范工作的通知

财金〔2015〕57号

各省、自治区、直辖市、计划单列市财政厅（局），新疆生产建设兵团财务局：

为贯彻落实《国务院办公厅转发财政部 发展改革委 人民银行关于在公共服务领域推广政府和社会资本合作模式指导意见的通知》（国办发〔2015〕42号）精神，加快推进政府和社会资本合作（PPP）项目示范工作，尽早形成一批可复制、可推广的实施范例，助推更多项目落地实施，现通知如下：

一、加快推进首批示范项目实施

（一）高度重视PPP项目示范工作。项目示范是财政部门规范推广PPP模式的重要抓手。各级财政部门要切实加强示范项目的组织领导，配备必要的业务骨干人员，保证各项工作有序推进。示范项目所在地财政部门要加强协调，督促项目实施单位加快推进项目实施，跟踪进展情况，对项目实施过程中的难点和问题，要积极协调解决，重大情况及时向上级财政部门报告。

（二）确保示范项目实施质量。要严格执行国务院和财政部等部门出台的一系列制度文件，科学编制实施方案，合理选择运作方式，认真做好评估论证，择优选择社会资本，加强项目实施监管。项目采购要严格执行《政府采购法》、《政府和社会资本合作项目政府采购管理办法》（财库〔2014〕215号）等规定，充分引入竞争机制，保证项目实施质量。要发挥政府集中采购降低成本的优势，确定合理的收费标准，通过政府采购平台选择一批能力较强的专业中介机构，为示范项目实施提供技术支持。严禁通过保底承诺、回购安排、明股实债等方式进行变相融资，将项目包装成PPP项目。

（三）切实履行财政监督管理职责。示范项目所在地财政部门要认真做好示范项目物有所值定性分析和财政承受能力论证，有效控制政府支付责任，合理确定财政补助金额，每一年度全部PPP项目需要从预算中安排的支出责任占一般公共预算支出比例应当不超过10%。省级财政部门要统计监测所有PPP项目的政府支付责任并报财政部备案，加强示范项目管理，督促下级财政部门严格履行合同约定，保护社会资本的合法权益，切实维护政府信用。

（四）及时上报示范项目实施信息。对于示范项目的实施方案、合作伙伴选择、物有所值评估、财政承受能力论证等，项目所在地财政部门要将有关情况报送省级财政部门备案，并通过财政部PPP综合信息平台及时填报相关信息。在示范项目建设和运营阶段，财政部将不定期组织对示范项目实施情况进行督导，督促项目实施单位依法充分披露相关信息。

二、组织上报第二批备选示范项目

（五）在公共服务领域广泛征集适宜采用PPP模式的项目。根据《国务院办公厅转发财政部 发展改革委 人民银行关于在公共服务领域推广政府和社会资本合作模式指导意见的通知》（国办发〔2015〕42号），地方各级财政部门要在能源、交通运输、水利、环境保护、农业、林业、科技、保障性安居工程、医疗、卫生、养老、教育、文化等公共服务领域，筛选征集适宜采用PPP模式的项目，加快建立项目库。

（六）确保上报备选示范项目具备相应基本条件。项目要纳入城市总体规划和各类专项规划，新建项目应已按规定程序做好立项、可行性论证等项目前期工作。项目所在行业已印发开展PPP模式相关规定的，要同时满足相关规定。政府和社会资本合作期限原则上不低于10年。对采用建设－移交（BT）方式的项目，通过保底承诺、回购安排等方式进行变相融资的项目，财政部将不予受理。

（七）优先支持融资平台公司存量项目转型为PPP项目。重点推进符合条件的融资平台公司存量项目，通过转让－运营－移交（TOT）、改建－运营－移交（ROT）等方式转型为PPP项目。存量项目债务应纳入地方政府性债务管理系统，或2013年全国政府性债务审计范围。对合同变更成本高，融资结构调整成本高，原债权人不同意转换，不能化解政府性债务风险、降低债务成本和实现"物有所值"的项目，财政部将不予受理。

（八）认真组织备选示范项目筛选上报。请各省、自治区、直辖市、计划单列市财政厅（局）按照上述要求，严格筛选上报适宜采用 PPP 模式的第二批备选示范项目，将项目采用 PPP 模式的初步方案、以及 PPP 示范项目申报表和基本信息表，于2015 年 7 月 15 日前书面（含电子版，下载网址：http://jrs.mof.gov.cn/ppp/）报送财政部（金融司。申请第二批示范项目时，项目所在地政府或政府授权实施机构应当提交项目规范实施承诺书，承诺在项目实施各操作环节中，将严格执行财政部一系列制度规范，尽快完成项目实施，并保证项目实施质量。

三、构建激励相容的政策保障机制

（九）建立"能进能出"的项目示范机制。对已列入示范项目名单的项目，如项目交易结构发生重大变化不能采用 PPP 模式，或一年后仍未能进入采购阶段的，将被调出示范项目名单。示范项目建设完成后，财政部将组织专家对前期实施情况进行验收，重点审查示范项目是否符合 PPP 模式的必备特征。符合 PPP 模式特征的，将作为实施范例进行推广。不符合 PPP 模式特征的，财政部将督促实施单位进行整改，或不再作为示范项目推广。

（十）加强业务指导和技术支持。财政部将建立 PPP 综合信息平台，加快推进专家库和项目库建设，抓紧出台 PPP 项目财政管理办法、物有所值操作指引等配套实施细则，为 PPP 项目示范工作提供必要的业务指导和技术支持。在示范项目实施全过程中，财政部相关司局及 PPP 中心将进行跟踪指导，推动示范项目顺利实施。

（十一）完善示范项目扶持政策体系。鼓励符合条件的示范项目用好用足现行各项扶持政策，按规定申请城镇保障性安居工程贷款贴息、中央财政支持海绵城市建设试点和地下综合管廊试点政策中对 PPP 倾斜支持奖励政策等政策支持。中央财政加快推动设立 PPP 基金，研究出台"以奖代补"措施，符合条件的示范项目将优先获得支持。

财政部

2015 年 6 月 25 日

基础设施和公用事业特许经营管理办法

第一章　总则

第一条　为鼓励和引导社会资本参与基础设施和公用事业建设运营，提高公共服务质量和效率，保护特许经营者合法权益，保障社会公共利益和公共安全，促进经济社会持续健康发展，制定本办法。

第二条　中华人民共和国境内的能源、交通运输、水利、环境保护、市政工程等基础设施和公用事业领域的特许经营活动，适用本办法。

第三条　本办法所称基础设施和公用事业特许经营，是指政府采用竞争方式依法授权中华人民共和国境内外的法人或者其他组织，通过协议明确权利义务和风险分担，约定其在一定期限和范围内投资建设运营基础设施和公用事业并获得收益，提供公共产品或者公共服务。

第四条　基础设施和公用事业特许经营应当坚持公开、公平、公正，保护各方信赖利益，并遵循以下原则：

（一）发挥社会资本融资、专业、技术和管理优势，提高公共服务质量效率；

（二）转变政府职能，强化政府与社会资本协商合作；

（三）保护社会资本合法权益，保证特许经营持续性和稳定性；

（四）兼顾经营性和公益性平衡，维护公共利益。

第五条　基础设施和公用事业特许经营可以采取以下方式：

（一）在一定期限内，政府授予特许经营者投资新建或改扩建、运营基础设施和公用事业，期限届满移交政府；

（二）在一定期限内，政府授予特许经营者投资新建或改扩建、拥有并运营基础设施和公用事业，期限届满移交政府；

（三）特许经营者投资新建或改扩建基础设施和公用事业并移交政府后，由政府授予其在一定期限内运营；

（四）国家规定的其他方式。

第六条　基础设施和公用事业特许经营期限应当根据行业特点、所提供公共产品或服务需求、项目生命周期、投资回收期等综合因素确定，最长不超过 30 年。

对于投资规模大、回报周期长的基础设施和公用事业特许经营项目（以下简称特许经营项目）可以由政府或者其授权部门与特许经营者根据项目实际情况，约定超过前款规定的特许经营期限。

第七条　国务院发展改革、财政、国土、环保、住房城乡建设、交通运输、水利、能源、金融、安全监管等有关部门按照各自职责，负责相关领域基础设施和公用事业特许经营规章、政策制定和监督管理工作。

县级以上地方人民政府发展改革、财政、国土、环保、住房城乡建设、交通运输、水利、价格、能源、金融监管等有关部门根据职责分工，负责有关特许经营项目实施和监督管理工作。

第八条　县级以上地方人民政府应当建立各有关部门参加的基础设施和公用事业特许经营部门协调机制，负责统筹有关政策措施，并组织协调特许经营项目实施和监督管理工作。

第二章　特许经营协议订立

第九条　县级以上人民政府有关行业主管部门或政府授权部门（以下简称项目提出部门）可以根据经济社会发展需求，以及有关法人和其他组织提出的特许经营项目建议等，提出特许经营项目实施方案。

特许经营项目应当符合国民经济和社会发展总体规划、主体功能区规划、区域规划、环境保护规划和安全生产规划等专项规划、土地利用规划、城乡规划、中期财政规划等，并且建设运营标准和监管要求明确。

项目提出部门应当保证特许经营项目的完整性和连续性。

第十条　特许经营项目实施方案应当包括以下内容：

（一）项目名称；

（二）项目实施机构；

（三）项目建设规模、投资总额、实施进度，以及提供公共产品或公共服务的标准等基本经济技术指标；

（四）投资回报、价格及其测算；

（五）可行性分析，即降低全生命周期成本和提高公共服务质量效率的分析估算等；

（六）特许经营协议框架草案及特许经营期限；

（七）特许经营者应当具备的条件及选择方式；

（八）政府承诺和保障；

（九）特许经营期限届满后资产处置方式；

（十）应当明确的其他事项。

第十一条　项目提出部门可以委托具有相应能力和经验的第三方机构，开展特许经营可行性评估，完善特许经营项目实施方案。

需要政府提供可行性缺口补助或者开展物有所值评估的，由财政部门负责开展相关工作。具体办法由国务院财政部门另行制定。

第十二条　特许经营可行性评估应当主要包括以下内容：

（一）特许经营项目全生命周期成本、技术路线和工程方案的合理性，可能的融资方式、融资规模、资金成本，所提供公共服务的质量效率，建设运营标准和监管要求等；

（二）相关领域市场发育程度，市场主体建设运营能力状况和参与意愿；

（三）用户付费项目公众支付意愿和能力评估。

第十三条　项目提出部门依托本级人民政府根据本办法第八条规定建立的部门协调机制，会同发展改革、财政、城乡规划、国土、环保、水利等有关部门对特许经营项目实施方案进行审查。经审查认为实施方案可行的，各部门应当根据职责分别出具书面审查意见。

项目提出部门综合各部门书面审查意见，报本级人民政府或其授权部门审定特许经营项目实施方案。

第十四条　县级以上人民政府应当授权有关部门或单位作为实施机构负责特许经营项目有关实施工作，并明确具体授权范围。

第十五条 实施机构根据经审定的特许经营项目实施方案，应当通过招标、竞争性谈判等竞争方式选择特许经营者。

特许经营项目建设运营标准和监管要求明确、有关领域市场竞争比较充分的，应当通过招标方式选择特许经营者。

第十六条 实施机构应当在招标或谈判文件中载明是否要求成立特许经营项目公司。

第十七条 实施机构应当公平择优选择具有相应管理经验、专业能力、融资实力以及信用状况良好的法人或者其他组织作为特许经营者。鼓励金融机构与参与竞争的法人或其他组织共同制定投融资方案。

特许经营者选择应当符合内外资准入等有关法律、行政法规规定。

依法选定的特许经营者，应当向社会公示。

第十八条 实施机构应当与依法选定的特许经营者签订特许经营协议。

需要成立项目公司的，实施机构应当与依法选定的投资人签订初步协议，约定其在规定期限内注册成立项目公司，并与项目公司签订特许经营协议。

特许经营协议应当主要包括以下内容：

（一）项目名称、内容；

（二）特许经营方式、区域、范围和期限；

（三）项目公司的经营范围、注册资本、股东出资方式、出资比例、股权转让等；

（四）所提供产品或者服务的数量、质量和标准；

（五）设施权属，以及相应的维护和更新改造；

（六）监测评估；

（七）投融资期限和方式；

（八）收益取得方式，价格和收费标准的确定方法以及调整程序；

（九）履约担保；

（十）特许经营期内的风险分担；

（十一）政府承诺和保障；

（十二）应急预案和临时接管预案；

（十三）特许经营期限届满后，项目及资产移交方式、程序和要求等；

（十四）变更、提前终止及补偿；

（十五）违约责任；

（十六）争议解决方式；

（十七）需要明确的其他事项。

第十九条　特许经营协议根据有关法律、行政法规和国家规定，可以约定特许经营者通过向用户收费等方式取得收益。

向用户收费不足以覆盖特许经营建设、运营成本及合理收益的，可由政府提供可行性缺口补助，包括政府授予特许经营项目相关的其它开发经营权益。

第二十条　特许经营协议应当明确价格或收费的确定和调整机制。特许经营项目价格或收费应当依据相关法律、行政法规规定和特许经营协议约定予以确定和调整。

第二十一条　政府可以在特许经营协议中就防止不必要的同类竞争性项目建设、必要合理的财政补贴、有关配套公共服务和基础设施的提供等内容作出承诺，但不得承诺固定投资回报和其他法律、行政法规禁止的事项。

第二十二条　特许经营者根据特许经营协议，需要依法办理规划选址、用地和项目核准或审批等手续的，有关部门在进行审核时，应当简化审核内容，优化办理流程，缩短办理时限，对于本部门根据本办法第十三条出具书面审查意见已经明确的事项，不再作重复审查。

实施机构应当协助特许经营者办理相关手续。

第二十三条　国家鼓励金融机构为特许经营项目提供财务顾问、融资顾问、银团贷款等金融服务。政策性、开发性金融机构可以给予特许经营项目差异化信贷支持，对符合条件的项目，贷款期限最长可达30年。探索利用特许经营项目预期收益质押贷款，支持利用相关收益作为还款来源。

第二十四条　国家鼓励通过设立产业基金等形式入股提供特许经营项目资本金。鼓励特许经营项目公司进行结构化融资，发行项目收益票据和资产支持票据等。

国家鼓励特许经营项目采用成立私募基金，引入战略投资者，发行企业债券、项目收益债券、公司债券、非金融企业债务融资工具等方式拓宽投融资渠道。

第二十五条　县级以上人民政府有关部门可以探索与金融机构设立基础设施和公用事业特许经营引导基金，并通过投资补助、财政补贴、贷款贴息等方式，支持有关特许经营项目建设运营。

第三章　特许经营协议履行

第二十六条　特许经营协议各方当事人应当遵循诚实信用原则，按照约定全面履行义务。

除法律、行政法规另有规定外，实施机构和特许经营者任何一方不履行特许经营协议约定义务或者履行义务不符合约定要求的，应当根据协议继续履行、采取补救措施或者赔偿损失。

第二十七条　依法保护特许经营者合法权益。任何单位或者个人不得违反法律、行政法规和本办法规定，干涉特许经营者合法经营活动。

第二十八条　特许经营者应当根据特许经营协议，执行有关特许经营项目投融资安排，确保相应资金或资金来源落实。

第二十九条　特许经营项目涉及新建或改扩建有关基础设施和公用事业的，应当符合城乡规划、土地管理、环境保护、质量管理、安全生产等有关法律、行政法规规定的建设条件和建设标准。

第三十条　特许经营者应当根据有关法律、行政法规、标准规范和特许经营协议，提供优质、持续、高效、安全的公共产品或者公共服务。

第三十一条　特许经营者应当按照技术规范，定期对特许经营项目设施进行检修和保养，保证设施运转正常及经营期限届满后资产按规定进行移交。

第三十二条　特许经营者对涉及国家安全的事项负有保密义务，并应当建立和落实相应保密管理制度。

实施机构、有关部门及其工作人员对在特许经营活动和监督管理工作中知悉的特许经营者商业秘密负有保密义务。

第三十三条　实施机构和特许经营者应当对特许经营项目建设、运营、维修、保养过程中有关资料，按照有关规定进行归档保存。

第三十四条　实施机构应当按照特许经营协议严格履行有关义务，为特许经营者建设运营特许经营项目提供便利和支持，提高公共服务水平。

行政区划调整，政府换届、部门调整和负责人变更，不得影响特许经营协议履行。

第三十五条　需要政府提供可行性缺口补助的特许经营项目，应当严格按照预算法规定，综合考虑政府财政承受能力和债务风险状况，合理确定财政付费总额和分年度数额，并与政府年度预算和中期财政规划相衔接，确保资金拨付需要。

第三十六条　因法律、行政法规修改，或者政策调整损害特许经营者预期利益，或者根据公共利益需要，要求特许经营者提供协议约定以外的产品或服务的，应当给予特许经营者相应补偿。

第四章　特许经营协议变更和终止

第三十七条　在特许经营协议有效期内，协议内容确需变更的，协议当事人应当在协商一致基础上签订补充协议。如协议可能对特许经营项目的存续债务产生重大影响的，应当事先征求债权人同意。特许经营项目涉及直接融资行为的，应当及时做好相关信息披露。

特许经营期限届满后确有必要延长的，按照有关规定经充分评估论证，协商一致并报批准后，可以延长。

第三十八条　在特许经营期限内，因特许经营协议一方严重违约或不可抗力等原因，导致特许经营者无法继续履行协议约定义务，或者出现特许经营协议约定的提前终止协议情形的，在与债权人协商一致后，可以提前终止协议。

特许经营协议提前终止的，政府应当收回特许经营项目，并根据实际情况和协议约定给予原特许经营者相应补偿。

第三十九条　特许经营期限届满终止或提前终止的，协议当事人应当按照特许经营协议约定，以及有关法律、行政法规和规定办理有关设施、资料、档案等的性能测试、评估、移交、接管、验收等手续。

第四十条　特许经营期限届满终止或者提前终止，对该基础设施和公用事业继续采用特许经营方式的，实施机构应当根据本办法规定重新选择特许经营者。

因特许经营期限届满重新选择特许经营者的，在同等条件下，原特许经营者优先获得特许经营。

新的特许经营者选定之前，实施机构和原特许经营者应当制定预案，保障公共产品或公共服务的持续稳定提供。

第五章　监督管理和公共利益保障

第四十一条　县级以上人民政府有关部门应当根据各自职责，对特许经营者执行法律、行政法规、行业标准、产品或服务技术规范，以及其他有关监管要求进行监督管理，并依法加强成本监督审查。

县级以上审计机关应当依法对特许经营活动进行审计。

第四十二条　县级以上人民政府及其有关部门应当根据法律、行政法规和国务院决定保留的行政审批项目对特许经营进行监督管理，不得以实施特许经营为名违法增设行政审批项目或审批环节。

第四十三条　实施机构应当根据特许经营协议，定期对特许经营项目建设运营情况进行监测分析，会同有关部门进行绩效评价，并建立根据绩效评价结果、按照特许经营协议约定对价格或财政补贴进行调整的机制，保障所提供公共产品或公共服务的质量和效率。

实施机构应当将社会公众意见作为监测分析和绩效评价的重要内容。

第四十四条　社会公众有权对特许经营活动进行监督，向有关监管部门投诉，或者向实施机构和特许经营者提出意见建议。

第四十五条　县级以上人民政府应当将特许经营有关政策措施、特许经营部门协调机制组成以及职责等信息向社会公开。

实施机构和特许经营者应当将特许经营项目实施方案、特许经营者选择、特许经营协议及其变更或终止、项目建设运营、所提供公共服务标准、监测分析和绩效评价、经过审计的上年度财务报表等有关信息按规定向社会公开。

特许经营者应当公开有关会计数据、财务核算和其他有关财务指标，并依法接受年度财务审计。

第四十六条　特许经营者应当对特许经营协议约定服务区域内所有用户普遍地、无歧视地提供公共产品或公共服务，不得对新增用户实行差别待遇。

第四十七条　实施机构和特许经营者应当制定突发事件应急预案，按规定报有关部门。突发事件发生后，及时启动应急预案，保障公共产品或公共服务的正常提供。

第四十八条　特许经营者因不可抗力等原因确实无法继续履行特许经营协议的，实施机构应当采取措施，保证持续稳定提供公共产品或公共服务。

第六章　争议解决

第四十九条　实施机构和特许经营者就特许经营协议履行发生争议的，应当协商解决。协商达成一致的，应当签订补充协议并遵照执行。

第五十条　实施机构和特许经营者就特许经营协议中的专业技术问题发生争议

的，可以共同聘请专家或第三方机构进行调解。调解达成一致的，应当签订补充协议并遵照执行。

第五十一条　特许经营者认为行政机关作出的具体行政行为侵犯其合法权益的，有陈述、申辩的权利，并可以依法提起行政复议或者行政诉讼。

第五十二条　特许经营协议存续期间发生争议，当事各方在争议解决过程中，应当继续履行特许经营协议义务，保证公共产品或公共服务的持续性和稳定性。

第七章　法律责任

第五十三条　特许经营者违反法律、行政法规和国家强制性标准，严重危害公共利益，或者造成重大质量、安全事故或者突发环境事件的，有关部门应当责令限期改正并依法予以行政处罚；拒不改正、情节严重的，可以终止特许经营协议；构成犯罪的，依法追究刑事责任。

第五十四条　以欺骗、贿赂等不正当手段取得特许经营项目的，应当依法收回特许经营项目，向社会公开。

第五十五条　实施机构、有关行政主管部门及其工作人员不履行法定职责、干预特许经营者正常经营活动、徇私舞弊、滥用职权、玩忽职守的，依法给予行政处分；构成犯罪的，依法追究刑事责任。

第五十六条　县级以上人民政府有关部门应当对特许经营者及其从业人员的不良行为建立信用记录，纳入全国统一的信用信息共享交换平台。对严重违法失信行为依法予以曝光，并会同有关部门实施联合惩戒。

第八章　附则

第五十七条　基础设施和公用事业特许经营涉及国家安全审查的，按照国家有关规定执行。

第五十八条　法律、行政法规对基础设施和公用事业特许经营另有规定的，从其规定。

本办法实施之前依法已经订立特许经营协议的，按照协议约定执行。

第五十九条　本办法由国务院发展改革部门会同有关部门负责解释。

第六十条　本办法自 2015 年 6 月 1 日起施行。

国家发展改革委关于印发《传统基础设施领域实施政府和社会资本合作项目工作导则》的通知

发改投资〔2016〕2231号

各省、自治区、直辖市及计划单列市发展改革委，新疆生产建设兵团发展改革委：

为进一步规范传统基础设施领域政府和社会资本方合作（PPP）项目操作流程，现将《传统基础设施领域实施政府和社会资本方合作项目工作导则》印发你们，请积极采取有力措施，加大工作力度，切实做好各项工作。

附件：传统基础设施领域实施政府和社会资本合作项目工作导则

国家发展改革委

2016年10月24日

附件

传统基础设施领域实施政府和社会资本合作项目工作导则

第一章　总则

第一条　目的和依据

为进一步规范传统基础设施领域政府和社会资本合作（PPP）项目操作流程，根据《中共中央 国务院关于深化投融资体制改革的意见》（中发〔2016〕18号）、

《国务院关于创新重点领域投融资机制鼓励社会投资的指导意见》（国发〔2014〕60号）、《国务院办公厅转发财政部发展改革委人民银行关于在公共服务领域推广政府和社会资本合作模式指导意见的通知》（国办发〔2015〕42号）、《基础设施和公用事业特许经营管理办法》（国家发展改革委等部门令2015年第25号）、《国家发展改革委关于开展政府和社会资本合作的指导意见》（发改投资〔2014〕2724号）等文件要求，制定本导则。

第二条　适用范围

按照国务院确定的部门职责分工，本导则适用于在能源、交通运输、水利、环境保护、农业、林业以及重大市政工程等传统基础设施领域采用PPP模式的项目。具体项目范围参见《国家发展改革委关于切实做好传统基础设施领域政府和社会资本合作有关工作的通知》（发改投资〔2016〕1744号）。

第三条　实施方式

政府和社会资本合作模式主要包括特许经营和政府购买服务两类。新建项目优先采用建设－运营－移交（BOT）、建设－拥有－运营－移交（BOOT）、设计－建设－融资－运营－移交（DBFOT）、建设－拥有－运营（BOO）等方式。存量项目优先采用改建－运营－移交（ROT）方式。同时，各地区可根据当地实际情况及项目特点，积极探索、大胆创新，灵活运用多种方式，切实提高项目运作效率。

第四条　适用要求

各级发展改革部门应按照本导则明确的程序要求和工作内容，本着"简捷高效、科学规范、兼容并包、创新务实"原则，会同有关部门，加强协调配合，形成合力，共同促进本地区传统基础设施领域PPP模式规范健康发展。国家发展改革委将加强指导和监督，促进PPP工作稳步推进。

第二章　项目储备

第五条　加强规划政策引导

要重视发挥发展规划、投资政策的战略引领与统筹协调作用，按照国民经济和社会发展总体规划、区域规划、专项规划及相关政策，依据传统基础设施领域的建设目标、重点任务、实施步骤等，明确推广应用PPP模式的统一部署及具体要求。

第六条　建立 PPP 项目库

各级发展改革部门要会同有关行业主管部门，在投资项目在线审批监管平台（重大建设项目库）基础上，建立各地区各行业传统基础设施 PPP 项目库，并统一纳入国家发展改革委传统基础设施 PPP 项目库，建立贯通各地区各部门的传统基础设施 PPP 项目信息平台。入库情况将作为安排政府投资、确定与调整价格、发行企业债券及享受政府和社会资本合作专项政策的重要依据。

第七条　纳入年度实施计划

列入各地区各行业传统基础设施 PPP 项目库的项目，实行动态管理、滚动实施、分批推进。对于需要当年推进实施的 PPP 项目，应纳入各地区各行业 PPP 项目年度实施计划。需要使用各类政府投资资金的传统基础设施 PPP 项目，应当纳入三年滚动政府投资计划。

第八条　确定实施机构和政府出资人代表

对于列入年度实施计划的 PPP 项目，应根据项目性质和行业特点，由当地政府行业主管部门或其委托的相关单位作为 PPP 项目实施机构，负责项目准备及实施等工作。鼓励地方政府采用资本金注入方式投资传统基础设施 PPP 项目，并明确政府出资人代表，参与项目准备及实施工作。

第三章　项目论证

第九条　PPP 项目实施方案编制

纳入年度实施计划的 PPP 项目，应编制 PPP 项目实施方案。PPP 项目实施方案由实施机构组织编制，内容包括项目概况、运作方式、社会资本方遴选方案、投融资和财务方案、建设运营和移交方案、合同结构与主要内容、风险分担、保障与监管措施等。为提高工作效率，对于一般性政府投资项目，各地可在可行性研究报告中包括 PPP 项目实施专章，内容可以适当简化，不再单独编写 PPP 项目实施方案。

实施方案编制过程中，应重视征询潜在社会资本方的意见和建议。要重视引导社会资本方形成合理的收益预期，建立主要依靠市场的投资回报机制。如果项目涉及向使用者收取费用，要取得价格主管部门出具的相关意见。

第十条　项目审批、核准或备案

政府投资项目的可行性研究报告应由具有相应项目审批职能的投资主管部门等

审批。可行性研究报告审批后，实施机构根据经批准的可行性研究报告有关要求，完善并确定PPP项目实施方案。重大基础设施政府投资项目，应重视项目初步设计方案的深化研究，细化工程技术方案和投资概算等内容，作为确定PPP项目实施方案的重要依据。

实行核准制或备案制的企业投资项目，应根据《政府核准的投资项目目录》及相关规定，由相应的核准或备案机关履行核准、备案手续。项目核准或备案后，实施机构依据相关要求完善和确定PPP项目实施方案。

纳入PPP项目库的投资项目，应在批复可行性研究报告或核准项目申请报告时，明确规定可以根据社会资本方选择结果依法变更项目法人。

第十一条 PPP项目实施方案审查审批

鼓励地方政府建立PPP项目实施方案联审机制。按照"多评合一，统一评审"的要求，由发展改革部门和有关行业主管部门牵头，会同项目涉及的财政、规划、国土、价格、公共资源交易管理、审计、法制等政府相关部门，对PPP项目实施方案进行联合评审。必要时可先组织相关专家进行评议或委托第三方专业机构出具评估意见，然后再进行联合评审。

一般性政府投资项目可行性研究报告中的PPP项目实施专章，可结合可行性研究报告审批一并审查。

通过实施方案审查的PPP项目，可以开展下一步工作；按规定需报当地政府批准的，应报当地政府批准同意后开展下一步工作。未通过审查的，可在调整实施方案后重新审查；经重新审查仍不能通过的，不再采用PPP模式。

第十二条 合同草案起草

PPP项目实施机构依据审查批准的实施方案，组织起草PPP合同草案，包括PPP项目主合同和相关附属合同（如项目公司股东协议和章程、配套建设条件落实协议等）。PPP项目合同主要内容参考国家发展改革委发布的《政府和社会资本合作项目通用合同指南（2014年版）》。

第四章 社会资本方选择

第十三条 社会资本方遴选

依法通过公开招标、邀请招标、两阶段招标、竞争性谈判等方式，公平择优选择具有相应投资能力、管理经验、专业水平、融资实力以及信用状况良好的社会资本方作为合作伙伴。其中，拟由社会资本方自行承担工程项目勘察、设计、施工、监理以及与工程建设有关的重要设备、材料等采购的，必须按照《招标投标法》的规定，通过招标方式选择社会资本方。

在遴选社会资本方资格要求及评标标准设定等方面，要客观、公正、详细、透明，禁止排斥、限制或歧视民间资本和外商投资。鼓励社会资本方成立联合体投标。鼓励设立混合所有制项目公司。社会资本方遴选结果要及时公告或公示，并明确申诉渠道和方式。

各地要积极创造条件，采用多种方式保障 PPP 项目建设用地。如果项目建设用地涉及土地招拍挂，鼓励相关工作与社会资本方招标、评标等工作同时开展。

第十四条　PPP 合同确认谈判

PPP 项目实施机构根据需要组织项目谈判小组，必要时邀请第三方专业机构提供专业支持。

谈判小组按照候选社会资本方的排名，依次与候选社会资本方进行合同确认谈判，率先达成一致的即为中选社会资本方。项目实施机构应与中选社会资本方签署确认谈判备忘录，并根据信息公开相关规定，公示合同文本及相关文件。

第十五条　PPP 项目合同签订

PPP 项目实施机构应按相关规定做好公示期间异议的解释、澄清和回复等工作。公示期满无异议的，由项目实施机构会同当地投资主管部门将 PPP 项目合同报送当地政府审核。政府审核同意后，由项目实施机构与中选社会资本方正式签署 PPP 项目合同。

需要设立项目公司的，待项目公司正式设立后，由实施机构与项目公司正式签署 PPP 项目合同，或签署关于承继 PPP 项目合同的补充合同。

第五章　项目执行

第十六条　项目公司设立

社会资本方可依法设立项目公司。政府指定了出资人代表的，项目公司由政府出资人代表与社会资本方共同成立。项目公司应按照 PPP 合同中的股东协议、公司章程等设立。

项目公司负责按 PPP 项目合同承担设计、融资、建设、运营等责任，自主经营，自负盈亏。除 PPP 项目合同另有约定外，项目公司的股权及经营权未经政府同意不得变更。

第十七条　项目法人变更

PPP 项目法人选择确定后，如与审批、核准、备案时的项目法人不一致，应按照有关规定依法办理项目法人变更手续。

第十八条　项目融资及建设

PPP 项目融资责任由项目公司或社会资本方承担，当地政府及其相关部门不应为项目公司或社会资本方的融资提供担保。项目公司或社会资本方未按照 PPP 项目合同约定完成融资的，政府方可依法提出履约要求，必要时可提出终止 PPP 项目合同。

PPP 项目建设应符合工程建设管理的相关规定。工程建设成本、质量、进度等风险应由项目公司或社会资本方承担。政府方及政府相关部门应根据 PPP 项目合同及有关规定，对项目公司或社会资本方履行 PPP 项目建设责任进行监督。

第十九条　运营绩效评价

PPP 项目合同中应包含 PPP 项目运营服务绩效标准。项目实施机构应会同行业主管部门，根据 PPP 项目合同约定，定期对项目运营服务进行绩效评价，绩效评价结果应作为项目公司或社会资本方取得项目回报的依据。

项目实施机构应会同行业主管部门，自行组织或委托第三方专业机构对项目进行中期评估，及时发现存在的问题，制订应对措施，推动项目绩效目标顺利完成。

第二十条　项目临时接管和提前终止

在 PPP 项目合作期限内，如出现重大违约或者不可抗力导致项目运营持续恶化，危及公共安全或重大公共利益时，政府要及时采取应对措施，必要时可指定项目实施机构等临时接管项目，切实保障公共安全和重大公共利益，直至项目恢复正常运营。不能恢复正常运营的，要提前终止，并按 PPP 合同约定妥善做好后续工作。

第二十一条　项目移交

对于 PPP 项目合同约定期满移交的项目，政府应与项目公司或社会资本方在合作期结束前一段时间（过渡期）共同组织成立移交工作组，启动移交准备工作。

移交工作组按照 PPP 项目合同约定的移交标准，组织进行资产评估和性能测试，保证项目处于良好运营和维护状态。项目公司应按 PPP 项目合同要求及有关规定完成移交工作并办理移交手续。

第二十二条　PPP 项目后评价

项目移交完成后，地方政府有关部门可组织开展 PPP 项目后评价，对 PPP 项目全生命周期的效率、效果、影响和可持续性等进行评价。评价结果应及时反馈给项目利益相关方，并按有关规定公开。

第二十三条　信息公开及社会监督

各地要建立 PPP 项目信息公开机制，依法及时、充分披露 PPP 项目基本信息、招标投标、采购文件、项目合同、工程进展、运营绩效等，切实保障公众知情权。涉及国家秘密的有关内容不得公开；涉及商业秘密的有关内容经申请可以不公开。

建立社会监督机制，鼓励公众对 PPP 项目实施情况进行监督，切实维护公共利益。

第六章　附则

第二十四条

本导则由国家发展改革委负责解释。

第二十五条

本导则自印发之日起施行。

关于印发
《政府和社会资本合作项目财政管理暂行办法》的通知

财金〔2016〕92号

各省、自治区、直辖市、计划单列市财政厅（局），财政部驻各省、自治区、直辖市、计划单列市财政监察专员办事处，新疆生产建设兵团财务局：

根据《预算法》《政府采购法》及其实施条例、《企业国有资产法》《国务院办公厅转发财政部 发展改革委 人民银行 关于在公共服务领域推广政府和社会资本方合作模式指导意见的通知》（国办发〔2015〕42号），为加强政府和社会资本方合作项目财政管理，规范财政部门履职行为，保障合作各方合法权益，现印发《政府和社会资本合作项目财政管理暂行办法》。请遵照执行。

财政部

2016年9月24日

附件

《政府和社会资本合作项目财政管理暂行办法》

第一章　总则

第一条　为加强政府和社会资本合作（简称PPP）项目财政管理，明确财政部门在PPP项目全生命周期内的工作要求，规范财政部门履职行为，保障合作各方合法权益，根据《预算法》《政府采购法》《企业国有资产法》等法律法规，制定本办法。

第二条　本办法适用于中华人民共和国境内能源、交通运输、市政公用、农业、林业、水利、环境保护、保障性安居工程、教育、科技、文化、体育、医疗卫生、养老、旅游等公共服务领域开展的各类 PPP 项目。

第三条　各级财政部门应当会同相关部门，统筹安排财政资金、国有资产等各类公共资产和资源与社会资本开展平等互惠的 PPP 项目合作，切实履行项目识别论证、政府采购、预算收支与绩效管理、资产负债管理、信息披露与监督检查等职责，保证项目全生命周期规范实施、高效运营。

第二章　项目识别论证

第四条　各级财政部门应当加强与行业主管部门的协同配合，共同做好项目前期的识别论证工作。

政府发起 PPP 项目的，应当由行业主管部门提出项目建议，由县级以上人民政府授权的项目实施机构编制项目实施方案，提请同级财政部门开展物有所值评价和财政承受能力论证。

社会资本发起 PPP 项目的，应当由社会资本向行业主管部门提交项目建议书，经行业主管部门审核同意后，由社会资本方编制项目实施方案，由县级以上人民政府授权的项目实施机构提请同级财政部门开展物有所值评价和财政承受能力论证。

第五条　新建、改扩建项目的项目实施方案应当依据项目建议书、项目可行性研究报告等前期论证文件编制；存量项目实施方案的编制依据还应包括存量公共资产建设、运营维护的历史资料以及第三方出具的资产评估报告等。

项目实施方案应当包括项目基本情况、风险分配框架、运作方式、交易结构、合同体系、监管架构、采购方式选择等内容。

第六条　项目实施机构可依法通过政府采购方式委托专家或第三方专业机构，编制项目物有所值评价报告。受托专家或第三方专业机构应独立、客观、科学地进行项目评价、论证，并对报告内容负责。

第七条　各级财政部门应当会同同级行业主管部门根据项目实施方案共同对物有所值评价报告进行审核。物有所值评价审核未通过的，项目实施机构可对实施方案进行调整后重新提请本级财政部门和行业主管部门审核。

第八条　经审核通过物有所值评价的项目，由同级财政部门依据项目实施方案和物有所值评价报告组织编制财政承受能力论证报告，统筹本级全部已实施和拟实施PPP项目的各年度支出责任，并综合考虑行业均衡性和PPP项目开发计划后，出具财政承受能力论证报告审核意见。

第九条　各级财政部门应当建立本地区PPP项目开发目录，将经审核通过物有所值评价和财政承受能力论证的项目纳入PPP项目开发目录管理。

第三章　项目政府采购管理

第十条　对于纳入PPP项目开发目录的项目，项目实施机构应根据物有所值评价和财政承受能力论证审核结果完善项目实施方案，报本级人民政府审核。本级人民政府审核同意后，由项目实施机构按照政府采购管理相关规定，依法组织开展社会资本方采购工作。

项目实施机构可以依法委托采购代理机构办理采购。

第十一条　项目实施机构应当优先采用公开招标、竞争性谈判、竞争性磋商等竞争性方式采购社会资本方，鼓励社会资本积极参与、充分竞争。根据项目需求必须采用单一来源采购方式的，应当严格符合法定条件和程序。

第十二条　项目实施机构应当根据项目特点和建设运营需求，综合考虑专业资质、技术能力、管理经验和财务实力等因素合理设置社会资本的资格条件，保证国有企业、民营企业、外资企业平等参与。

第十三条　项目实施机构应当综合考虑社会资本竞争者的技术方案、商务报价、融资能力等因素合理设置采购评审标准，确保项目的长期稳定运营和质量效益提升。

第十四条　参加采购评审的社会资本所提出的技术方案内容最终被全部或部分采纳，但经采购未中选的，财政部门应会同行业主管部门对其前期投入成本予以合理补偿。

第十五条　各级财政部门应当加强对PPP项目采购活动的支持服务和监督管理，依托政府采购平台和PPP综合信息平台，及时充分向社会公开PPP项目采购信息，包括资格预审文件及结果、采购文件、响应文件提交情况及评审结果等，确保采购过程和结果公开、透明。

第十六条　采购结果公示结束后、PPP项目合同正式签订前，项目实施机构应将

PPP项目合同提交行业主管部门、财政部门、法制部门等相关职能部门审核后，报本级人民政府批准。

第十七条　PPP项目合同审核时，应当对照项目实施方案、物有所值评价报告、财政承受能力论证报告及采购文件，检查合同内容是否发生实质性变更，并重点审核合同是否满足以下要求：

（一）合同应当根据实施方案中的风险分配方案，在政府与社会资本双方之间合理分配项目风险，并确保应由社会资本方承担的风险实现了有效转移；

（二）合同应当约定项目具体产出标准和绩效考核指标，明确项目付费与绩效评价结果挂钩；

（三）合同应当综合考虑项目全生命周期内的成本核算范围和成本变动因素，设定项目基准成本；

（四）合同应当根据项目基准成本和项目资本金财务内部收益率，参照工程竣工决算合理测算确定项目的补贴或收费定价基准。项目收入基准以外的运营风险由项目公司承担；

（五）合同应当合理约定项目补贴或收费定价的调整周期、条件和程序，作为项目合作期限内行业主管部门和财政部门执行补贴或收费定价调整的依据。

第四章　项目财政预算管理

第十八条　行业主管部门应当根据预算管理要求，将PPP项目合同中约定的政府跨年度财政支出责任纳入中期财政规划，经财政部门审核汇总后，报本级人民政府审核，保障政府在项目全生命周期内的履约能力。

第十九条　本级人民政府同意纳入中期财政规划的PPP项目，由行业主管部门按照预算编制程序和要求，将合同中符合预算管理要求的下一年度财政资金收支纳入预算管理，报请财政部门审核后纳入预算草案，经本级政府同意后报本级人民代表大会审议。

第二十条　行业主管部门应按照预算编制要求，编报PPP项目收支预算：

（一）收支测算。每年7月底之前，行业主管部门应按照当年PPP项目合同约定，结合本年度预算执行情况、支出绩效评价结果等，测算下一年度应纳入预算的PPP项目收支数额；

（二）支出编制。行业主管部门应将需要从预算中安排的PPP项目支出责任，按照相关政府收支分类科目、预算支出标准和要求，列入支出预算；

（三）收入编制。行业主管部门应将政府在PPP项目中获得的收入列入预算；

（四）报送要求。行业主管部门应将包括所有PPP项目全部收支在内的预算，按照统一的时间要求报同级财政部门。

第二十一条　财政部门应对行业主管部门报送的PPP项目财政收支预算申请进行认真审核，充分考虑绩效评价、价格调整等因素，合理确定预算金额。

第二十二条　PPP项目中的政府收入，包括政府在PPP项目全生命周期过程中依据法律和合同约定取得的资产权益转让、特许经营权转让、股息、超额收益分成、社会资本违约赔偿和保险索赔等收入，以及上级财政拨付的PPP专项奖补资金收入等。

第二十三条　PPP项目中的政府支出，包括政府在PPP项目全生命周期过程中依据法律和合同约定需要从财政资金中安排的股权投资、运营补贴、配套投入、风险承担，以及上级财政对下级财政安排的PPP专项奖补资金支出。

第二十四条　行业主管部门应当会同各级财政部门做好项目全生命周期成本监测工作。每年一季度前，项目公司（或社会资本方）应向行业主管部门和财政部门报送上一年度经第三方审计的财务报告及项目建设运营成本说明材料。项目成本信息要通过PPP综合信息平台对外公示，接受社会监督。

第二十五条　各级财政部门应当会同行业主管部门开展PPP项目绩效运行监控，对绩效目标运行情况进行跟踪管理和定期检查，确保阶段性目标与资金支付相匹配，开展中期绩效评估，最终促进实现项目绩效目标。监控中发现绩效运行与原定绩效目标偏离时，应及时采取措施予以纠正。

第二十六条　社会资本方违反PPP项目合同约定，导致项目运行状况恶化，危及国家安全和重大公共利益，或严重影响公共产品和服务持续稳定供给的，本级人民政府有权指定项目实施机构或其他机构临时接管项目，直至项目恢复正常经营或提前终止。临时接管项目所产生的一切费用，根据合作协议约定，由违约方单独承担或由各责任方分担。

第二十七条　各级财政部门应当会同行业主管部门在PPP项目全生命周期内，按照事先约定的绩效目标，对项目产出、实际效果、成本收益、可持续性等方面进行绩效评价，也可委托第三方专业机构提出评价意见。

第二十八条 各级财政部门应依据绩效评价结果合理安排财政预算资金。

对于绩效评价达标的项目，财政部门应当按照合同约定，向项目公司或社会资本方及时足额安排相关支出。

对于绩效评价不达标的项目，财政部门应当按照合同约定扣减相应费用或补贴支出。

第五章　项目资产负债管理

第二十九条 各级财政部门应会同相关部门加强 PPP 项目涉及的国有资产管理，督促项目实施机构建立 PPP 项目资产管理台账。政府在 PPP 项目中通过存量国有资产或股权作价入股、现金出资入股或直接投资等方式形成的资产，应作为国有资产在政府综合财务报告中进行反映和管理。

第三十条 存量 PPP 项目中涉及存量国有资产、股权转让的，应由项目实施机构会同行业主管部门和财政部门按照国有资产管理相关办法，依法进行资产评估，防止国有资产流失。

第三十一条 PPP 项目中涉及特许经营权授予或转让的，应由项目实施机构根据特许经营权未来带来的收入状况，参照市场同类标准，通过竞争性程序确定特许经营权的价值，以合理价值折价入股、授予或转让。

第三十二条 项目实施机构与项目应当根据法律法规和 PPP 项目合同约定确定项目公司资产权属。对于归属项目公司的资产及权益的所有权和收益权，经行业主管部门和财政部门同意，可以依法设置抵押、质押等担保权益，或进行结构化融资，但应及时在财政部 PPP 综合信息平台上公示。项目建设完成进入稳定运营期后，社会资本方可以通过结构性融资实现部分或全部退出，但影响公共安全及公共服务持续稳定提供的除外。

第三十三条 各级财政部门应当会同行业主管部门做好项目资产移交工作。

项目合作期满移交的，政府和社会资本双方应按合同约定共同做好移交工作，确保移交过渡期内公共服务的持续稳定供给。项目合同期满前，项目实施机构或政府指定的其他机构应组建项目移交工作组，对移交资产进行性能测试、资产评估和登记入账，项目资产不符合合同约定移交标准的，社会资本应采取补救措施或赔偿损失。

项目因故提前终止的，除履行上述移交工作外，如因政府原因或不可抗力原因导致提前终止的，应当依据合同约定给予社会资本相应补偿，并妥善处置项目公司存续债务，保障债权人合法权益；如因社会资本原因导致提前终止的，应当依据合同约定要求社会资本承担相应赔偿责任。

第三十四条　各级财政部门应当会同行业主管部门加强对 PPP 项目债务的监控。PPP 项目执行过程中形成的负债，属于项目公司的债务，由项目公司独立承担偿付义务。项目期满移交时，项目公司的债务不得移交给政府。

第六章　监督管理

第三十五条　各级财政部门应当会同行业主管部门加强对 PPP 项目的监督管理，切实保障项目运行质量，严禁以 PPP 项目名义举借政府债务。

财政部门应当会同相关部门加强项目合规性审核，确保项目属于公共服务领域，并按法律法规和相关规定履行相关前期论证审查程序。项目实施不得采用建设—移交方式。

政府与社会资本合资设立项目公司的，应按照《公司法》等法律规定以及 PPP 项目合同约定规范运作，不得在股东协议中约定由政府股东或政府指定的其他机构对社会资本方股东的股权进行回购安排。

财政部门应根据财政承受能力论证结果和 PPP 项目合同约定，严格管控和执行项目支付责任，不得将当期政府购买服务支出代替 PPP 项目中长期的支付责任，规避 PPP 项目相关评价论证程序。

第三十六条　各级财政部门应依托 PPP 综合信息平台，建立 PPP 项目库，做好 PPP 项目全生命周期信息公开工作，保障公众知情权，接受社会监督。

项目准备、采购和建设阶段信息公开内容包括 PPP 项目的基础信息和项目采购信息，采购文件，采购成交结果，不涉及国家秘密、商业秘密的项目合同文本，开工及竣工投运日期，政府移交日期等。项目运营阶段信息公开内容包括 PPP 项目的成本监测和绩效评价结果等。

财政部门信息公开内容包括本级 PPP 项目目录、本级人大批准的政府对 PPP 项目的财政预算、执行及决算情况等。

第三十七条　财政部驻各地财政监察专员办事处应对 PPP 项目财政管理情况加强全程监督管理，重点关注 PPP 项目物有所值评价和财政承受能力论证、政府采购、预算管理、国有资产管理、债务管理、绩效评价等环节，切实防范财政风险。

第三十八条　对违反本办法规定实施 PPP 项目的，依据《预算法》《政府采购法》及其实施条例、《财政违法行为处罚处分条例》等法律法规追究有关人员责任；涉嫌犯罪的，依法移交司法机关处理。

第七章　附则

第三十九条　本办法由财政部负责解释。

第四十条　本办法自印发之日起施行。

关于规范政府和社会资本合作（PPP）综合信息
平台项目库管理的通知

财办金〔2017〕92号

各省、自治区、直辖市、计划单列市财政厅（局），新疆生产建设兵团财务局：

为深入贯彻落实全国金融工作会议精神，进一步规范政府和社会资本合作（PPP）项目运作，防止PPP异化为新的融资平台，坚决遏制隐性债务风险增量，现将规范全国PPP综合信息平台项目库（以下简称"项目库"）管理有关事项通知如下：

一、总体要求

（一）统一认识。各级财政部门要深刻认识当前规范项目库管理的重要意义，及时纠正PPP泛化滥用现象，进一步推进PPP规范发展，着力推动PPP回归公共服务创新供给机制的本源，促进实现公共服务提质增效目标，夯实PPP可持续发展的基础。

（二）分类施策。各级财政部门应按项目所处阶段将项目库分为项目储备清单和项目管理库，将处于识别阶段的项目，纳入项目储备清单，重点进行项目孵化和推介；将处于准备、采购、执行、移交阶段的项目，纳入项目管理库，按照PPP相关法律法规和制度要求，实施全生命周期管理，确保规范运作。

（三）严格管理。各级财政部门应严格项目管理库入库标准和管理要求，建立健全专人负责、持续跟踪、动态调整的常态化管理机制，及时将条件不符合、操作不规范、信息不完善的项目清理出库，不断提高项目管理库信息质量和管理水平。

二、严格新项目入库标准

各级财政部门应认真落实相关法律法规及政策要求，对新申请纳入项目管理库的项目进行严格把关，优先支持存量项目，审慎开展政府付费类项目，确保入库项目质量。存在下列情形之一的项目，不得入库：

（一）不适宜采用 PPP 模式实施。包括不属于公共服务领域，政府不负有提供义务的，如商业地产开发、招商引资项目等；因涉及国家安全或重大公共利益等，不适宜由社会资本承担的；仅涉及工程建设，无运营内容的；其他不适宜采用 PPP 模式实施的情形。

（二）前期准备工作不到位。包括新建、改扩建项目未按规定履行相关立项审批手续的；涉及国有资产权益转移的存量项目未按规定履行相关国有资产审批、评估手续的；未通过物有所值评价和财政承受能力论证的。

（三）未建立按效付费机制。包括通过政府付费或可行性缺口补助方式获得回报，但未建立与项目产出绩效相挂钩的付费机制的；政府付费或可行性缺口补助在项目合作期内未连续、平滑支付，导致某一时期内财政支出压力激增的；项目建设成本不参与绩效考核，或实际与绩效考核结果挂钩部分占比不足 30%，固化政府支出责任的。

三、集中清理已入库项目

各级财政部门应组织开展项目管理库入库项目集中清理工作，全面核实项目信息及实施方案、物有所值评价报告、财政承受能力论证报告、采购文件、PPP 项目合同等重要文件资料。属于上述第（一）、（二）项不得入库情形或存在下列情形之一的项目，应予以清退：

（一）未按规定开展"两个论证"。包括已进入采购阶段但未开展物有所值评价或财政承受能力论证的（2015 年 4 月 7 日前进入采购阶段但未开展财政承受能力论证以及 2015 年 12 月 18 日前进入采购阶段但未开展物有所值评价的项目除外）；虽已开展物有所值评价和财政承受能力论证，但评价方法和程序不符合规定的。

（二）不宜继续采用 PPP 模式实施。包括入库之日起一年内无任何实质性进展的；尚未进入采购阶段但所属本级政府当前及以后年度财政承受能力已超过 10% 上限的；项目发起人或实施机构已书面确认不再采用 PPP 模式实施的。

（三）不符合规范运作要求。包括未按规定转型的融资平台公司作为社会资本方的；采用建设—移交（BT）方式实施的；采购文件中设置歧视性条款、影响社会资本平等参与的；未按合同约定落实项目债权融资的；违反相关法律和政策规定，未按时足额缴纳项目资本金、以债务性资金充当资本金或由第三方代持社会资本方股份的。

（四）构成违法违规举债担保。包括由政府或政府指定机构回购社会资本投资本金或兜底本金损失的；政府向社会资本承诺固定收益回报的；政府及其部门为项目债务提供任何形式担保的；存在其他违法违规举债担保行为的。

（五）未按规定进行信息公开。包括违反国家有关法律法规，所公开信息与党的路线方针政策不一致或涉及国家秘密、商业秘密、个人隐私和知识产权，可能危及国家安全、公共安全、经济安全和社会稳定或损害公民、法人或其他组织合法权益的；未准确完整填写项目信息，入库之日起一年内未更新任何信息，或未及时充分披露项目实施方案、物有所值评价、财政承受能力论证、政府采购等关键信息的。

四、组织实施

（一）落实责任主体。各省级财政部门要切实履行项目库管理主体责任，统一部署辖内市、区、县财政部门开展集中清理工作。财政部政府和社会资本合作中心（以下称"财政部 PPP 中心"）负责开展财政部 PPP 示范项目的核查清理工作，并对各地项目管理库清理工作进行业务指导。

（二）健全工作机制。各省级财政部门应成立集中清理专项工作组，制定工作方案，明确任务分工、工作要求和时间进度，落实专人负责，并可邀请专家参与。地方各级财政部门应当会同有关方面加强政策宣传和舆论引导，重要情况及时向财政部报告。

（三）明确完成时限。各省级财政部门应于 2018 年 3 月 31 日前完成本地区项目管理库集中清理工作，并将清理工作完成情况报财政部金融司备案。

（四）确保整改到位。对于逾期未完成清理工作的地区，由财政部 PPP 中心指导并督促其于 30 日内完成整改。逾期未完成整改或整改不到位的，将暂停该地区新项目入库直至整改完成。

财政部办公厅

2017 年 11 月 10 日

关于推进政府和社会资本合作规范发展的实施意见

财金［2019］10号

各省、自治区、直辖市、计划单列市财政厅（局），新疆生产建设兵团财政局，财政部驻各省、自治区、直辖市、计划单列市财政监察专员办事处：

在公共服务领域推广运用政府和社会资本合作（PPP）模式，引入社会力量参与公共服务供给，提升供给质量和效率，是党中央、国务院作出的一项重大决策部署。为贯彻落实中央经济工作会议和全国财政工作会议精神，有效防控地方政府隐性债务风险，充分发挥PPP模式积极作用，落实好"六稳"工作要求，补齐基础设施短板，推动经济高质量发展，现提出如下意见：

一、牢牢把握推动PPP规范发展的总体要求

近年来，各级财政部门会同有关方面大力推进PPP工作，在稳增长、促改革、惠民生方面发挥了积极作用，但也存在超出自身财力、固化政府支出责任、泛化运用范围等问题。各级财政部门要进一步提高认识，遵循"规范运行、严格监管、公开透明、诚信履约"的原则，切实防控地方政府隐性债务风险，坚决打好防范化解重大风险攻坚战，扎实推进PPP规范发展。

（一）规范运行。健全制度体系，明确"正负面"清单，明确全生命周期管理要求，严格项目入库，完善"能进能出"动态调整机制，落实项目绩效激励考核。

（二）严格监管。坚持必要、可承受的财政投入原则，审慎科学决策，健全财政支出责任监测和风险预警机制，防止政府支出责任过多、过重加大财政支出压力，切实防控假借PPP名义增加地方政府隐性债务。

（三）公开透明。公平、公正、公开择优采购社会资本方。用好全国 PPP 综合信息平台，充分披露 PPP 项目全生命周期信息，保障公众知情权，对参与各方形成有效监督和约束。

（四）诚信履约。加强地方政府诚信建设，增强契约理念，充分体现平等合作原则，保障社会资本合法权益。依法依规将符合条件的 PPP 项目财政支出责任纳入预算管理，按照合同约定及时履约，增强社会资本长期投资信心。

二、规范推进 PPP 项目实施

（一）规范的 PPP 项目应当符合以下条件：

1.属于公共服务领域的公益性项目，合作期限原则上在 10 年以上，按规定履行物有所值评价、财政承受能力论证程序；

2.社会资本负责项目投资、建设、运营并承担相应风险，政府承担政策、法律等风险；

3.建立完全与项目产出绩效相挂钩的付费机制，不得通过降低考核标准等方式，提前锁定、固化政府支出责任；

4.项目资本金符合国家规定比例，项目公司股东以自有资金按时足额缴纳资本金；

5.政府方签约主体应为县级及县级以上人民政府或其授权的机关或事业单位；

6.按规定纳入全国 PPP 综合信息平台项目库，及时充分披露项目信息，主动接受社会监督。

（二）在符合上述条件的同时，新上政府付费项目原则上还应符合以下审慎要求：

1.财政支出责任占比超过 5% 的地区，不得新上政府付费项目。按照"实质重于形式"原则，污水、垃圾处理等依照收支两条线管理、表现为政府付费形式的 PPP 项目除外；

2.采用公开招标、邀请招标、竞争性磋商、竞争性谈判等竞争性方式选择社会资本方；

3.严格控制项目投资、建设、运营成本，加强跟踪审计。

对于规避上述限制条件，将新上政府付费项目打捆、包装为少量使用者付费项目，项目内容无实质关联、使用者付费比例低于 10% 的，不予入库。

（三）强化财政支出责任监管。确保每一年度本级全部 PPP 项目从一般公共预算列支的财政支出责任，不超过当年本级一般公共预算支出的 10%。新签约项目不得从政府性基金预算、国有资本经营预算安排 PPP 项目运营补贴支出。建立 PPP 项目支出责任预警机制，对财政支出责任占比超过 7% 的地区进行风险提示，对超过 10% 的地区严禁新项目入库。

三、加强项目规范管理

各级财政部门要将规范运作放在首位，严格按照要求实施规范的 PPP 项目，不得出现以下行为：

（一）存在政府方或政府方出资代表向社会资本回购投资本金、承诺固定回报或保障最低收益的。通过签订阴阳合同，或由政府方或政府方出资代表为项目融资提供各种形式的担保、还款承诺等方式，由政府实际兜底项目投资建设运营风险的。

（二）本级政府所属的各类融资平台公司、融资平台公司参股并能对其经营活动构成实质性影响的国有企业作为社会资本参与本级 PPP 项目的。社会资本方实际只承担项目建设、不承担项目运营责任，或政府支出事项与项目产出绩效脱钩的。

（三）未经法定程序选择社会资本方的。未按规定通过物有所值评价、财政承受能力论证或规避财政承受能力 10% 红线，自行以 PPP 名义实施的。

（四）以债务性资金充当项目资本金，虚假出资或出资不实的。

（五）未按规定及时充分披露项目信息或披露虚假项目信息，严重影响行使公众知情权和社会监督权的。

对于存在本条（一）项情形，已入库项目应当予以清退，项目形成的财政支出责任，应当认定为地方政府隐性债务，依法依规提请有关部门对相关单位及个人予以严肃问责。

对于存在本条（二）至（五）项情形的，应在限期内进行整改。无法整改或逾期整改不到位的，已入库项目应当予以清退，涉及增加地方政府隐性债务的，依法依规提请有关部门予以问责和妥善处置。

四、营造规范发展的良好环境

各级财政部门要会同有关部门，多措并举，加强规范管理和分类指导，对重点领域、重点项目加大政策支持力度。

（一）鼓励民资和外资参与。加大对民营企业、外资企业参与 PPP 项目的支持力度，向民营企业推介政府信用良好、项目收益稳定的优质项目，并在同等条件下对民营企业参与项目给予优先支持。中央财政公共服务领域相关专项转移支付资金优先支持符合条件的民营企业参与的 PPP 项目。研究完善中国 PPP 基金绩效考核办法，将投资民营企业参与项目作为重要考核指标，引导中国 PPP 基金加大支持力度。各地在开展 PPP 项目时，不得对外资企业、中资境外分支机构参与设置歧视性条款或附加条件。提倡优质优价采购，应当根据采购项目需求特点，合理选择采购方式，进一步加强采购需求和履约验收管理，提高采购质量。

（二）加大融资支持。结合自身财力状况，因地制宜采取注入资本金、运营补贴等方式支持规范的 PPP 项目。引导保险资金、中国 PPP 基金加大项目股权投资力度，拓宽项目资本金来源。鼓励通过股权转让、资产交易、资产证券化等方式，盘活项目存量资产，丰富社会资本进入和退出渠道。

（三）聚焦重点领域。优先支持基础设施补短板以及健康、养老、文化、体育、旅游等基本公共服务均等化领域有一定收益的公益性项目。加快实施符合经济社会发展需要、决策程序完备、回报机制清晰、融资结构合理的项目。

（四）保障合理支出。符合条件的 PPP 项目形成的政府支出事项，以公众享受符合约定条件的公共服务为支付依据，是政府为公众享受公共服务提供运营补贴形成的经常性支出。各地要依法依规将规范的 PPP 项目财政支出纳入预算管理，重诺守约，稳定市场预期。

（五）加强信息披露。依托全国 PPP 综合信息平台，对 PPP 项目信息进行全流程公开披露、汇总统计和分析监测，完善项目库"能进能出"的动态调整机制，不以入库为项目合规"背书"，不以入库作为商业银行贷款条件。

（六）加强分类指导。对于在建项目，督促各方严格履约，保障出资到位，推动项目按期完工，避免出现"半拉子"项目。对于尚未开工的项目，督促各方严格按照要求加强合同条款审核，规范融资安排。对于进入采购阶段的项目，加强宣传推介和信息披露，吸引各类市场主体特别是民营企业和外资企业平等参与。同时，加强重大项目储备，扎实做好项目前期论证，推动形成远近结合、梯次接续的项目开发格局。

（七）强化PPP咨询机构库和专家库管理。咨询机构和专家要发挥专业作用，遵守职业操守，依法合规提供PPP项目咨询服务。对于包装不规范PPP项目增加隐性债务风险、出具咨询意见违反相关政策规定、收费标准偏离市场合理水平、对PPP项目实施造成消极影响和严重后果的咨询机构和专家，要按照规定严肃追究责任。

五、协同配合抓好落实

各级财政部门要提高站位，主动作为，加快推动建立协同配合、保障有力、措施到位的工作机制。

（一）加强部门协作，强化项目前期识别、论证和入库等环节的沟通协调与信息共享，扎实做好项目前期准备工作，夯实项目实施基础，推进科学决策。

（二）强化跟踪监测。加强对项目全生命周期的跟踪指导和监督检查，建立健全政策落实和项目实施督查机制。加大信息公开力度，主动接受审计监督和社会监督，推动项目规范有序实施。

（三）鼓励地方和部门因地制宜创新工作机制、加大政策扶持力度，加强经验总结和案例推广，工作推进中形成的经验做法和发现的重大问题，及时向财政部报告。

财政部

2019 年 3 月 7 日

政府投资条例

第一章　总则

第一条　为了充分发挥政府投资作用，提高政府投资效益，规范政府投资行为，激发社会投资活力，制定本条例。

第二条　本条例所称政府投资，是指在中国境内使用预算安排的资金进行固定资产投资建设活动，包括新建、扩建、改建、技术改造等。

第三条　政府投资资金应当投向市场不能有效配置资源的社会公益服务、公共基础设施、农业农村、生态环境保护、重大科技进步、社会管理、国家安全等公共领域的项目，以非经营性项目为主。

国家完善有关政策措施，发挥政府投资资金的引导和带动作用，鼓励社会资金投向前款规定的领域。

国家建立政府投资范围定期评估调整机制，不断优化政府投资方向和结构。

第四条　政府投资应当遵循科学决策、规范管理、注重绩效、公开透明的原则。

第五条　政府投资应当与经济社会发展水平和财政收支状况相适应。

国家加强对政府投资资金的预算约束。政府及其有关部门不得违法违规举借债务筹措政府投资资金。

第六条　政府投资资金按项目安排，以直接投资方式为主；对确需支持的经营性项目，主要采取资本金注入方式，也可以适当采取投资补助、贷款贴息等方式。

安排政府投资资金，应当符合推进中央与地方财政事权和支出责任划分改革的有关要求，并平等对待各类投资主体，不得设置歧视性条件。

国家通过建立项目库等方式，加强对使用政府投资资金项目的储备。

第七条　国务院投资主管部门依照本条例和国务院的规定，履行政府投资综合管理职责。国务院其他有关部门依照本条例和国务院规定的职责分工，履行相应的政府投资管理职责。

县级以上地方人民政府投资主管部门和其他有关部门依照本条例和本级人民政府规定的职责分工，履行相应的政府投资管理职责。

第二章　政府投资决策

第八条　县级以上人民政府应当根据国民经济和社会发展规划、中期财政规划和国家宏观调控政策，结合财政收支状况，统筹安排使用政府投资资金的项目，规范使用各类政府投资资金。

第九条　政府采取直接投资方式、资本金注入方式投资的项目（以下统称"政府投资项目"），项目单位应当编制项目建议书、可行性研究报告、初步设计，按照政府投资管理权限和规定的程序，报投资主管部门或者其他有关部门审批。

项目单位应当加强政府投资项目的前期工作，保证前期工作的深度达到规定的要求，并对项目建议书、可行性研究报告、初步设计以及依法应当附具的其他文件的真实性负责。

第十条　除涉及国家秘密的项目外，投资主管部门和其他有关部门应当通过投资项目在线审批监管平台（以下简称"在线平台"），使用在线平台生成的项目代码办理政府投资项目审批手续。

投资主管部门和其他有关部门应当通过在线平台列明与政府投资有关的规划、产业政策等，公开政府投资项目审批的办理流程、办理时限等，并为项目单位提供相关咨询服务。

第十一条　投资主管部门或者其他有关部门应当根据国民经济和社会发展规划、相关领域专项规划、产业政策等，从下列方面对政府投资项目进行审查，作出是否批准的决定：

（一）项目建议书提出的项目建设的必要性；

（二）可行性研究报告分析的项目的技术经济可行性、社会效益以及项目资金等主要建设条件的落实情况；

（三）初步设计及其提出的投资概算是否符合可行性研究报告批复以及国家有关标准和规范的要求；

（四）依照法律、行政法规和国家有关规定应当审查的其他事项。

投资主管部门或者其他有关部门对政府投资项目不予批准的，应当书面通知项目单位并说明理由。

对经济社会发展、社会公众利益有重大影响或者投资规模较大的政府投资项目，投资主管部门或者其他有关部门应当在中介服务机构评估、公众参与、专家评议、风险评估的基础上作出是否批准的决定。

第十二条　经投资主管部门或者其他有关部门核定的投资概算是控制政府投资项目总投资的依据。

初步设计提出的投资概算超过经批准的可行性研究报告提出的投资估算10%的，项目单位应当向投资主管部门或者其他有关部门报告，投资主管部门或者其他有关部门可以要求项目单位重新报送可行性研究报告。

第十三条　对下列政府投资项目，可以按照国家有关规定简化需要报批的文件和审批程序：

（一）相关规划中已经明确的项目；

（二）部分扩建、改建项目；

（三）建设内容单一、投资规模较小、技术方案简单的项目；

（四）为应对自然灾害、事故灾难、公共卫生事件、社会安全事件等突发事件需要紧急建设的项目。

前款第三项所列项目的具体范围，由国务院投资主管部门会同国务院其他有关部门规定。

第十四条　采取投资补助、贷款贴息等方式安排政府投资资金的，项目单位应当按照国家有关规定办理手续。

第三章　政府投资年度计划

第十五条　国务院投资主管部门对其负责安排的政府投资编制政府投资年度计划，国务院其他有关部门对其负责安排的本行业、本领域的政府投资编制政府投资年度计划。

县级以上地方人民政府有关部门按照本级人民政府的规定，编制政府投资年度计划。

第十六条　政府投资年度计划应当明确项目名称、建设内容及规模、建设工期、项目总投资、年度投资额及资金来源等事项。

第十七条　列入政府投资年度计划的项目应当符合下列条件：

（一）采取直接投资方式、资本金注入方式的，可行性研究报告已经批准或者投资概算已经核定；

（二）采取投资补助、贷款贴息等方式的，已经按照国家有关规定办理手续；

（三）县级以上人民政府有关部门规定的其他条件。

第十八条　政府投资年度计划应当和本级预算相衔接。

第十九条　财政部门应当根据经批准的预算，按照法律、行政法规和国库管理的有关规定，及时、足额办理政府投资资金拨付。

第四章　政府投资项目实施

第二十条　政府投资项目开工建设，应当符合本条例和有关法律、行政法规规定的建设条件；不符合规定的建设条件的，不得开工建设。

国务院规定应当审批开工报告的重大政府投资项目，按照规定办理开工报告审批手续后方可开工建设。

第二十一条　政府投资项目应当按照投资主管部门或者其他有关部门批准的建设地点、建设规模和建设内容实施；拟变更建设地点或者拟对建设规模、建设内容等作较大变更的，应当按照规定的程序报原审批部门审批。

第二十二条　政府投资项目所需资金应当按照国家有关规定确保落实到位。

政府投资项目不得由施工单位垫资建设。

第二十三条　政府投资项目建设投资原则上不得超过经核定的投资概算。

因国家政策调整、价格上涨、地质条件发生重大变化等原因确需增加投资概算的，项目单位应当提出调整方案及资金来源，按照规定的程序报原初步设计审批部门或者投资概算核定部门核定；涉及预算调整或者调剂的，依照有关预算的法律、行政法规和国家有关规定办理。

第二十四条　政府投资项目应当按照国家有关规定合理确定并严格执行建设工期，任何单位和个人不得非法干预。

第二十五条　政府投资项目建成后，应当按照国家有关规定进行竣工验收，并在竣工验收合格后及时办理竣工财务决算。

政府投资项目结余的财政资金，应当按照国家有关规定缴回国库。

第二十六条　投资主管部门或者其他有关部门应当按照国家有关规定选择有代表性的已建成政府投资项目，委托中介服务机构对所选项目进行后评价。后评价应当根据项目建成后的实际效果，对项目审批和实施进行全面评价并提出明确意见。

第五章　监督管理

第二十七条　投资主管部门和依法对政府投资项目负有监督管理职责的其他部门应当采取在线监测、现场核查等方式，加强对政府投资项目实施情况的监督检查。

项目单位应当通过在线平台如实报送政府投资项目开工建设、建设进度、竣工的基本信息。

第二十八条　投资主管部门和依法对政府投资项目负有监督管理职责的其他部门应当建立政府投资项目信息共享机制，通过在线平台实现信息共享。

第二十九条　项目单位应当按照国家有关规定加强政府投资项目档案管理，将项目审批和实施过程中的有关文件、资料存档备查。

第三十条　政府投资年度计划、政府投资项目审批和实施以及监督检查的信息应当依法公开。

第三十一条　政府投资项目的绩效管理、建设工程质量管理、安全生产管理等事项，依照有关法律、行政法规和国家有关规定执行。

第六章　法律责任

第三十二条　有下列情形之一的，责令改正，对负有责任的领导人员和直接责任人员依法给予处分：

（一）超越审批权限审批政府投资项目；

（二）对不符合规定的政府投资项目予以批准；

（三）未按照规定核定或者调整政府投资项目的投资概算；

（四）为不符合规定的项目安排投资补助、贷款贴息等政府投资资金；

（五）履行政府投资管理职责中其他玩忽职守、滥用职权、徇私舞弊的情形。

第三十三条　有下列情形之一的，依照有关预算的法律、行政法规和国家有关规定追究法律责任：

（一）政府及其有关部门违法违规举借债务筹措政府投资资金；

（二）未按照规定及时、足额办理政府投资资金拨付；

（三）转移、侵占、挪用政府投资资金。

第三十四条　项目单位有下列情形之一的，责令改正，根据具体情况，暂停、停止拨付资金或者收回已拨付的资金，暂停或者停止建设活动，对负有责任的领导人员和直接责任人员依法给予处分：

（一）未经批准或者不符合规定的建设条件开工建设政府投资项目；

（二）弄虚作假骗取政府投资项目审批或者投资补助、贷款贴息等政府投资资金；

（三）未经批准变更政府投资项目的建设地点或者对建设规模、建设内容等作较大变更；

（四）擅自增加投资概算；

（五）要求施工单位对政府投资项目垫资建设；

（六）无正当理由不实施或者不按照建设工期实施已批准的政府投资项目。

第三十五条　项目单位未按照规定将政府投资项目审批和实施过程中的有关文件、资料存档备查，或者转移、隐匿、篡改、毁弃项目有关文件、资料的，责令改正，对负有责任的领导人员和直接责任人员依法给予处分。

第三十六条　违反本条例规定，构成犯罪的，依法追究刑事责任。

第七章　附则

第三十七条　国防科技工业领域政府投资的管理办法，由国务院国防科技工业管理部门根据本条例规定的原则另行制定。

第三十八条　中国人民解放军和中国人民武装警察部队的固定资产投资管理，按照中央军事委员会的规定执行。

第三十九条　本条例自 2019 年 7 月 1 日起施行。

国家发展改革委关于依法依规加强 PPP 项目投资和建设管理的通知

发改投资规〔2019〕1098 号

各省、自治区、直辖市及计划单列市发展改革委，新疆生产建设兵团发展改革委：

为了贯彻落实党中央、国务院关于基础设施补短板、防范化解地方政府隐性债务风险的决策部署，加强 PPP 项目投资和建设管理、提高 PPP 项目投资决策科学性，按照近日国务院颁布实施的《政府投资条例》（国务院令第 712 号），以及《企业投资项目核准和备案管理条例》（国务院令第 673 号）、《国务院办公厅关于保持基础设施领域补短板力度的指导意见》（国办发〔2018〕101 号）等规定，现就有关事项通知如下。

一、全面、深入开展 PPP 项目可行性论证和审查

（一）PPP 项目涉及公共资源配置和公众利益保障，其建设的必要性、可行性等重大事项应由政府研究认可。按照国务院关于"加强 PPP 项目可行性论证，合理确定项目主要内容和投资规模"的要求，所有拟采用 PPP 模式的项目，均要开展可行性论证。通过可行性论证审查的项目，方可采用 PPP 模式建设实施。

（二）PPP 项目可行性论证既要从经济社会发展需要、规划要求、技术和经济可行性、环境影响、投融资方案、资源综合利用以及是否有利于提升人民生活质量等方面，对项目可行性进行充分分析和论证，也要从政府投资必要性、政府投资方式比选、项目全生命周期成本、运营效率、风险管理以及是否有利于吸引社会资本参与等方面，对项目是否适宜采用 PPP 模式进行分析和论证。

（三）实行审批制管理的 PPP 项目，在可行性研究报告审批通过后，方可开展

PPP 实施方案审查、社会资本遴选等后续工作。实行核准制的 PPP 项目，应在核准的同时或单独开展可行性论证和审查。实行备案制的 PPP 项目，应单独开展可行性论证和审查。

二、严格依法依规履行项目决策程序

（四）PPP 项目要严格执行《政府投资条例》《企业投资项目核准和备案管理条例》，依法依规履行审批、核准、备案程序。采取政府资本金注入方式的 PPP 项目，按照《政府投资条例》规定，实行审批制。列入《政府核准的投资项目目录》的企业投资项目，按照《企业投资项目核准和备案管理条例》规定，实行核准制。对于实行备案制的企业投资项目，拟采用 PPP 模式的，要严格论证项目可行性和 PPP 模式必要性。

（五）未依法依规履行审批、核准、备案及可行性论证和审查程序的 PPP 项目，为不规范项目，不得开工建设。不得以实施方案审查等任何形式规避或替代项目审批、核准、备案，以及可行性论证和审查程序。

（六）实施方案、招投标文件、合同的主要内容应与经批准的可行性研究报告、核准文件、备案信息保持一致。实施方案、招投标文件、合同或建设中出现以下情形的，应当报请原审批、核准、备案机关重新履行项目审核备程序：（1）项目建设地点发生变化；（2）项目建设规模和主要建设内容发生较大变化；（3）项目建设标准发生较大变化；（4）项目投资规模超过批复投资的 10%。

三、严格实施方案审核，依法依规遴选社会资本

（七）加强对 PPP 项目实施方案的审核，通过实施方案审核的 PPP 项目，方可开展社会资本遴选。鼓励各地建立 PPP 项目实施方案联审机制，各级发展改革部门要严格审查实施方案主要内容是否与经批复的可行性研究报告、项目核准文件、备案信息相一致。对建设内容单一、投资规模较小、技术方案简单的 PPP 项目，可将实施方案纳入可行性研究报告一并审核。

（八）公开招标应作为遴选社会资本的主要方式。不得排斥、限制民间资本参与 PPP 项目，消除隐性壁垒，确保一视同仁、公平竞争。招标文件的主要内容应与经批准的 PPP 项目实施方案保持一致。

四、严格执行国务院关于固定资产投资项目资本金制度的各项规定

（九）按照国务院有关规定，"投资项目资本金对投资项目来说是非债务性资金，项目法人不承担这部分资金的任何利息和债务；投资者可按其出资的比例依法享有所有者权益，也可转让其出资，但不得以任何方式抽回"。各行业固定资产投资项目资本金必须满足国务院规定的最低比例要求，防止过度举债融资等问题。

（十）PPP项目的融资方式和资金来源应符合防范化解地方政府隐性债务风险的相关规定。不得通过约定回购投资本金、承诺保底收益等方式违法违规变相增加地方政府隐性债务，严防地方政府债务风险。

五、依法依规将所有PPP项目纳入全国投资项目在线审批监管平台统一管理

（十一）严格执行《政府投资条例》《企业投资项目核准和备案管理条例》，除涉密项目外，所有PPP项目须使用全国投资项目在线审批监管平台（以下简称"在线平台"）生成的项目代码分别办理各项审批手续。不得以其他任何形式规避、替代PPP项目纳入在线平台统一管理。

（十二）依托在线平台建立全国PPP项目信息监测服务平台，加强PPP项目管理和信息监测。对于通过项目审批、核准或备案，以及可行性论证、实施方案审查的PPP项目，要通过平台公开项目信息，实现全国PPP项目信息定期发布、动态监测、实时查询等功能，便于社会资本、金融机构等有关方面更好参与PPP项目。

（十三）全国PPP项目信息监测服务平台信息审核实行属地管理，原则上由项目实施主体所在地同级发展改革部门审核项目单位填报的项目信息。各级发展改革部门要采取在线监测、现场核查等方式，加强对PPP项目实施情况的监督检查。未录入全国PPP项目信息监测服务平台的项目为不规范项目。

（十四）落实《政府信息公开条例》（国务院令第492号）、《国务院办公厅关于推进重大建设项目批准和实施领域政府信息公开的意见》（国办发〔2017〕94号）等要求，依托在线平台，重点公开PPP项目的批准服务信息、批准结果信息、招标投标信息，以及施工、竣工等有关信息。

六、加强 PPP 项目监管，坚决惩戒违规失信行为

（十五）依照《政府投资条例》《企业投资项目核准和备案管理条例》和本通知有关规定，加强 PPP 项目监管。政府应依法依规履行承诺，不得擅自变更合同约定的政府方责任和义务。根据 PPP 项目合同约定，加强对社会资本方履约能力全过程动态监管，防止因社会资本方超出自身能力过度投资、过度举债，或因公司股权、管理结构发生重大变化等导致项目无法实施。依照规定将存在严重失信行为的地方政府、社会资本，通过"信用中国"网站等平台向社会公示，由相关部门依法依规对其实施联合惩戒。

（十六）指导监督 PPP 咨询机构严格执行《工程咨询行业管理办法》（国家发展改革委令 2017 年第 9 号），通过在线平台履行法定备案义务、接受行业监督管理。指导监督 PPP 咨询机构资信评价工作，引导 PPP 咨询机构积极参与行业自律管理，指导有关方面通过充分竞争、自主择优选取 PPP 咨询机构。严禁通过设置"短名单""机构库"等方式限制社会资本方、金融机构等自主选择 PPP 咨询机构。对 PPP 咨询机构不履行备案程序和违反合同服务、关联回避、质量追溯、反垄断等规定，以及违反《政府投资条例》决策程序规定、咨询或评估服务存在严重质量问题影响项目决策实施的，要严格按照规定给予处罚。

各级发展改革部门要严格按照《政府投资条例》《企业投资项目核准和备案管理条例》规定，并参照本通知要求，抓紧完善本地区 PPP 项目管理制度，确保与上位法保持一致。本通知自 2019 年 7 月 1 日起执行。原有政策规定与本通知内容不符的，以本通知为准。

国家发展改革委

2019 年 6 月 21 日

政府和社会资本合作（PPP）项目绩效管理操作指引

第一章　总则

第一条　为规范政府和社会资本合作项目（以下简称PPP项目）全生命周期绩效管理工作，提高公共服务供给质量和效率，保障合作各方合法权益，根据《中华人民共和国预算法》《中共中央 国务院关于全面实施预算绩效管理的意见》《国务院办公厅转发财政部发展改革委人民银行关于在公共服务领域推广政府和社会资本合作模式指导意见的通知》等有关规定，制定本指引。

第二条　PPP项目绩效管理是指在PPP项目全生命周期开展的绩效目标和指标管理、绩效监控、绩效评价及结果应用等项目管理活动。

第三条　项目实施机构应在项目所属行业主管部门的指导下开展PPP项目绩效管理工作，必要时可委托第三方机构协助。

各级财政部门负责PPP项目绩效管理制度建设、业务指导及再评价、后评价工作。

第四条　本指引适用于所有PPP项目，包括政府付费、可行性缺口补助和使用者付费项目。

第五条　各参与方应当按照科学规范、公开透明、物有所值、风险分担、诚信履约、按效付费等原则开展PPP项目全生命周期绩效管理。

第二章　PPP项目绩效目标与绩效指标管理

第六条　项目实施机构负责编制PPP项目绩效目标与绩效指标，报项目所属行业主管部门、财政部门审核。

第七条　PPP项目绩效目标包括总体绩效目标和年度绩效目标。总体绩效目标是PPP项目在全生命周期内预期达到的产出和效果；年度绩效目标是根据总体绩效目标和项目实际确定的具体年度预期达到的产出和效果，应当具体、可衡量、可实现。

PPP 项目绩效目标编制应符合以下要求：

（一）指向明确。绩效目标应符合区域经济、社会与行业发展规划，与当地财政收支状况相适应，以结果为导向，反映项目应当提供的公共服务，体现环境－社会－公司治理责任（ESG）理念。

（二）细化量化。绩效目标应从产出、效果、管理等方面进行细化，尽量进行定量表述；不能以量化形式表述的，可采用定性表述，但应具有可衡量性。

（三）合理可行。绩效目标应经过调查研究和科学论证，符合客观实际，既具有前瞻性，又有可实现性。

（四）物有所值。绩效目标应符合物有所值的理念，体现成本效益的要求。

第八条　PPP 项目绩效目标应包括预期产出、预期效果及项目管理等内容。

预期产出是指项目在一定期限内提供公共服务的数量、质量、时效等。

预期效果是指项目可能对经济、社会、生态环境等带来的影响情况，物有所值实现程度，可持续发展能力及各方满意程度等。

项目管理是指项目全生命周期内的预算、监督、组织、财务、制度、档案、信息公开等管理情况。

第九条　PPP 项目绩效指标是衡量绩效目标实现程度的工具，应按照系统性、重要性、相关性、可比性和经济性的原则，结合预期产出、预期效果和项目管理等绩效目标细化量化后合理设定。

第十条　PPP 项目绩效指标体系由绩效指标、指标解释、指标权重、数据来源、评价标准与评分方法构成。

指标权重是指标在评价体系中的相对重要程度。确定指标权重的方法通常包括专家调查法、层次分析法、主成分分析法、熵值法等。

数据来源是在具体指标评价过程中获得可靠和真实数据或信息的载体或途径。获取数据的方法通常包括案卷研究、资料收集与数据填报、实地调研、座谈会、问卷调查等。

评价标准是指衡量绩效目标完成程度的尺度。绩效评价标准具体包括计划标准、行业标准、历史标准或其他经相关主管部门确认的标准。

评分方法是结合指标权重，衡量实际绩效值与评价标准值偏离程度，对不同的等级赋予不同分值的方法。

第十一条　PPP 项目绩效目标与绩效指标各阶段管理应符合以下要求：

（一）PPP 项目准备阶段，项目实施机构应根据项目立项文件、历史资料，结合 PPP 模式特点，在项目实施方案中编制总体绩效目标和绩效指标体系并充分征求相关部门、潜在社会资本等相关方面的意见。财政部门应会同相关主管部门从依据充分性、设置合理性和目标实现保障度等方面进行审核。

（二）PPP 项目采购阶段，项目实施机构可结合社会资本响应及合同谈判情况对绩效指标体系中非实质性内容进行合理调整。PPP 项目绩效目标和指标体系应在项目合同中予以明确。

（三）PPP 项目执行阶段，绩效目标和指标体系原则上不予调整。但因项目实施内容、相关政策、行业标准发生变化或突发事件、不可抗力等无法预见的重大变化影响绩效目标实现而确需调整的，由项目实施机构和项目公司（未设立项目公司时为社会资本，下同）协商确定，经财政部门及相关主管部门审核通过后报本级人民政府批准。

PPP 项目移交完成后，财政部门应会同有关部门针对项目总体绩效目标实现情况，从全生命周期的项目产出、成本效益、物有所值实现情况、按效付费执行情况及对本地区财政承受能力的影响、监管成效、可持续性、PPP 模式应用等方面编制绩效评价（即后评价）指标体系。

第十二条　项目公司（社会资本）对绩效目标或指标体系调整结果有异议的，可申请召开评审会，就调整结果的科学性、合理性、可行性等进行评审。双方对评审意见无异议的，按评审意见完善后履行报批程序；仍有异议的，按照合同约定的争议解决机制处理。

第十三条　编制政府付费和可行性缺口补助 PPP 项目年度支出预算时，应将年度绩效目标和指标连同编制的预算申报材料一并报送财政部门审核。使用者付费 PPP 项目参照执行。

第三章　PPP 项目绩效监控

第十四条　项目实施机构应根据项目合同约定定期开展 PPP 项目绩效监控，项目公司（社会资本）负责日常绩效监控。

第十五条 PPP项目绩效监控是对项目日常运行情况及年度绩效目标实现程度进行的跟踪、监测和管理，通常包括目标实现程度、目标保障措施、目标偏差和纠偏情况等。

PPP项目绩效监控应符合以下要求：

（一）严格遵照国家规定、行业标准、项目合同约定，按照科学规范、真实客观、重点突出等原则开展绩效监控。重点关注最能代表和反映项目产出及效果的年度绩效目标与指标，客观反映项目运行情况和执行偏差，及时纠偏，改进绩效。

（二）项目实施机构应根据PPP项目特点，考虑绩效评价和付费时点，合理选择监控时间、设定监控计划，原则上每年至少开展一次绩效监控。

第十六条 PPP项目绩效监控工作通常按照以下程序进行：

（一）开展绩效监控。项目公司（社会资本）开展PPP项目日常绩效监控，按照项目实施机构要求，定期报送监控结果。项目实施机构应对照绩效监控目标，查找项目绩效运行偏差，分析偏差原因，结合项目实际，提出实施纠偏的路径和方法，并做好信息记录。

（二）反馈、纠偏与报告。项目实施机构应根据绩效监控发现的偏差情况及时向项目公司（社会资本）和相关部门反馈，并督促其纠偏；偏差原因涉及自身的，项目实施机构应及时纠偏；偏差较大的，应撰写《绩效监控报告》报送相关主管部门和财政部门。

第四章 PPP项目绩效评价

第十七条 项目实施机构应根据项目合同约定，在执行阶段结合年度绩效目标和指标体系开展PPP项目绩效评价。

财政部门应会同相关主管部门、项目实施机构等在项目移交完成后开展PPP项目后评价。

第十八条 PPP项目绩效评价应符合以下要求：

（一）严格按照规定程序，遵循真实、客观、公正的要求，采用定量与定性分析相结合的方法。

（二）结合PPP项目实施进度及按效付费的需要确定绩效评价时点。原则上项目建设期应结合竣工验收开展一次绩效评价，分期建设的项目应当结合各期子项目竣工验收开展绩效评价；项目运营期每年度应至少开展一次绩效评价，每3-5年应结合年度绩效评价情况对项目开展中期评估；移交完成后应开展一次后评价。

（三）绩效评价结果依法依规公开并接受监督。

第十九条　PPP项目绩效评价工作通常按照以下程序进行：

（一）下达绩效评价通知。项目实施机构确定绩效评价工作开展时间后，应至少提前5个工作日通知项目公司（社会资本）及相关部门做好准备和配合工作。

（二）制定绩效评价工作方案。项目实施机构应根据政策要求及项目实际组织编制绩效评价工作方案，内容通常包括项目基本情况、绩效目标和指标体系、评价目的和依据、评价对象和范围、评价方法、组织与实施计划、资料收集与调查等。项目实施机构应组织专家对项目建设期、运营期首次及移交完成后绩效评价工作方案进行评审。

（三）组织实施绩效评价。项目实施机构应根据绩效评价工作方案对PPP项目绩效情况进行客观、公正的评价。通过综合分析、意见征询，区分责任主体，形成客观、公正、全面的绩效评价结果。对于不属于项目公司或社会资本责任造成的绩效偏差，不应影响项目公司（社会资本）绩效评价结果。

（四）编制绩效评价报告。PPP项目绩效评价报告应当依据充分、真实完整、数据准确、客观公正，内容通常包括项目基本情况、绩效评价工作情况、评价结论和绩效分析、存在问题及原因分析、相关建议、其他需要说明的问题。

（五）资料归档。项目实施机构应将绩效评价过程中收集的全部有效资料，主要包括绩效评价工作方案、专家论证意见和建议、实地调研和座谈会记录、调查问卷、绩效评价报告等一并归档，并按照有关档案管理规定妥善管理。

（六）评价结果反馈。项目实施机构应及时向项目公司（社会资本）和相关部门反馈绩效评价结果。

第二十条　项目公司对绩效评价结果有异议的，应在5个工作日内明确提出并提供有效的佐证材料，向项目实施机构解释说明并达成一致意见。无法达成一致的，应组织召开评审会，双方对评审意见无异议的，根据评审意见确定最终评价结果；仍有异议的，按照合同约定的争议解决机制处理。

第二十一条　项目实施机构应将PPP项目绩效评价报告报送相关主管部门、财政部门复核，复核重点关注绩效评价工作方案是否落实、引用数据是否真实合理、揭示的问题是否客观公正、提出的改进措施是否有针对性和可操作性等。

第二十二条 PPP 项目绩效评价结果是按效付费、落实整改、监督问责的重要依据。

（一）按效付费。

政府付费和可行性缺口补助项目，政府承担的年度运营补贴支出应与当年项目公司（社会资本）绩效评价结果完全挂钩。财政部门应按照绩效评价结果安排相应支出，项目实施机构应按照项目合同约定及时支付。

使用者付费项目，项目公司（社会资本）获得的项目收益应与当年项目公司（社会资本）绩效评价结果挂钩。绩效评价结果优于约定标准的，项目实施机构应执行项目合同约定的奖励条款。绩效评价结果未达到约定标准的，项目实施机构应执行项目合同约定的违约条款，可通过设置影响项目收益的违约金、项目展期限制或影响调价机制等方式实现。

绩效评价结果可作为项目期满合同是否展期的考量因素。

（二）落实整改。

项目实施机构应根据绩效评价过程中发现的问题统筹开展整改工作，并将整改结果报送相关主管部门和财政部门。涉及自身问题的，项目实施机构应及时整改；涉及项目公司（社会资本）或其他相关部门问题的，项目实施机构应及时督促整改。

（三）监督问责。

项目实施机构应及时公开绩效评价结果并接受社会监督；项目实施机构绩效评价结果应纳入其工作考核范畴。

第五章 组织保障

第二十三条 各级财政部门应会同相关部门，建立健全 PPP 项目绩效管理工作相关制度和共性指标框架，加强项目识别论证、政府采购、预算收支与绩效管理及信息披露等业务指导，切实做好项目合规性审查，确保项目全生命周期规范实施、高效运营。

各级财政部门应结合预算绩效管理要求，认真审核 PPP 项目财政收支预算申请及 PPP 项目绩效目标和指标体系，充分考虑本级财政承受能力，合理安排财政预算，加强对财政资金使用合规性和有效性的监督。

各级财政部门可结合每年工作重点，选取重大 PPP 项目开展绩效再评价。

第二十四条　各级行业主管部门应按照绩效管理相关制度要求，建立健全本行业、本领域核心绩效指标体系，明确绩效标准；合规履行预算编制、申报和执行程序；加强与财政及其他相关部门的协调配合。

第二十五条　项目实施机构、项目公司（社会资本）应严格履行合同约定，确保各项工作合法合规。

项目实施机构应做好 PPP 项目绩效管理具体工作，并对 PPP 项目实施规范性、财政资金使用的合规性和有效性负责。

项目公司（社会资本）应做好项目投资、建设、运营、维护、移交等工作的日常管理和信息记录；积极配合开展 PPP 项目绩效管理工作，并对所提供资料和信息的真实性、完整性、有效性负责。

第二十六条　各级财政部门应会同相关主管部门依托 PPP 综合信息平台，加强 PPP 项目信息管理。项目实施机构、项目公司（社会资本）应根据项目实际进展及时提供和更新 PPP 项目绩效管理相关信息，做好信息公开，接受社会监督。

第六章　附则

第二十七条　本指引自印发之日起 30 日后施行。

本指引施行前已发布中标通知书的项目，沿用采购文件或项目合同中约定的绩效评价指标及结果应用等条款，按照本指引开展绩效监控、绩效评价相关工作，绩效目标与绩效指标体系不完善的，可参照本指引进行补充完善。

　　　　附件：1. PPP 项目全生命周期绩效管理导图
　　　　　　　2. PPP 项目绩效评价工作方案（参考）
　　　　　　　3. PPP 项目绩效评价报告（参考）
　　　　　　　4. PPP 项目建设期绩效评价共性指标框架（参考）
　　　　　　　5. PPP 项目运营期绩效评价共性指标框架（参考）

附 1

PPP 项目全生命周期绩效管理导图

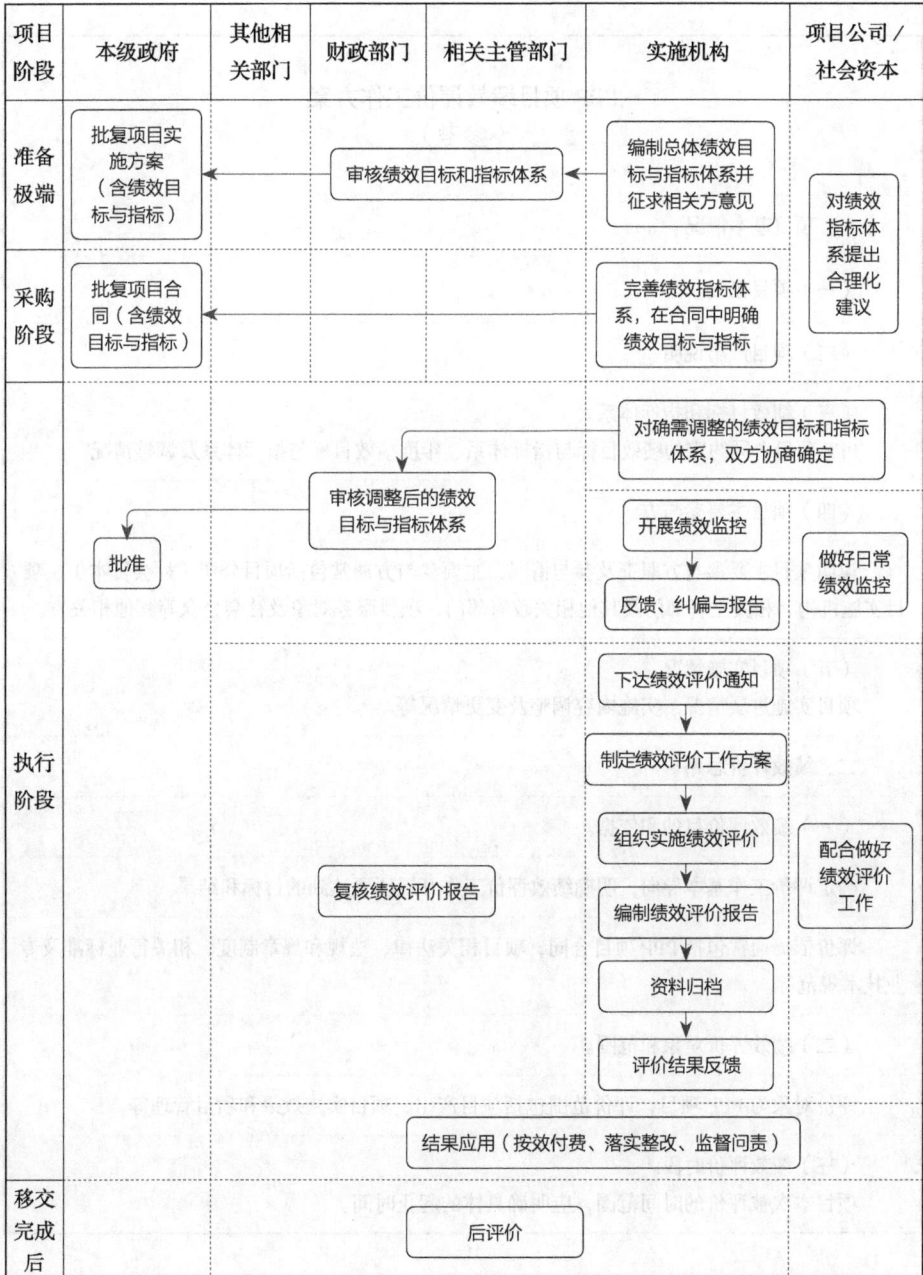

项目阶段	本级政府	其他相关部门	财政部门	相关主管部门	实施机构	项目公司／社会资本
准备极端	批复项目实施方案（含绩效目标与指标）		审核绩效目标和指标体系		编制总体绩效目标与指标体系并征求相关方意见	对绩效指标体系提出合理化建议
采购阶段	批复项目合同（含绩效目标与指标）				完善绩效指标体系，在合同中明确绩效目标与指标	
执行阶段	批准		审核调整后的绩效目标与指标体系		对确需调整的绩效目标和指标体系，双方协商确定	
执行阶段					开展绩效监控 → 反馈、纠偏与报告	做好日常绩效监控
执行阶段					下达绩效评价通知 → 制定绩效评价工作方案 → 组织实施绩效评价 → 编制绩效评价报告 → 资料归档 → 评价结果反馈	配合做好绩效评价工作
执行阶段			复核绩效评价报告			
执行阶段					结果应用（按效付费、落实整改、监督问责）	
移交完成后					后评价	

附2

PPP 项目绩效评价工作方案（参考）

PPP 项目绩效评价工作方案
（参考）

一、项目基本情况

（一）项目概况。

（二）项目产出说明。

（三）绩效目标和指标体系。
PPP 项目合同约定的绩效目标与指标体系、年度绩效目标与指标体系及调整情况。

（四）项目主要参与方。

说明项目主要参与方职责及参与情况，主要参与方通常包括项目公司（社会资本）、项目实施机构、相关主管部门及其他相关政府部门，项目服务对象及社会公众等其他相关方。

（五）项目实施情况。
项目实施进展情况、实施内容调整及变更情况等。

二、绩效评价思路

（一）绩效评价目的和依据。

确定评价工作基本导向，明确绩效评价工作开展所要达到的目标和结果。

评价依据通常包括 PPP 项目合同，项目相关法律、法规和规章制度，相关行业标准及专业技术规范等。

（二）绩效评价对象和范围。

评价对象为 PPP 项目，评价范围包括项目产出、项目实施效果和项目管理等。

（三）绩效评价时段。
项目本次被评价的时间范围，应明确具体的起止时间。

（四）绩效评价方法。
明确开展绩效评价所选用的相关评价方法及原因。
三、绩效评价组织与实施
（一）明确项目负责人及项目团队的职责与分工。 （二）明确各个环节及各项工作的时间节点及工作计划。 （三）明确绩效评价工作质量控制措施。
四、资料收集与调查
明确开展绩效评价工作所需的资料收集与调查方案，包括资料收集内容与途径、数据资料来源以及具体的调查方法。 　　调查方法通常包括案卷研究、实地调研、座谈会及问卷调查等，应当尽可能明确调查对象、调查方法、调查内容、调查时间及地点等。如果调查对象涉及抽样，应当说明调查对象总体情况、样本总数、抽样方法及抽样比例。
五、相关附件 通常包括资料清单、数据填报格式、访谈提纲及调查问卷等。

附 3

PPP 项目绩效评价报告（参考）

PPP 项目绩效评价报告 （参考）
一、项目基本情况
（一）项目概况。
简述项目背景、PPP 模式基本安排，包括基本信息、运作模式、回报机制、交易结构等内容。
（二）项目绩效目标。
（三）项目主要参与方。
（四）项目实施情况。
包括项目实施的具体内容、范围、计划及进展情况等。如果项目内容在实施期内发生变更，应当说明变更的内容、依据及变更程序。
（五）资金来源和使用情况。
项目资金来源与使用情况、投融资管理情况、财务管理状况、预算情况等。
二、绩效评价工作情况
（一）绩效评价目的。
（二）绩效评价对象、范围与时段。
（三）绩效评价工作方案制定过程。
（四）绩效评价原则与方法。
（五）绩效评价实施过程。
（六）数据收集方法。
（七）绩效评价的局限性（如果有）。

三、评价结论和绩效分析
（一）评价结论。
（二）绩效分析。
对项目产出、效果和管理指标进行分析和评价。
在对绩效指标进行分析和评价时，要充分利用评价工作中所收集的数据，做到定量分析和定性分析相结合。绩效指标评分应当依据充分、数据使用合理恰当，确保绩效评价结果的公正性、客观性、合理性。
四、存在问题及原因分析
通过分析各指标的评价结果，总结项目存在的不足及原因，明确责任主体，为提出相关建议奠定基础。
五、相关建议
通过综合考虑各指标的评价结果，有针对性地对项目存在的不足提出改进措施和建议。措施或建议应当具有较强的可行性、前瞻性及科学性，有利于促进和提高项目绩效水平。
六、绩效评价报告使用限制等其他需要说明的问题
七、评价主体签章
绩效评价报告应当由评价主体加盖公章。
八、相关附件
通常包括主要评价依据、实地调研和座谈会相关资料、调查问卷汇总信息及其他支持评价结论的相关资料。

附 4

PPP 项目建设期绩效评价共性指标框架（参考）

PPP项目绩效评价共性指标框架（参考）——建设期

一级指标	一级指标	二级指标	指标解释
项目公司（社会资本）绩效评价（100分）	产出	竣工验收	评价项目是否通过竣工验收及竣工验收情况。
	效果	社会影响	评价项目建设活动对社会发展所带来的直接或间接的正负面影响情况。如新增就业、社会荣誉、重大诉讼、公众舆情与群体性事件等。
		生态影响	评价项目建设期间对生态环境所带来的直接或间接的正负面影响情况。如节能减排、环保处罚等。
		可持续性	评价项目公司或社会资本是否做好项目运营准备工作，如资源配置、潜在风险及沟通协调机制等。
		满意度	政府相关部门、项目实施机构、社会公众（服务对象）对项目公司或社会资本建设期间相关工作的满意程度。
	管理	组织管理	评价项目公司组织架构是否健全、人员配置是否合理，能否满足项目日常运作需求。
		资金管理	评价社会资本项目资本金及项目公司融资资金的到位率和及时性。
		档案管理	评价项目建设相关资料的完整性、真实性以及归集整理的及时性。
		信息公开	评价项目公司或社会资本履行信息公开义务的及时性与准确性。

续表

	一级指标	二级指标	指标解释
项目实施机构绩效评价（100分）	产出	履约情况	评价项目实施机构是否及时、有效履行 PPP 项目合同约定的义务。
		成本控制	评价项目实施机构履行项目建设成本监督管控责任的情况。（注：PPP 项目合同对建设成本进行固定总价约定的不适用本指标。）
	效果	满意度	社会公众、项目公司或社会资本对项目实施机构工作开展的满意程度。
		可持续性	评价项目实施机构是否为项目可持续性建立有效的工作保障和沟通协调机制。
	管理	前期工作	评价项目实施机构应承担的项目前期手续及各项工作的落实情况。
		资金（资产）管理	评价项目实施机构股权投入、配套投入等到位率和及时性。
		监督管理	评价项目实施机构是否按照 PPP 项目合同约定履行监督管理职能，如质量监督、财务监督及日常管理等。
		信息公开	评价项目实施机构是否按照信息公开相关要求及时、准确公开信息。

备注：应根据项目行业特点与实际情况等适当调整二级指标，细化形成三级指标。

附 5

PPP 项目运营期期绩效评价共性指标框架（参考）

PPP 项目绩效评价共性指标框架（参考）——运营期

一级指标	二级指标	指标解释	说明
产出	项目运营	评价项目运营的数量、质量与时效等目标完成情况。如完成率、达标率与及时性等。	1. "产出"指标应作为按效付费的核心指标，指标权重不低于总权重的80%，其中"项目运营"与"项目维护"指标不低于总权重的60%； 2. 原则上不低于80分才可全额付费。
	项目维护	评价项目设施设备等相关资产维护的数量、质量与时效等目标完成情况。如设施设备维护频次、完好率与维护及时性等。	
	成本效益	评价项目运营维护的成本情况。如成本构成合理性、实际成本与计划成本对比情况、成本节约率、投入产出比等。（注：PPP项目合同中未对运营维护成本控制进行约定的项目适用本指标）	
	安全保障	评价项目公司（或社会资本）在提供公共服务过程中安全保障情况。如重大事故发生率、安全生产率、应急处理情况等。	
效果	经济影响	评价项目实施对经济发展所带来的直接或间接的正负面影响情况。如对产业带动及区域经济影响等。	
	生态影响	评价项目实施对生态环境所带来的直接或间接的正负面影响情况。如节能减排、环保处罚等。	

项目公司（社会资本）绩效评价（100分）

续表

一级指标	二级指标	指标解释	说明
效果	社会影响	评价项目实施对社会发展所带来的直接或间接的正负面影响情况。如新增就业、社会荣誉、重大诉讼、公众舆情与群体性事件等。	
	可持续性	评价项目在发展、运行管理及财务状况等方面的可持续性情况。	
	满意度	政府相关部门、项目实施机构、社会公众（服务对象）对项目公司或社会资本提供公共服务质量和效率的满意程度。	
管理	组织管理	评价项目运营管理实施及组织保障情况。如组织架构、人员管理及决策审批流程等。	1. "产出"指标应作为核心指标，指标权重不低于总权重的80%，其中"项目运营"与"项目维护"指标不低于总权重的60%； 2. 原则上不高于80分才可全额付费。
	财务管理	评价项目资金管理、会计核算等财务管理内容的合规性。	
	制度管理	评价内控制度的健全程度及执行效率。	
	档案管理	评价项目运营、维护等相关资料的完整性、真实性以及归集整理的及时性。	
	信息公开	评价项目公司或社会资本履行信息公开义务的及时性与准确性。	

项目公司（社会资本）绩效评价（100分）

续表

一级指标	二级指标	指标解释	说明
产出	按效付费	评价项目实施机构是否及时、充分按照 PPP 项目合同约定履行按效付费义务。	
	其他履约情况	评价项目实施机构是否及时、有效履行 PPP 项目合同约定的其他义务。	
效果	满意度	社会公众、项目公司或社会资本对项目实施机构工作开展的满意程度。	
	可持续性	评价项目实施机构是否为项目可持续性建立有效的工作保障和沟通协调机制。	
	物有所值	评价项目物有所值实现程度。	"物有所值"指标可结合中期评估等工作定期开展。
管理	预算编制	评价项目实施机构是否及时、准确将 PPP 项目支出责任纳入年度预算。	
	绩效目标与指标	评价项目实施机构是否编制合理、明确的年度绩效目标和绩效指标。	
	监督管理	评价项目实施机构是否按照 PPP 项目合同约定履行监督管理职能，如质量监督、财务监督及日常管理等。	
	信息公开	评价项目实施机构是否按照信息公开相关要求及时、准确公开信息。	

项目实施机构绩效评价（100分）

备注：应根据项目行业特点与实际情况等适当调整二级指标，细化形成三级指标。